Reinhard Pohanka
Hinter den Mauern der Stadt

Reinhard Pohanka

Hinter den Mauern der Stadt

Eine Reise ins mittelalterliche Wien

Mit einem Führer

Herold Verlag · Wien

CIP-Kurztitelaufnahme der Deutschen Bibliothek

Pohanka, Reinhard:
Hinter den Mauern der Stadt: e. Reise ins mittelalterl. Wien; mit e. Führer / Reinhard Pohanka. – Wien: Herold-Verlag, 1987.

ISBN 3-7008-0351-6

Lektorat: Martina Paul

© 1987 by Herold Druck- und Verlagsgesellschaft m. b. H., Wien
Druck: Herold, Wien 8

ISBN 3-7008-0351-6

Inhaltsverzeichnis

DIE GESTALT DER STADT

Die Geschichte der Stadt 8
Die Entwicklung der Stadt 31
Die Stadtmauern 47
Straßen und Plätze 52
Kirchen und Klöster 67
Die Hofburg 72
Das Bürgerhaus 77

DIE BEWOHNER DER STADT

Der Adel 90
Die Bürger 98
Die Handwerker 106
Frauen und Kinder 115
Die Juden 125
Die Studenten 132
Die Außenseiter 142

DAS LEBEN IN DER STADT

Die Mode 150
Vergnügungen 158
Überfluß und Hungersnot 163
Körperpflege, Krankheit und Tod 171

DIE VERWALTUNG DER STADT

Die Rechtssprechung 186
Das Finanzwesen 193
Das Bauwesen 197
Die Brandbekämpfung 203

MIT DER U-BAHN INS MITTELALTER 209

FÜHRER ZU DEN MITTELALTERLICHEN KUNSTSTÄTTEN

Museen 218
Kirchen 222
Häuser und Denkmäler 233
Gedenktafeln 235
Mittelalterliche Monumente in der Umgebung Wiens 237

DIE GESTALT DER STADT

Die Gestalt der Stadt

Die Geschichte der Stadt

Die Anfänge des mittelalterlichen Wien reichen bis in die Römerzeit zurück. Als die Römer gegen Ende des 1. Jahrhunderts n. Chr. einen Platz suchten, um ein Legionslager als Flankenschutz für das schon länger bestehende Carnuntum zu errichten und das zugleich ein älteres Lager, welches im heutigen dritten Bezirk zu lokalisieren ist, ersetzen sollte, erkannten sie mit dem ihnen eigenen Blick für den militärischen Vorteil die günstige Situation, die eine Schotterterrasse zwischen Donau (Donaukanal), Ottakringer Bach (Tiefer Graben) und dem Wienfluß bot. Auf diesem Platz errichteten sie das Legionslager Vindobona, dessen Ausmaße sich heute noch im Wiener Stadtgrundriß wiederfinden lassen.
Umgeben war das Lager von einer gewaltigen Mauer, mit ihren drei Metern Breite und zehn Metern Höhe wie geschaffen, um über Jahrhunderte hinweg den Menschen Schutz zu bieten. Das Innere des Lagerareals war dicht bebaut, neben dem Kommandantengebäude und den Kasernen gab es noch ein Spital, Speicher, Werkstätten und Villen für die Offiziere. Auch rund um das Lager hinterließen die Römer für die nächsten Jahrhunderte Spuren, besonders in Form ihrer kunstvollen Straßenbauten. Die karolingischen und ottonischen Heere sollten auf ihren Zügen gegen die Awaren und Ungarn noch die alte Limesstraße benutzen, die sich bis heute im Verlauf von Währingerstraße – Herrengasse – Augustinerstraße – Rennweg erhalten hat.

Aber das mächtige Römische Reich ging in den Wirren der Völkerwanderung zugrunde. Mit dem Zusammenbruch der römischen Verwaltung verschwand auch der Name Vindobona aus den Quellen. 433 wurde die römische Provinz Pannonien von Kaiser Theodosius II. den Hunnen abgetreten, und wir hören in dieser Zeit nur noch einmal von Vindobona, als im 6. Jh. der römische Chronist Jordanes von den vielen Städten eines Gebietes der Hunnen erzählt, das von Sirmium (Mitrovica) bis nach Vindobona reicht.
Im ehemaligen römischen Lagerareal verblieb nur eine kleine Restbevölkerung. Grabfunde der Langobarden aus dem 5. und 6. Jahrhundert neben Gräbern von Germanen und Romanen zeigen, daß die

Die Geschichte Wiens

Besiedelung nicht plötzlich abriß, sondern kontinuierlich weiterbestand. Im 6. Jahrhundert drangen die Awaren, ein mittelasiatisches Volk von Reiternomaden, in Europa ein. Sie vernichteten das Gepidenreich an Donau und Theiss und drangen in Raubzügen weiter nach Westen vor. In ihrem Gefolge kamen auch die Slawen, die die eigentlichen Träger der Siedlungstätigkeit in unserem Raum waren. Die Grenze ihres Vordringens nach Westen bildete der natürliche Wall des Wienerwaldes, in Wien selbst scheinen die Slawen und Awaren nicht gesiedelt zu haben, dafür läßt sich aber ein weiter Kranz von Siedlungen rund um das ehemalige römische Lager in den Ortsnamen nachweisen. Awarenfriedhöfe wurden in Kaiserebersdorf, Meidling, Liesing, Mödling, Penzing und Heiligenstadt gefunden, während auf die slawische Besiedelung Namen wie Döbling, Währing, Lainz, Rodaun, Liesing hindeuten. Darauf, daß Wien zu dieser Zeit nicht oder kaum besiedelt war, deutet auch hin, daß im Awarenfeldzug Karls des Großen im Jahre 791 zwar Tulln, nicht aber Wien erwähnt wird.

Das 9. Jahrhundert brachte dem Donauraum unruhige Zeiten. Nördlich der Donau war das Großmährische Reich entstanden, zu dem die karolingischen Grenzgrafen in einer oft zwiespältigen Haltung standen. Aber die neue Gefahr stand bereits vor der Tür. Aus dem Osten drangen die Ungarn immer weiter nach Westen vor. Im Jahre 881 kam es zu einem ersten Zusammenstoß mit bayerischen Grenztruppen. Die Salzburger Annalen, die von diesen Kämpfen berichten, nennen den Ort der Auseinandersetzungen mit „apud

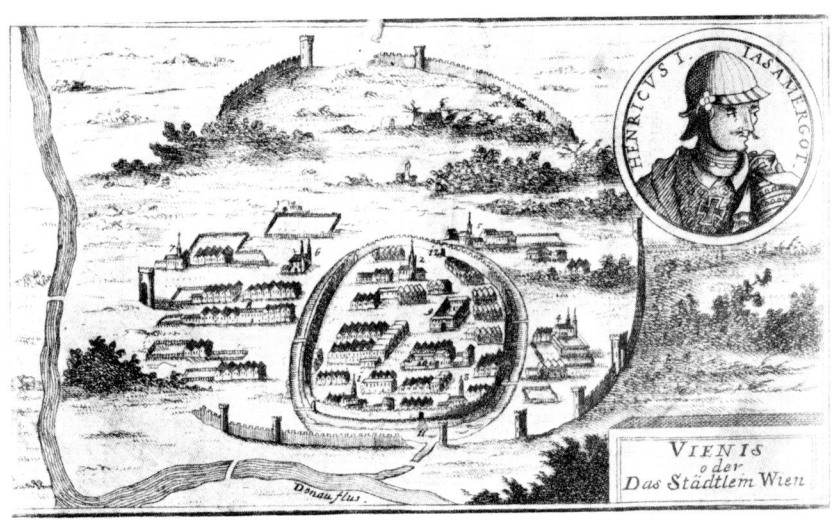

Panorama von Wien um 1150. Ansicht von Norden zur Zeit Heinrichs II. Jasomirgott

Die Gestalt der Stadt

Weniam", also „bei Wien", und es tritt uns hier zum ersten Male der Name Wien in seiner althochdeutschen Form entgegen, wobei aber nicht gesagt werden kann, ob damit der Name der Stadt oder der des Flusses gemeint ist. Der Krieg zwischen Bayern und Ungarn zog sich mit wechselndem Erfolg über viele Jahre hin, bis im Jahre 907 der bayerische Heerbann unter Luitpold bei Preßburg eine vernichtende Niederlage erlitt und das gesamte Land östlich der Enns und damit auch Wien für viele Jahre an die Ungarn fiel. In der Siedlung von Wien wird zu dieser Zeit wohl ein ungarischer Befehlshaber eingezogen sein, und auch der ungarische Name für Wien, Becs, was soviel wie „am Steilrand gelegen" bedeutet, wird in dieser Zeit entstanden sein und sich auf die Lage Wiens auf einer Terrasse über der Donau bezogen haben. Die Ungarn bildeten aber nur die Herrenschicht in den neueroberten Gebieten, die bodenständige Bevölkerung verblieb in ihren Dörfern und wurde beherrscht von in befestigten Anlagen liegenden Siedlungen der Ungarn. Eine solche Anlage dürfte im Bereich des heutigen Schwarzenbergplatzes zu suchen sein, die die hier liegende Furt über den Wienfluß gesichert haben wird. Dieser Ort, der in der frühen Neuzeit verschwand, hieß Jeuls oder Jeus, und dieser Name ist vom ungarischen „nyulas", Hasenfeld, abgeleitet.

Im Jahre 955 änderte sich die politische Lage, als Otto der Große mit seinem Sieg auf dem Lechfeld bei Augsburg dem Vordringen der Ungarn nach Westen Einhalt gebot und eine Phase der Rückeroberung ehemaligen fränkischen Gebietes einleitete. Mit dem Ende des 10. Jahrhunderts, wahrscheinlich im Jahre 991, als der Bayernherzog Heinrich der Zänker die Ungarn besiegte, wurde die alte Wienerwaldgrenze wiedererrichtet, und Kaiser Heinrich III. gelang es 1043, die Grenzen bis zu March und Leitha vorzuschieben, nachdem es 1030 einen schweren Rückschlag gegeben hatte und es den Ungarn noch einmal gelungen war, Wien zu erobern.

Die Niederaltaicher Annalen melden für dieses Jahr, daß Kaiser Konrad III. ohne Heer aus Ungarn zurückgekehrt sei, da dieses nicht verpflegt werden konnte und zu „Vienni" von den Ungarn gefangen genommen worden sei.

Der Rückschlag von 1030 hatte keine lang andauernden Folgen. Er führte zu einer Reform des Markenwesens gegen Ungarn und Böhmen, unterbrach aber die Siedlungstätigkeit nicht wesentlich.

Die großen Diözesen wie Salzburg, Passau, Regensburg und Bamberg erhielten von dem neuerworbenen Land große Teile als Schenkungen von den deutschen Kaisern, die sie wiederum an Lehensmänner und Vögte vergaben mit dem Auftrag, das Gebiet urbar zu machen, zu besiedeln und zu bewirtschaften. Zwei der damit beauftragten Familien, die Siegharinger und die Formbacher, wurden darauf für mehr als hundert Jahre zu den bestimmenden politischen Familien im Wiener Raum.

Die Siegharinger waren Gefolgsleute, die dem Kloster von St. Peter

Die Geschichte Wiens

in Salzburg unterstanden und die von diesem ein Gebiet zugewiesen bekommen hatten, das es zu besiedeln galt.
Die Formbacher unterstanden der Diözese Passau und gerieten damit in Gegensatz zu den Sieghartingern. Ihre Gefolgsleute sind in Purkersdorf, Hacking, Unter-St. Veit, Baumgarten, Meinhartshof (ein Hof in Meidling) und Gumpendorf nachzuweisen. Die beiden letztgenannten Orte scheinen auf zwei Brüder, Meinhart und Gumpold, hinzuweisen, die Gefolgsleute der Formbacherin Ita waren. Ebenso lassen sich Formbacher Leute in Döbling, Nußdorf und Grinzing sowie jenseits der Donau in Bisamberg nachweisen. Beide Familien, sowohl Sieghartinger und Formbacher, beherrschten im 11. Jahrhundert den Bereich von Wien so sehr, daß die Babenberger nur schwer Fuß fassen konnten.

Der Aufstieg der Babenberger

Die Geschichte der Babenberger in Österreich beginnt in den Julitagen des Jahres 976, als Kaiser Otto II. bei Regensburg den Aufstand des Bayernherzogs Heinrich II. niederschlug. Einer der treuen Gefolgsleute Ottos II. dürfte ein gewisser Luitpold gewesen sein, der für die geleisteten Dienste, die nicht unerheblich gewesen sein können, zum Markgrafen erhoben wurde. Für seine Verdienste erhielt er auch als Markgrafschaft die Gebiete östlich der Enns und löste damit den Markgrafen Burkhart, der ein besonderer Vertrauter Heinrichs II. war, ab.
Sie waren aber damals bereits kein unbekanntes Geschlecht, die Babenberger, wie sie seit Otto von Freising (1158) genannt werden, nach jenem Grafen Adalbert, dessen Burg sich einst dort erhoben hatte, wo heute der Bamberger Dom steht. Woher das Geschlecht genau abzuleiten ist, wissen wir nicht genau. Die „älteren" Babenberger waren ab 840 im Frankenland bekannt und leiten sich von einem Grafen Poppo und dessen Nachfolgern, so dem 906 hingerichteten Grafen Adalbert wie auch von dessen Widersacher Luitpold, der 907 gegen die Ungarn in Preßburg gefallen war, ab. Jener Luitpold, der von Otto II. die Markgrafschaft östlich der Enns bekommen hatte, war wiederum mit einem Markgrafen im nördlichen Bayern namens Berthold verwandt sowie über vielfältige Verwandtschaftsbeziehungen mit den führenden süddeutschen Häusern seiner Zeit.

Wie wir bereits gesehen haben, war die Grenzmark östlich der Enns nur klein und im Osten beständig von den Ungarn bedroht und dürfte zu Beginn nur bis zur Traisen gereicht haben. Luitpold, wir werden ihn ab jetzt unter seinem gebräuchlicheren Namen Leopold I. nennen, mußte zudem zuerst noch Anhänger Herzog Heinrichs aus seiner Mark vertreiben. Leopolds Bestreben war die fortwährende Sicherung seiner Grenzen gegen Osten und der Versuch, diese

11

Die Gestalt der Stadt

Grenzen weiter nach Osten vorzuschieben. Vermutlich konnte noch unter seiner Herrschaft Wien in die Grenzmark einbezogen werden. Leopold I. (962–994) wurde am 10. Juli 994 in Würzburg ermordet und dort auch begraben. Ihm folgte sein Sohn Heinrich I. (994–1018) als Markgraf, unter dem das Land das erste Mal als „Ostarrichi" im Jahre 996 genannt wurde.
Er erhielt aus dem Königsgut weiteres Land als persönlichen Besitz, vor allem Land zwischen der Dürren Liesing und der Triesting sowie östlich des Kamps, ein Zeichen dafür, daß die Babenberger stark nach Osten drängten. Daß aber dieser neu erworbene Raum noch nicht als endgültig gesichert bezeichnet werden konnte, zeigt das Schicksal des irischen Königssohnes Koloman, der 1012 in Stockerau für einen ungarischen Spion gehalten wurde und den Märtyrertod fand. Sein Grab erhielt Koloman in Melk, einem Ort, in dem Heinrich I. seinen Sitz hatte.
Als Heinrich I. 1018 starb, folgte ihm Adalbert (1018–1055), vermutlich sein Bruder oder Sohn als Markgraf nach und regierte bis 1055. In seine Zeit fällt der kurzzeitige Verlust von Wien im Jahre 1030, er konnte aber im Gegenzug die Grenzen seiner Mark im Osten bis an die March und Leitha vorschieben, und im Norden zerstörte sein Sohn, Ernst (1055–1075), die Slawenburg bei Thunau und schob die Grenzen bis zu Pulkau und Thaya vor.
Unter seinem Sohn und Nachfolger Ernst, der mit Adelheid, einer sächsischen Prinzessin, verheiratet war, kamen auch sächsische Adelige nach Österreich, so Azzo, der Ahnherr der Kuenringer, der, obwohl er freier Abkunft war, einer der ersten österreichischen Ministerialen werden sollte. Ernst war ein Gefolgsmann Heinrichs IV. und kämpfte für ihn gegen die aufständischen Sachsen an der Unstrut. In diesem Krieg wurde er am 9. Juni 1075 so schwer verletzt, daß er am nächsten Tag seinen Wunden erlag.
Sein Sohn und Nachfolger Leopold II. (1075–1095) begann nun bereits vermehrten Einfluß im Wiener Raum auszuüben, wozu er sich mit Ita vermählte, die aus der Familie der Grafen von Formbach-Ratelnberg stammte. Als Leopold II. 1095 starb, verließ Ita Österreich mit dem ersten Kreuzzug. War bisher die Ausbreitung der Babenberger recht stetig und geradlinig erfolgt, so kam nun Leopold II. in größere Schwierigkeiten. Im Streit zwischen dem vom Papst abgesetzten deutschen König Heinrich IV. und dem Gegenkönig Hermann von Salm schlug er sich nach einem Landtag zu Tulln mit dem Großteil des österreichischen Adels auf die Seite des Gegenkönigs, worauf Heinrich IV. den Böhmenkönig Vratislav zum Markgrafen von Österreich einsetzte. Vratislav gelang es zwar bei Mailberg im Mai 1082 Leopold zu schlagen, bis auf Südmähren konnte dieser jedoch sein Land behaupten.
Als Leopold II. 1095 starb, hatte er nicht nur das Land erhalten, sondern auch die Periode der „Grenzgrafen" zu Ende gebracht.
Sein Sohn Leopold III. der Heilige (1095–1136) wuchs in die neue

Die Geschichte Wiens

Führungsschichte des deutschen Reiches hinein. Im Streit zwischen Heinrich V. und dessen Vater Heinrich IV. gelang ihm 1105 bei Regensburg eine Vermittlung, wofür er zum Dank die Hand der Kaisertochter Agnes erhielt. Ab 1106 gehörten die Babenberger zu den Fürsten des Reiches und begannen ihr eigenes Territorium zu formen. Ihr Ansehen stieg in solchem Maße, daß Leopold nach dem Tode Heinrichs V. 1125 sogar als Kandidat für die Königswürde galt. Leopold konnte es zu diesem Zeitpunkt nicht mehr hinnehmen, daß er in Wien, das zu seiner Zeit sicher schon die bedeutendste Stadt seines Landes war, gegen die Sieghartinger und Formbacher nichts ausrichten konnte. Mit sicherem Instinkt erkannte er aber die Schwachstellen seiner Gegner, nämlich die enge Verflechtung ihrer materiellen Güter, so daß er beginnen konnte, die großen Familien gegeneinander auszuspielen, um selbst lachender Dritter zu sein. Dazu kam noch, daß besonders die Sieghartinger durch die Ermordung ihres Oberhauptes im Jahre 1104 stark geschwächt waren. Indem Leopold die Kuenringer bewußt als Gegengewicht zu den Formbachern aufbaute und zugleich ihm genehme Klöster wie Göttweig stärkte, gelang es ihm, den Einfluß der Sieghartinger und Formbacher zu reduzieren.

Nach dem Tode Leopolds III. im Jahre 1036 wandte sich das Interesse seines Nachfolgers Leopold IV. (1136–1151) Bayern zu, womit er 1139 auch belehnt wurde und damit zur Herzogswürde aufstieg. Unter seiner Herrschaft wurde 1137 Wien zum ersten Male als „civitas" genannt.

Nach seinem frühen Tod wurde Leopolds Bruder Heinrich II. Jasomirgott (1141–1177) sein Nachfolger, der zugunsten einer Belehnung mit Österreich auf die Würde eines Pfalzgrafen vom Rhein verzichtete und im „privilegium minus" 1156 auch Bayern gegen eine Erhebung Österreichs zum Herzogtum tauschte. Damit rückte auch Wien wieder in das Zentrum des Interesses der Babenberger, und dies führte neben der Errichtung einer Residenz in Wien auch zur Gründung des Schottenklosters und damit zur festen Verankerung der Babenberger in Wien. Die Stadt wurde damit zugleich auch verwaltungsmäßig zum Mittelpunkt Österreichs und löste die früheren Residenzen der Babenberger wie Melk, Gars, Tulln und Klosterneuburg in ihrer Bedeutung ab. Von nun an ist das Schicksal der Stadt Wien unteilbar mit jedem Herrscher verbunden, der über Österreich gebietet. Damit ist auch jene Zeit vorbei, in der wir von Wien nur wenige Kenntnisse haben. Ab nun beginnen die Geschichtsquellen reichlicher zu fließen, und die Stadt tritt aus der Finsternis der dunklen Jahrhunderte hervor.

Herzog Heinrich II., den wir auch unter seinem Beinamen Jasomirgott kennen, förderte bewußt Wien als Zentralort seines Landes. In Wien gründete er eine Pfalz nach dem Muster von Regensburg, also eine Residenz, deren Standort in der Platzbezeichnung „Am Hof"

Die Gestalt der Stadt

weiter fortlebt. Leider ist von diesem Bauwerk, das einen Palas (Wohngebäude) und zwei Kapellen als Mittelpunkt hatte, nichts mehr erhalten. Wie in Klosterneuburg, wo die Residenz in engem Zusammenhang mit dem Kloster stand, wurde unweit des Hofes ein neues Kloster gegründet. Diese Klostergründung des Jahres 1155 durch irische und schottische Mönche war Teil eines ideologischen Programmes, das die Residenz Wien aufwerten und hervorheben sollte. Wien erreichte zu dieser Zeit wieder die Grenzen des römischen Legionslagers, es hat also fast 800 Jahre gedauert, um Wien wieder zu jener Größe anwachsen zu lassen, die es in römischer Zeit bereits hatte. Heinrich war aber auch bestrebt, über die Grenzen seines Herzogtums Beziehungen aufzubauen, und seine Hochzeit mit der byzantinischen Prinzessin Theodora Komnene, der Nichte des oströmischen Kaisers Manuel I., die er am zweiten Kreuzzug kennengelernt und 1148 geheiratet hatte, weist bereits die Richtung der neuen österreichischen Politik nach Osten und Südosten.

Bereits Heinrich II. hatte vor, die sich rasch erweiternde Stadt mit einer neuen Stadtmauer zu umgeben, und vielleicht wurde unter seiner Herrschaft damit begonnen, der Bau dürfte aber bis zum Tode des Herzogs im Jahre 1177 noch nicht weit gediehen sein, wurden doch auch Geldmittel für den Bau von St. Stephan – die romanische Kirche wurde 1147 geweiht – gebraucht sowie für die Auseinandersetzung, die Heinrich II. von 1173 an mit den Ungarn zu führen hatte, da er sich in die Thronstreitigkeiten zwischen Bela II. und Geisa III. eingemischt hatte. Die enge Verbindung Heinrichs II. Jasomirgott zu Wien läßt sich auch daraus ablesen, daß er als einziger der Babenberger in Wien seine letzte Ruhe gefunden hat. Er wurde mit seiner zweiten Gemahlin Theodora in der Schottenkirche beigesetzt und fand später in der Krypta seine letzte Ruhestätte.

Heinrichs Sohn Leopold V. (1177–1194) setzte die erfolgreiche Politik seines Vaters fort und gewann in der Georgenberger Handfeste 1192 die Steiermark zu seinem Herzogtum hinzu. 1191 nahm Leopold am dritten Kreuzzug teil. Diese Teilnahme sollte eine wesentliche Veränderung des Stadtbildes von Wien zur Folge haben, nämlich den Bau der Stadtmauern. Bei der Eroberung von Akkon war es zwischen Leopold und dem englischen König Richard Löwenherz zum Streit gekommen, worauf der Babenberger das Kreuzfahrerheer verließ und in die Heimat zurückkehrte. Als im nächsten Jahr Löwenherz die Heimreise nach England antrat, strandete sein Schiff in der Adria, und er versuchte sich mit nur wenigen Getreuen nach England über den Landweg durchzuschlagen. Der Legende nach soll er dabei in Wien in der Vorstadt Erdberg an seinem Ring erkannt worden sein. Er wurde gefangengenommen und zunächst auf der Burg Dürnstein in der Wachau verwahrt. In weiterer Folge wurde er dem deutschen König Heinrich VI. übergeben, der ihn erst nach einer Reihe von politischen Zugeständnissen und der Bezahlung eines enorm hohen

Die Geschichte Wiens

Lösegeldes wieder ziehen ließ. Von diesem Lösegeld erhielt Leopold einen erheblichen Anteil und begann ein großes Bauprogramm, zu dem neben der Befestigung von Hainburg und der Gründung von Wiener Neustadt auch der Bau einer gewaltigen Ringmauer rund um Wien gehörte, die ungefähr den Bereich des heutigen 1. Bezirkes einfaßte. Zwar wurde er wegen der Gefangennahme eines Kreuzfahrers mit dem Kirchenbann belegt und versprach 1194 auf seinem Totenbett die Rückgabe des noch vorhandenen Geldes, dennoch aber hat seine Tat Wien für Jahrhunderte jenes Erscheinungsbild gegeben, mit dem wir die mittelalterliche Stadt identifizieren.

Sein Sohn und Nachfolger Friedrich I. (1194–1198) regierte nur kurz und fand 1198 den Kreuzfahrertod. Sein Bruder Leopold VI. der Glorreiche (1198–1230), der zunächst nach dem Tode seines Vaters über das Herzogtum Steiermark geherrscht hatte, trat die Nachfolge an. Die Geschichte nennt ihn nicht umsonst „den Glorreichen", hat er es doch verstanden, für alle 32 Jahre seiner Herrschaft sein Land von Feinden freizuhalten und Österreich und auch Wien zur wirtschaftlichen Blüte zu führen. Ein besonderes Anliegen war ihm, Wien im Rang zu erhöhen, und so versuchte er, für das Wiener Schottenkloster einen Bischofssitz zu gewinnen, dessen Patron der heilige Koloman sein sollte. Dieser Plan scheiterte aber am energischen Widerstand der Bistümer Passau und Salzburg, und es sollte noch bis 1469 dauern, bis Wien Bistum wurde. Leopold förderte den Regularklerus, insbesondere die damals „modernen" Bettelorden. 1221 holte er die Minoriten und 1225 die Dominikaner nach Wien, die, dem Vorbild anderer Städte folgend, ihre Kirchen an den Rand der Stadt bauten. Um diese Zeit wurden auch die ersten Frauenklöster in Wien gegründet, wie die der Zisterzienserinnen zu St. Niklas vor dem Stubentor und der Magdalenerinnen vor dem Schottentor.

Ein Anliegen war ihm auch die Förderung der Städte. 1221 wurde für Wien zum ersten Male ein Stadtrecht ausgestellt, die Stadt erhielt das Stapelrecht, das heißt, daß jeder Händler, der durch Wien kam, seine Ware eine bestimmte Zeit hier zum Verkauf anbieten mußte und kein fremder Händler seine Ware über Wien hinaus weiter donauabwärts führen durfte, was den Wiener Händlern naturgemäß zu einem Monopol für Ungarn und damit zu großen Reichtümern verhalf. Aus Flandern holte Leopold VI. Tuchweber und Färber nach Wien, denen er 1208 ein eigenes Privileg erteilte. Leopold stellte auch die Finanzen seines Herzogtums auf eine gesunde Basis und führte eine moderne Finanzverwaltung ein und behielt sich das alleinige Recht zur Münzprägung in seinem Land vor, wobei er die Münzstätte von Krems nach Wien verlegte. Auch die Anlage einer neuen Straße, der „Venedigerstraße" durch das Wiener Becken, die als „strata carinthianorum", als Kärntnerstraße in Wien beginnt, und der Ausbau des Weges nach Norden machten Wien zum Knotenpunkt des Handels.

Das Stadtrecht von 1221 regelte verschiedene Rechtsfragen, welche die Stadt Wien betrafen und verfügte die Einsetzung eines Stadtrates

Die Gestalt der Stadt

von 24 Männern, zu denen noch 100 „Genannte" hinzukamen, die bei Rechtsgeschäften Zeugnis ablegen konnten, zugleich wurden auch die Befugnisse des herzoglichen Stadtrichters eingeschränkt.
Auch kulturell war der Wiener Hof zur Zeit Leopolds VI. einer der führenden Plätze Europas. Hier wirkten die berühmtesten Minnesänger und Dichter jener Zeit, wie Walther von der Vogelweide, Ulrich von Liechtenstein und Neidhart von Reuental, und hier erhielt das Nibelungenlied seine endgültige Gestalt. Die Hochzeit Leopolds mit der byzantinischen Prinzessin Theodora brachte neben vielen kulturellen Einflüssen aus Byzanz auch ein heute noch gesungenes Kinderlied nach Wien, nämlich „Heia popeia", das sich vom griechischen „Heude mou paidion" ableiten läßt, was „schlafe, mein Kind" bedeutet.
Leopold VI. starb am 28. Juli 1230 in San Germano in Apulien, seine Gebeine wurden nach Österreich zurückgebracht und ruhen heute in Lilienfeld neben denen seiner Frau und seiner Tochter Margarete.
Das Schicksal seines Nachfolgers, Friedrich II. (1230-1246), dem die Nachwelt den Beinamen „der Streitbare" gegeben hat, unterscheidet sich stark vom friedvollen Leben seines Vaters. Hatte er am Anfang seiner Regierungszeit auch mit einem Aufstand der Kuenringer Hadmar und Heinrich zu kämpfen, so setzte er sich doch im Lande durch und erwarb in der Folge durch seine Hochzeit mit Agnes von Andechs-Meranien die Herrschaften Ried und Schärding. Friedrich geriet mit so ziemlich allen seinen Nachbarn in Konflikt und mußte, als er 1236 in Reichsacht geriet, Kaiser Friedrich II. ihn aus Wien vertrieb und in der Stadt seinen Sohn zum deutschen König erheben ließ, zuerst nach Wiener Neustadt und dann auf die Burg Starhemberg fliehen, konnte sein Land aber bald darauf wieder in Besitz nehmen. Sein ehrgeizigster Plan war die Erhebung Österreichs zum Königreich, doch kam dieser ebensowenig zur Ausführung wie der Plan einer Heirat des Kaisers mit Gertrud, der Schwester Friedrichs. Am 15. Juni 1246 fiel der Herzog in einem Gefecht gegen die Ungarn an der Leitha in der Nähe von Wiener Neustadt. Sein Tod ließ Österreich ohne legitimen Herrscher zurück. Zwar versuchten zunächst seine Nichte Gertrud (gest. 1288) und deren Sohn Friedrich von Baden (gest. 1268), sich des Landes zu bemächtigen, aber erst 1251 gelang es dem Schwager Friedrichs, dem Böhmenkönig Przemysl Ottokar II. (1251-1276), nicht zuletzt mit der Unterstützung eines Teiles des Wiener Adels und der Bürger, das Erbe anzutreten und in Wien Einzug zu halten, wo er am 12. Dezember 1251 das erste Mal urkundete.
Bereits 1258 hatte in Wien ein verheerender Brand gewütet, dem große Teile der Stadt und auch die Stephanskirche zum Opfer gefallen waren. 1276 suchten weitere Brände die Stadt heim. Ottokar unterstützte die wirtschaftlich schwer geschädigte Stadt mit einer Abgabe- und Zollfreiheit für 5 Jahre, verlieh ihr einen vierwöchigen Jahrmarkt und schenkte ihr einen Wald.

Die Geschichte Wiens

Ottokar war regelmäßig in Wien, für ihn dürfte die Stadt aber an Bedeutung hinter Prag zurückgetreten sein. Er verlieh den Wienern zwar eine Anzahl von Einzelprivilegien, hat sie aber nie mit einem Stadtrechtsprivilegium bedacht. Bleibende Spuren hinterließ seine Herrschaft in Wien kaum, Reste finden sich am ehesten von seiner ausgedehnten Bautätigkeit. So dürfte die Westempore von St. Stephan auf einen ottokarischen Bau sowie die Wahl des Platzes der späteren Hofburg, wo Ottokar eine Festung gegen Rudolf von Habsburg errichten hatte lassen, auf ihn zurückgehen. So wie die Babenberger versuchte Ottokar, Wien zum Bistum zu machen, seine Bemühungen blieben jedoch ohne Erfolg.

Am 1. Oktober 1273 wählte die Fürstenversammlung zu Frankfurt Rudolf von Habsburg (1276–1282) zum deutschen König. Da Ottokar die Krone selbst angestrebt hatte, war eine Auseinandersetzung zwischen Rudolf und Ottokar unausweichlich geworden. Bereits 1274 versuchte Rudolf einen Teil des österreichischen Adels auf seine Seite zu ziehen. Als Ottokar die für ihn gefährliche Situation bemerkte und mit Internierungen wichtiger Personen und Grenzsperren gegen Deutschland antwortete, floh ein Teil des österreichischen Adels zu Rudolf. 1275 gelang es Ottokar, eine verfrüht einsetzende Abfallbewegung noch einmal zu unterdrücken, als er jedoch Rudolf durch die Mißachtung mehrerer Vorladungen im Jahre 1276 den Anlaß zum Krieg bot, gingen der österreichische und steirische Adel fast geschlossen zu Rudolf über. Wien, das von den großen adeligen Familien beherrscht wurde, hielt noch zu Ottokar, und als Rudolf 1276 vor Wien mit einem Heer erschien, hielt die Stadt zunächst allen Angriffen stand. Zuletzt gab aber der „Pofel", wie der Reimchronist Ottokar die unteren Bevölkerungsschichten später nennen wird, den Ausschlag, und die Stadt öffnete Rudolf die Tore. Am 21. November 1276 wurde der „Wiener Friede" geschlossen und Österreich den Habsburgern übergeben.

Rudolf erwies sich Wien und den Wienern gegenüber großzügig und selbst die ottokartreue Nobilität hatte nichts zu fürchten. In Wien führten aber bald Reibereien zwischen den Wienern und den „Schwaben" Rudolfs zu ersten Spannungen, die hohen Ausgaben für den Hof und das Heer Rudolfs machten die erstmalige Einführung der Grundsteuer notwendig, und im Hintergrund standen Paltram und Heinrich von Kuenring-Weitra, die im geheimen noch immer Ottokar die Treue hielten. Ihr voreiliger Aufstand im Frühjahr 1278 schlug zwar fehl, Rudolf verließ aber doch die Stadt, deren Treue er sich nicht sicher sein konnte und zog nach Norden, um im Kampf gegen Ottokar die Entscheidung zu suchen. Am 26. August kam es auf der Ebene von Dürnkrut und Jedenspeigen zur Schlacht und am Abend lag Ottokar tot auf der Wallstatt. Rudolf ließ den Leichnam seines Feindes nach Wien bringen und bei den Minoriten aufbahren, das Herz Ottokars fand dort, unter dem Fenster beim Georgsaltar, seine letzte Ruhestätte.

Die Gestalt der Stadt

Im Stadtrecht, das Wien nun von Rudolf erhielt, wurden die Privilegien der Staufer und Babenberger zusammengefaßt und obwohl Wien unter der Herrschaft des Königs und des Reiches gekommen und somit nicht reichsfrei war wie viele andere Städte, konnten die Wiener mit einer glänzenden Zukunft rechnen, bezeichnete doch Albrecht, den Rudolf als Statthalter in Wien einsetzte, die Stadt als „des Reiches Hauptstadt in Österreich".
Albrecht (1282–1308) war mit Privilegien wesentlich zurückhaltender als sein Vater Rudolf. 1282 beschränkte er den Wienern ihr Niederlagsprivileg, das eine deutliche Verminderung ihrer alten Rechte brachte, da darin fremde Kaufleute, besonders oberdeutsche, besser gestellt waren.
Albrecht nutzte seine Rechte und Befugnisse in Wien mit aller Strenge aus und so wuchsen die Widerstände gegen sein Regime, die von Salzburg und auch von Bayern aus geschürt wurden. Um die Jahreswende 1287/1288 brach in Wien der Aufstand los, wobei die adeligen Bürger jenen „Pofel" vorschickten, der nur wenige Jahre vorher Rudolf den Einzug in Wien ermöglicht hatte. Albrecht zog sich rechtzeitig auf die alte Babenbergerburg am Leopoldsberg zurück und sperrte den aufständischen Wienern die Lebensmittelzufuhr über die Donau. Die darauf ausbrechende Krise in Wien, bei der sich der „Pofel" sehr schnell gegen die Honoratioren wandte, brachte

König Rudolf von Habsburg überreicht eine Urkunde

die Wiener rasch zu einer Verständigung mit Albrecht. Dieser machte den Wienern den Friedensschluß nicht gerade leicht. Er zog die Privilegien der Stadt ein, um sie demonstrativ zu vernichten und ließ sich von den angesehenen Bürgern persönliche Treuebriefe ausstellen. Damit hatte er den Wienern jede weitere Lust zu Aufständen genommen und eine neue Aufstandsbewegung in den Jahren 1295/96 fand in Wien keinen Widerhall. Zum Dank für diese Loyalität gab Albrecht Wien wieder ein Stadtrechtsprivileg, das auf der Rudolfschen Stadtrechtsurkunde aufbaute, wobei die Wiener aber auf einen Teil ihrer alten Privilegien verzichten mußten, so auf die Reichsfreiheit und auf die Einflußnahme bei der Bestellung des landesfürstlichen Stadtrichters. Dieses Privileg vom 12. Februar 1296 ist das älteste im Original erhaltene und das erste in deutscher Sprache abgefaßte Privileg Wiens. Der Empfänger war die Stadt, vertreten durch den Rat von 20 Bürgern, den „consules", an deren Spitze ein Bürgermeister, der „magister civium", stand, dem wir in der Person des Konrad Poll im Jahre 1282 das erste Mal begegnen.

Mit dem Tode Rudolfs ging den Habsburgern die Königskrone verloren und Graf Adolf von Nassau versuchte Albrecht Österreich und die Steiermark zu entreißen. Dieser sammelte die Opposition gegen Adolf und im Februar 1298 fand in Wien ein glanzvoller Fürstentag statt, auf dem die Allianz gegen Adolf von Nassau beschlossen wurde. Am 2. Juli des Jahres kam es zur Entscheidung, als der inzwischen zum Gegenkönig gewählte Habsburger Adolf bei Göllheim vernichtend schlug, wobei Adolf ums Leben kam.

Albrecht machte daraufhin seinen ältesten Sohn Rudolf zum Herzog von Österreich, doch starb dieser wie auch seine Frau Blanche von Valois, die im heute verschwundenen Ludwigschor der Minoritenkirche beigesetzt wurde, sehr früh. Albrecht fiel 1308 einem Mordanschlag seines Neffen Johann zum Opfer.

Der älteste überlebende Sohn Albrechts, Friedrich I. (1308–1330), konnte die Königskrone nicht halten und verlor sie an Heinrich von Luxemburg, der aber die Habsburger als Herzöge von Österreich und Steiermark bestätigte. Die dazu notwendige Reise Friedrichs zu Heinrich von Luxemburg nutzten die Adelskreise in Wien zu einem letzten Aufstand gegen die Habsburger, doch brach diese von Berthold dem Schützenmeister geleitete Bewegung bald zusammen, besonders auch dadurch, daß Konrad der Haarmarkter, Hubmeister und Vorstand der landesfürstlichen Finanzverwaltung, sich tatkräftig für seine Herren einsetzte. Als Friedrich zurückkehrte, war der Spuk vorüber, die Rädelsführer geflohen und die einzigen, an denen Friedrich seinen Zorn auslassen konnte, waren einige Mitläufer unter der Nobilität Wiens.

Mit der Niederwerfung des Aufstandes hatte sich aber das Verhältnis der Bürger zu Friedrich in dem Maße gebessert wie es sich der alte, noch aus der Babenbergerzeit stammenden Adel mit Friedrich verscherzt hatte. Während letztere weiter in ihrem Einfluß zurückge-

Die Gestalt der Stadt

drängt wurden und auch ihre Güter in Wien verloren, schenkte Friedrich den Bürgern den konfiszierten Besitz der Familie der Haimonen in Wien der Stadt und daraus ging in Folge das erste Rathaus der Bürgerschaft in der Wipplingerstraße hervor. Danach bildete sich in Wien eine untereinander versippte und verschwägerte Schichte von 88 Familien heraus, die allgemein als „Ratsbürger" oder „Erbbürger" bezeichnet werden und die sich in regelmäßigem Wechsel alle wichtigen Ämter der Stadt teilten. So kehrte auch langsam der Einfluß der Wiener Bürgerschaft auf das Bürgermeisteramt, auf den Stadtrichter und den Münzmeister, der im Aufstand von 1288 verloren gegangen war, wieder zurück.

Die Wende vom 13. zum 14. Jahrhundert war für Wien eine Zeit der Prosperität und des kulturellen und wirtschaftlichen Aufschwunges. Die Bautätigkeit florierte und besonders der Neubau von St. Stephan machte rasche Fortschritte und konnte 1340 mit landesfürstlicher Unterstützung im „Albertinischen Chor" zu einem ersten Abschluß gebracht werden. Im selben Jahr bekamen die Wiener auch ein neues Stadtrechtsprivileg von Albrecht II. (1330–1358), der seinem Bruder Friedrich I. dem Schönen als Herzog nachgefolgt war, und das eine Zusammenfassung aller früheren Privilegien darstellte. Das Bürgertum Wiens eroberte sich mit Zähigkeit auch Bereiche, die ihm bisher verschlossen waren. Besonders um den Bruder Albrechts, Otto den Fröhlichen, sammelte sich ein Kreis musischer Persönlichkeiten, zu deren bedeutendsten Vertretern Gundakar von Thernberg, genannt „der Pfaff vom Kahlenberg", und Neidhart Fuchs sowie der Vertreter der lehrhaften Spruchdichtung, Heinrich der Teichner, gehörten.

Herzog Albrecht II. starb 1358 und zu diesem Zeitpunkt war die einstmals als „schwäbisch" von den Wienern abqualifizierte Dynastie der Habsburger bereits fest im Lande verankert. Wien war zu ihrer unbestrittenen Residenz geworden und Albrechts ältester Sohn, Rudolf IV. „der Stifter" (1358–1365), war bereits stolz, ein Wiener zu sein.

Als Rudolf IV. mit nur 19 Jahren an die Macht kam, stand er vor großen Problemen. In Wien hatte die Pest gewütet, Naturkatastrophen und wirtschaftliche Rezession hatten Wien schwer zugesetzt und ein verheerender Stadtbrand in der Mitte des Jahrhunderts hatte Teile der Stadt und der Vorstädte veröden lassen. Rudolf griff hier hart durch, indem er alle öden Häuser und Hofstätten, die nicht bewohnt oder bebaut waren, mit der Einziehung bedrohte. Weiters nahm er der Geistlichkeit, die über den meisten Grundbesitz verfügte und diesen nicht entsprechend nutzte, sondern als langfristige Kapitalanlage ansah, diesen aus der Hand als er verfügte, daß der aus Vermächtnissen resultierende Besitz der Kirchen und Klöster binnen Jahresfrist an Laien zur Bewirtschaftung weiterzugeben sei. Damit erhöhte er zugleich das Steueraufkommen der Stadt, da die Geistlichkeit ja von allen Steuern befreit war.

Rudolf versuchte auch die Handwerkszechen und Einungen (Zünfte) aufzulösen, um neue Handwerker zur Ansiedlung in Wien zu bewegen und stieß hierbei auf den starken Widerstand der einheimischen Handwerker, die neue Konkurrenz zu fürchten hatten.

Rudolf führte auch die traditionellen Bemühungen der Habsburger, Wien zum eigenen Diözesansitz zu machen, weiter. 1356 ließ er in seinem Geburtszimmer in der Hofburg eine Kapelle einrichten, die er 1358 mit päpstlicher Zustimmung in ein Kollegiatkapitel umwandelte, worauf er dieses Stift nach St. Stephan übertrug und mit diesem geschickten Schachzug erreichte, daß St. Stephan den Rang einer Propsteikirche erlangte. Um diese Rangerhöhung zu würdigen, sollte die Kirche auch baulich entsprechend ausgestattet werden und dafür legte Rudolf den Grundstein zum großen Südturm von St. Stephan, der heute noch das Wahrzeichen der Stadt bildet. Die Gründung einer Universität im Jahre 1365 nach dem Muster von Prag und die Errichtung einer eigenen Studentenstadt, der sogenannten „Pfaffenstadt", in der Nähe der Hofburg sollte auch den kulturellen Rang Wiens heben. Allerdings verhinderte der Papst zunächst die Errichtung einer theologischen Fakultät und ohne einer solchen war die Universität nur von geringem Ansehen.

Rudolf starb bereits 1366, aber in seiner kurzen Lebenszeit hatte er es verstanden, der Stadt Wien zahlreiche neue Impulse zu geben, die noch über Jahrhunderte nachwirken sollten.

Da Rudolf selbst keine direkten Nachkommen hinterließ, kam es seinem Vermächtnis gemäß zunächst zu einer gemeinsamen Regierung seiner Brüder Albrecht III. (1365–1395) und Leopold III. (gestorben 1414). Auf die Dauer ließ sich aber eine gemeinsame Herrschaft der Brüder nicht führen, dazu drängte besonders der jüngere, Leopold, der darauf brannte, sich selbst zu bewähren, die bereits 1370 vorgenommene Aufteilung der Einkünfte genügte ihm nicht mehr. So wurde am 25. September 1379 in Neuberg an der Mürz der habsburgische Besitz geteilt. Albrecht erhielt Wien und regierte von hier aus sowohl die Länder unter und ob der Enns sowie das Salzkammergut. Als er Ende August 1395 in dem von ihm großzügig ausgebautem Schloß Laxenburg starb, hatte er gut für Wien gesorgt. In seine Regierungszeit fällt nicht nur die Fortführung des einheitlichen Bauprogramms der Stephanskirche, er verschaffte auch der Universität Wien die dringend benötigte theologische Fakultät und konnte mit Heinrich von Langenstein einen hervorragenden Theologen und Naturwissenschaftler für die Universität gewinnen. Albrecht scheint eigene Hofwerkstätten unterhalten zu haben, die ihren Niederschlag in der plastischen Ausgestaltung von St. Stephan wie auch in der Buchmalerei gefunden haben. Als bedeutender Büchersammler regte er auch die Übersetzung lateinischer Werke ins Deutsche an und verstand es auch, die Dichtung und Geschichtsschreibung in den Dienst der habsburgischen Landespropaganda zu stellen.

Die Gestalt der Stadt

Der Tod Albrechts III. brachte neue Wirren. Alle drei Prätendenten, Albrechts Brüder Wilhelm und Leopold sowie deren Vetter Albrecht versuchten in Wien Anhänger zu finden. Um dagegen zu wirken und die Bürger der Stadt besser zusammen zu halten, d. h. eine Aufsplitterung in verschiedene Fraktionen zu verhindern, wurde 1396 das „Ratswahlprivileg" erlassen, das die jährliche Wahl der „Gemein von Bürgermeister und Rat" regelte, wobei erstmals die Erbbürger, Handwerker und Kaufleute drittelparitätisch im Rat vertreten sein und eine Verwandtschaft zwischen den Ratsmitgliedern nicht bestehen sollte.

Das Albertinische Privileg von 1296 hatte vorgeschrieben, daß die Ratsmitglieder über Hausbesitz in Wien verfügen mußten. Diese Bestimmung erschwerte einigen Gruppen den Zugang zum passiven Wahlrecht, da für das Bürgerrecht bereits der eigene Haushalt genügte. So finden wir auch nach 1396 nur wenige Handwerker im Rat und hierbei besonders die reichen Hersteller von Luxusgütern, die es zu Grundbesitz in Wien gebracht hatten, die Masse der Handwerker konnte höchstens im „äußeren Rat", einer Gruppe von 200 zeugschaftsfähigen Personen, agieren.

Das Ratswahlprivileg von 1396 stellte einen guten Kompromiß dar, obwohl es keine der drei Gruppen vollständig befriedigt haben dürfte. Wenigstens hat es Wien Zunftkämpfe wie in anderen Städten dieser Zeit erspart, die Kluft zwischen den „Bürgern arm und reich", wie es in den Dokumenten der Zeit heißt, die sich an alle Bürger wenden, konnte es aber nicht beseitigen. Auf der einen Seite standen die „Erbbürger", die von Grundbesitz lebten und die reichen Kaufleute, auf der anderen der Großteil der Bevölkerung, an deren Spitze die kleinen Handwerksmeister als Sprecher standen. Die größte Zahl bildeten die besitzlosen Unterschichten wie Handwerksgesellen, Taglöhner und Dienstboten.

Als es 1408 nach dem Tode der Herzöge Albrecht IV. und Wilhelm zum Kampf in der steirischen Linie um die Vormundschaft für Albrecht V. und die Dominanz in den österreichischen Ländern kam, konnte jeder der Kontrahenten in Wien auf eine eigene Anhängerschaft zählen. Leopold IV. wurde von den Handwerkern unterstützt, während Ernst seinen Rückhalt in der Schichte der Erbbürger und Händler hatte. Als im Jänner des Jahres Tumulte in Wien unter den Handwerkern ausbrachen, ließ der Bürgermeister Konrad Vorlauf im Glauben auf einen Sieg Herzog Ernsts fünf Handwerker hinrichten. Als sich aber die feindlichen Brüder überraschend aussöhnten, stand Konrad Vorlauf plötzlich isoliert und nach einem halben Jahr konnte Herzog Leopold IV. Rache nehmen und ließ ihn und die Ratsherren Rampersdorffer und Rokk am Schweinemarkt, dem heutigen Lobkowitzplatz, enthaupten. Allerdings brachte auch dieses Vorgehen des Herzogs den Handwerkern nicht den gewünschten Erfolg im Rat und als Bürgermeister wurde wieder ein Angehöriger der alten Ratsbürgerschicht gewählt. Die Feindseligkeiten zwischen den Bürgern und

Die Geschichte Wiens

Handwerkern endeten erst, als 1411 Albrecht V. als neuer Landesherr von beiden Gruppen umjubelt in Wien einzog.
Albrecht (1404-1439) hatte von Anbeginn seiner Herrschaft mit Schwierigkeiten zu kämpfen. Am Wiener Markt machten sich oberdeutsche Kaufleute breit, die in Wien Niederlagen errichtet hatten und Wiener beschäftigten, um die strengen Marktbestimmungen, die Fremde vom Handel ausschlossen, zu umgehen. Der Herzog mußte der Stadt, deren Einkünfte durch ein Passauer Stapelrecht für Wein schon geschmälert waren, weiter Geld in Form von zusätzlichen Steuern entziehen, um den Krieg gegen die nördlich der Donau umherschweifenden Hussiten zu finanzieren. Als die Verschuldung der Wiener weiter zunahm, kam es zu ersten Tumulten in der Stadt. Bald waren aber die Schuldigen für die mißliche Lage der Bürger und Handwerker ausgeforscht, die Juden. Sie beherrschten zu dieser Zeit zwar nur ein Viertel des Kapitalmarktes, den Rest teilten sich Kirche und Erbbürger, als Außenseiter wurde aber der Zorn auf sie gelenkt und im Jahre 1421 kam es zu einem großen Pogrom, das mit der völligen Vernichtung der jüdischen Gemeinde in Wien endete. Mehr als 200 Personen wurden an einem Tag auf der Hinrichtungsstätte bei den Weißgerbern verbrannt und der Pöbel war sich nicht zu schade, die Asche der Unglücklichen auf der Suche nach Gold und Schmuck zu durchsuchen.
Die jüdischen Werte fielen dem Herzog zu, der aber auch die Pfänder der Juden übernahm und die darauf liegenden Kredite für sich einforderte.
1438 erreichte Albrecht sein höchstes Ziel. Da er mit einer Tochter des böhmischen Königs Sigismund verheiratet war, folgte er diesem auf den Thron als König von Böhmen und Ungarn nach und mit ihm bestieg auch wieder ein Habsburger den deutschen Thron. Lange konnte sich Albrecht jedoch an seiner neuen Würde nicht erfreuen, bereits ein Jahr später, 1439, starb er und hinterließ als einzigen Erben den nachgeborenen Sohn Ladislaus Posthumus, der die ungarische und böhmische Krone tragen sollte. Die deutsche hatte sich 1440 bereits Albrechts Vetter Friedrich aus der steirischen Linie des Hauses Habsburg gesichert.
Unklare politische Verhältnisse führen stets zu Wirren im Lande und jede Partei versucht sich eine möglichst große Anhängerschaft zu sichern. Wien wurde dabei besonders umworben, hatte die Stimme der Stadt durch ihre führende Stellung bei den Bürgern doch ein großes Gewicht auf den Landtagen.
Die Zeiten waren unsicher geworden. Banden von unbezahlten Söldnern beraubten das Land und die Münzen verkamen durch die fortschreitende Geldwertverschlechterung zu „Schinderlingen", die niemand haben wollte und für die man auch nichts bekam. 1452 erlangte der junge Friedrich III. (1440-1493) den Titel des deutschen Kaisers, konnte aber die Zustände im Lande selbst wenig beeinflussen. Ladislaus starb 1457 in der Burg zu Prag, womit die Albertini-

Die Gestalt der Stadt

sche Linie in Österreich erloschen war und der Kampf um die Nachfolge sofort zwischen Friedrich und seinem Bruder Herzog Albrecht VI. entbrannte. Die Wiener wußten inzwischen, wieviel man verlieren konnte, wenn man auf die falsche Seite geriet und verhielten sich vorläufig neutral. Als sich die feindlichen Brüder schließlich doch verglichen, kam Wien in Friedrichs Besitz, aber ein dauerhafter Friede, das war allen Beteiligten bewußt, war noch lange nicht zu erwarten. Albrecht gab die Hoffnung auf Wien nicht auf und versuchte, Wien 1461 Friedrich mit Waffengewalt zu entreißen, sein Handstreich wurde aber abgewehrt und die Stadt blieb treu auf seiten des Kaisers. Friedrich bedankte sich bei der Stadt, indem er ihr das Recht verlieh, in Zukunft im Wappen den doppelköpfigen an Stelle des einköpfigen Adlers der Babenberger zu führen. Dennoch wurde in Wien die kaiserfeindliche Partei immer stärker. 1462 wurde der Landtag nach Wien einberufen, der Rat abgesetzt und durch eine neue Gruppierung ersetzt, wobei Wolfgang Holzer, der bereits unter Ladislaus am Hof großen Einfluß gehabt hatte, das Bürgermeisteramt übernahm. Daraufhin kam Friedrich selbst nach Wien, setzte seinerseits den Rat ab und ernannte einen früheren landesfürstlichen Beamten, Sebastian Ziegelhauser, zum Bürgermeister. Einen solchen Eingriff in ihre Rechte wollten sich die Bürger nicht bieten lassen und im Sturm der Entrüstung mußte Friedrich Wolfgang Holzer wieder als Bürgermeister bestätigen. Zugleich bestürmten die Bürger Friedrich um Geld zur Bezahlung der umherstreifenden Söldner, das ihnen aber verweigert wurde, ja der Kaiser wollte von der Stadt selbst ein Darlehen. Darauf sagte ihm die Stadt die Fehde an und belagerte den Kaiser in der Wiener Burg sieben Wochen lang, unterstützt von Herzog Albrecht, der hier eine Möglichkeit sah, den Kaiser in die Knie zu zwingen.
Als die Situation für Friedrich, der auch seine Gattin Eleonore und seinen kleinen Sohn Maximilian mit sich in der Burg hatte, nach sieben Wochen gefährlich zu werden begann, nahte Hilfe in Gestalt seines Getreuen Andreas Baumkircher, der den Böhmenkönig Georg Podiebrad zur Hilfeleistung hatte bewegen können. In Korneuburg kam es zum Friedensschluß zwischen Friedrich und Albrecht, wobei der Kaiser bei weitem den kürzeren zog und dem Herzog für acht Jahre die Herrschaft in Wien und Niederösterreich überlassen mußte. Diese Niederlage hatte der Kaiser den Wienern nicht vergessen. Als erste Vergeltungsmaßnahme stattete er die Doppelstadt Krems und Stein mit weitreichenden Handelsprivilegien aus, die Wien hart trafen. Es ist daher nicht verwunderlich, daß sich bald darauf kaiserfreundliche Kräfte in Wien zu regen begannen, welche die Stadt wieder unter die Herrschaft des Kaisers bringen wollten. Der Kopf dieser kaisertreuen Verschwörung war der Bürgermeister Konrad Holzer und er ließ am Karsamstag, dem 9. April 1463, den Rat festnehmen und in der Nacht das Stubentor öffnen, um die Truppen Friedrichs einzulassen. Überraschenderweise stellte sich aber die

Die Geschichte Wiens

Belagerung der Hofburg durch die Wiener im Jahre 1462

Die Gestalt der Stadt

Bevölkerung auf seiten Albrechts und die Verschwörung schlug fehl, Holzer mußte fliehen, versuchte aber wieder in die Stadt zurückzukehren und wurde gefangengenommen. Er wurde zum Tode verurteilt und geviertelt, mit ihm mußten fünf Bürger das Blutgerüst besteigen und wurden enthauptet, darunter waren Sebastian Ziegelhauser und Oswald Reicholf, ein Angehöriger einer alteingesessenen Ratsbürgerfamilie, der selbst einmal Bürgermeister gewesen war.

Die Wiener Bürger hatten aber wieder einmal auf den Falschen gesetzt, denn als 1463 Albrecht unerwartet in der Wiener Burg starb, blieb der Stadt nichts anderes übrig als mit dem Kaiser in Verhandlungen zu treten. Im April 1465 kam es zur formellen Aussöhnung, der Bürgerkrieg war beendet. Vier Jahre später konnte Friedrich den alten Traum der Babenberger und Habsburger erfüllen: Wien wurde zum Bistum erhoben.

Obwohl die Zeiten für die Stadt sicher schwer waren, wurde in der Stadt doch heftig gebaut. Im ersten Drittel des Jahrhunderts war der Südturm von St. Stephan nach den Plänen des Baumeisters Hans Prachatitz entstanden, gleichzeitig hatte man das Langhaus eingewölbt und vollendet und Hans Puchsbaum begann mit dem Bau des Nordturmes. Maria am Gestade wurde fertiggestellt und Bauarbeiten fanden bei St. Michael, der Dominikanerkirche und der Burgkapelle statt.

Auch die Bürgerhäuser veränderten sich und besonders die kleine reiche Oberschicht um Simon Pötl und Niklas Teschler brauchte selbst in wirtschaftlich schweren Zeiten auf keinen Luxus zu verzichten. Um die Stadt zog sich nun ein Ring von Vorstädten, die aber zum Teil Elendsquartiere der armen Bevölkerungsschichten waren. Diese „Lucken" waren mit Zäunen befestigt und standen noch unter dem „Wiener Burgfrieden", lagen also im Verwaltungsbereich der Stadt.

Die Wiener Universität hatte 1384 die ersehnte theologische Fakultät bekommen und mit der Neuordnung der finanziellen Basis der Universität war es auch möglich geworden, bedeutende Gelehrte dieser Zeit wie Heinrich von Langenstein, Gerhard von Kalkar und Heinrich von Oyta nach Wien zu berufen. Die mathematisch-astronomische Schule wurde von Georg von Peuerbach und Regiomontanus zur Blüte geführt, während sich Thomas Ebendorfer als einer der letzten großen Vertreter der Scholastik, welche die Wiedergabe des überlieferten Wissensgutes als Hauptaufgabe ansah, erwies.

Gegenüber den bildenden Künsten trat in dieser Zeit die Literatur etwas in den Hintergrund. Peter Suchenwirt, ein Zeitgenosse von Albrecht III., ist noch zu den älteren Wappen- und Heroldsdichtern zu zählen, während der Württemberger Michael Behaim, der im Gefolge Friedrichs III. die Belagerung der Burg in Wien erlebte und auch in seinem „Buch von den Wienern" beschrieben hat, eher zu der Stilrichtung der Meistersinger zu zählen ist. Mit Aeneas Silvius kam in den ersten Ansätzen der Geist des Humanismus nach Wien, in

Die Geschichte Wiens

seinen Werken beschrieb er aber auch die Leichtlebigkeit der Wiener, ihren Hang zu gutem Essen und Trinken, der oft ins Maßlose ging und Trunksucht und Streit mit sich brachte.
Der Tod des Böhmenkönigs Georg Podiebrad brachte neue Wirren in das Dreieck der Beziehungen von Österreich, Böhmen und Ungarn. Der Ungarnkönig Matthias Corvinus (1485–1490) hatte mit den Türken einen Waffenstillstand geschlossen, um in der heraufziehenden Auseinandersetzung mit Friedrich III. um die Wenzelskrone den Rücken frei zu haben. 1469 wurde Matthias zum König von Böhmen gewählt und ab diesem Zeitpunkt verschlechterten sich die Beziehungen zu Friedrich so schnell, daß ein 1470 in Wien abgehaltenes Gipfeltreffen der Monarchen ergebnislos abgebrochen werden mußte. Als sich in der Folge in Böhmen der Jagellone Wladislaw mit Unterstützung Friedrichs durchsetzte, begann Matthias in den Adelskreisen Wiens Stimmung gegen Friedrich zu machen und Unterstützung zu suchen. 1477 zog er persönlich nach Österreich und unterwarf sich die Mehrzahl der Städte, nur Wien und Krems/Stein konnten sich halten. Friedrich konnte Wien mit Geld nicht helfen, alles was er anzubieten hatte, waren Privilegien wie die Erlaubnis der Einhebung einer Weinmaut für Schiffstransporte auf der Donau und die Einrichtung einer „Salzkammer". 1478 schuldete der Kaiser Matthias 100.000 Gulden und die Nichtbegleichung dieser Schuld führte ab 1482 zu einer Wiederaufnahme der Kämpfe. 1482 und 1483 konnten die Wiener nur unter hohen Tributzahlungen ihre Weinernte einbringen und als 1484 Bruck an der Leitha und Korneuburg von Matthias erobert wurden, war die Stadt von allen Seiten abgeschnitten. Im April 1485 bezog Matthias ein Heerlager in St. Marx und begann die Stadt auszuhungern, die sich, nachdem sie vergeblich und treu auf einen Entsatz durch Friedrich gewartet hatte, am 23. Mai ergab und Matthias am 1. Juni einen triumphalen Einzug in Wien erlaubte.
In der Folge waren die Wiener Matthias gegenüber durchaus nicht feindlich gesonnen, allerdings hat sich auch eine kaiserfreundliche Partei in Wien gehalten. So wurde der Wiener Ratsherr Christoph Steger 1488 auf Anordnung des königlichen Stadtanwaltes wegen seiner angeblichen Verbindungen zum Kaiser schwer gefoltert, 11 Jahre später sollte er dafür Schadenersatz und Schmerzensgeld zugesprochen erhalten.
Obwohl Matthias mit seinem gesamten Hof nach Wien übersiedelte, ließ er die Geschäfte der Stadt doch völlig in der Hand der Wiener und sicherte sich seinen Einfluß nur über die Bestellung Virgilius Schrutauers zum Stadtanwalt, der sich durch den Parteiwechsel von Friedrich zu Matthias als treuer Diener des neuen Herren erwiesen hatte. Das Verhältnis der Wiener zu Matthias war freundlich, aber kühl, obwohl der Ungarnkönig durch den Wiederaufbau der Donaubrücken und die Bestätigung der Stadtprivilegien am 19. Mai 1488 sich um die Freundschaft der Wiener bemühte. Auch am Gesell-

Die Gestalt der Stadt

schaftsleben der Stadt nahm der König gerne teil und hier besonders am Scharlachrennen, für das ihm die Stadt sogar eine eigene Rennfahne mit seinem Wappen malen ließ, wie auch an Bällen, die ihm zu Ehren in Wien veranstaltet wurden. Besonders die religiösen Beziehungen förderte Matthias sehr, so betrieb er die Heiligsprechung des Babenbergers Leopold III. und unterstützte als Ungar besonders die Stephanskirche, bei der zu seiner Zeit der Heilthumsstuhl und das 1945 verbrannte Chorgestühl des Meister Rollinger fertiggestellt wurden.
Nach außen hatte sich Matthias Corvinus durch einen Waffenstillstand mit Kaiser Friedrich abgesichert, Sorgen machte ihm nur seine Nachfolge, die nur aus seinem illegitimen Sohn Johann aus der Ehe mit der aus Stein stammenden Bürgerstochter Barbara Edelpöck bestand. Daß seine Bedenken berechtigt waren, zeigte sich nach seinem plötzlichen Tod am 6. April 1490. Innerhalb weniger Monate begann die ungarische Position abzubröckeln und auch die 100 Mann der ungarischen Besatzung, die in Wien zurückgeblieben waren, konnten ein Überschwenken der Wiener in das Lager des Kaisers nicht verhindern. Im August 1490 zog Maximilian, der „letzte Ritter" (1490–1519), der Sohn Friedrichs, umjubelt in Wien ein, wodurch Österreich für die Habsburger wiedergewonnen war.
Der alte Kaiser Friedrich hatte Wien bis zu seinem Tod 1493 in der Linzer Burg nicht mehr betreten, zu tief war die Kluft, die Zeit seines Lebens zwischen ihm und den Wienern bestanden hatte. Aber auch Maximilian stand der Stadt sein Leben lang reserviert gegenüber, vielleicht eine Folge jener Eindrücke, die er als Kind bei der Belagerung in der Hofburg durch die Wiener gewonnen hatte. Maximilian scheint die Stadt auch niemals einer Bevorzugung würdig gefunden zu haben und fügte ihr mit einer Verwaltungsreform und der Förderung der oberdeutschen Kaufleute durchaus schweren Schaden zu. Besonders schmerzhaft war die Aufhebung des Stapelrechtes im Jahre 1515, die nun die donauabwärts gelegenen Märkte allen Kaufleuten öffnete. In das Stadtrecht, das er 1517 den Wienern verlieh, nahm er ausdrücklich einen Passus auf, der ein jederzeitiges „mehren und mindern der Privilegien" der Stadt durch ihn vorsah. Gleichzeitig übte Maximilian Druck auf die Vergabe der öffentlichen Ämter in Wien aus, da er aber nicht allzu oft in der Stadt anwesend war, kam es zwischen der Bürgerschaft und dem kaiserlichen Statthalter bald zu Spannungen.
Im kulturellen Leben erfuhr die Gotik in Wien unter Maximilian eine letzte Blüte, vor allem manifestiert in den Werken des Anton Pilgram. Daß eine neue Zeit heraufdämmerte, war aber schon daran zu sehen, daß die Wiener im Jahre 1511 den Bau des Nordturmes von St. Stephan aufgaben und mit einem von Meister Hans Saphoy geschaffenem Turmhelm abschlossen. In der Malerei begann sich eine neue Stilrichtung, die Kunst der „Donauschule", durchzusetzen.
In der Wissenschaft verlor die Scholastik, die zu einer Versteinerung

Die Geschichte Wiens

Tumbadeckel des Grabmals Friedrichs III. in der Stephanskirche, Ende 15. Jh.

Die Gestalt der Stadt

in den einzelnen Disziplinen geführt hatte, endgültig an Bedeutung. Dem neuen Denken wurde vor allem durch das Wirken des Humanisten Konrad Celtes in den Jahren 1497–1509 zum Durchbruch verholfen. In seiner „Sodalitas literaria Danubiana" und im "Collegium poetarum et mathematicorum" trafen Gelehrte und interessierte Laien zusammen, die dem Humanismus in Wien den Weg ebneten. Bedeutende Persönlichkeiten des Kreises waren der Arzt Johannes Cuspinian, der auch als Diplomat und Geschichtsschreiber hervortrat sowie der Arzt Cornax, dem die erste Behandlung einer extrauterinen Schwangerschaft gelang. Nachdem sich 1482 der erste Buchdrucker in Wien niedergelassen hatte, fand die „Schwarze Kunst" am Beginn des 16. Jahrhunderts weite Verbreitung und unterstützte die wissenschaftliche Denkweise in weiten Kreisen der lesenden Bevölkerung.

In dieser Zeit wurde Wien auch zur Musikstadt mit der Einrichtung einer Hofmusikkapelle, deren erster „Singmeister" der spätere Bischof Georg Slatkonia war.

Mit dem Tode Maximilians I. im Jahre 1519 ging nicht nur das Leben eines österreichischen Dynasten zu Ende, sondern auch die Epoche des Mittelalters. Eine neue Zeit, die Renaissance, zog herauf und Maximilian stand gerade an der Schwelle dieser Zeit, ohne sie völlig zu überschreiten, aber der Weg in die richtige Richtung wurde unter seiner Herrschaft gebahnt. Überall mehrten sich die Zeichen der neuen Zeit, das „finstere Mittelalter" war vorbei, man gab die Kunst der Gotik auf, las gedruckte Bücher und sah die Welt mit neuen, wissenschaftlich geschulten Augen. Dies ist der Grund, weshalb wir die Geschichte des mittelalterlichen Wien hier enden lassen. Es ist zwar ein willkürliches Datum, die Übergänge vom Mittelalter zur Neuzeit sind fließend, aber dieser Zeitpunkt ist ebenso gut wie andere, die zeitlich in der Nähe liegen, sei es die erste Türkenbelagerung, die Einführung des Buchdruckes in Wien oder die Beendigung des Baues des Nordturmes des Stephansdomes. Maximilian war ein Mensch, der die neue Zeit vor Augen hatte und ihr Kommen wohl geahnt hat, von seiner Herkunft und Erziehung war er aber noch ein mittelalterlicher Mensch und mit seinem Tod endet das Mittelalter für Wien. Seine Nachfolger werden die Stadt bereits im neuen Geiste regieren.

Die Entwicklung der Stadt

Das römische Wien

Das Römerlager Vindobona, das am Ende des 1. Jahrhunderts im Viereck Tiefer Graben – Naglergasse – Graben – Rotenturmstraße – Rabensteig und Salzgrieß entstand, war durch seine Lage zwischen der Donau im Norden, dem Ottakringerbach im Westen und dem Möringbach im Süden und Westen geschützt. Zusätzlich wurde noch eine gewaltige Mauer errichtet, die mit ihren sechs Metern Breite und 8 bis 10 Metern Höhe das Lager umgab und außen noch durch einen breiten Graben mit Palisaden und Pfahlgruben geschützt wurde.

Das Lagerinnere war dicht bebaut, allerdings kennen wir den genauen Plan des Lagers Vindobona bis heute nicht. Sicher scheint nur zu sein, daß das Prätorium (Kommandantengebäude) etwa zwischen Tuchlauben und Judenplatz lag, südlich daran schloß sich der Legatenpalast, das Wohnquartier des Kommandanten, an. Der Platz zwischen diesen Gebäuden und der Lagermauer wurde von Kasernenbauten ausgefüllt. Nördlich der „via principalis" lagen in einem parallel dazu laufenden Streifen die Häuser der Offiziere (scamnum tribunorum), an die sich nach Nordwesten das Lagerspital (valetudinarium) und nach Nordosten das Lagerbad anschlossen.

Um das Lager befand sich die Lagervorstadt (cannabae), in der die Familien der Soldaten lebten und sich Schenken, Werkstätten und sicher auch Bordelle befanden.

Um 400, genauer läßt sich das Datum nicht eingrenzen, gingen Lager und Zivilstadt in der Zeit der Völkerwanderung zugrunde. Die überlebende Bevölkerung flüchtete sich innerhalb die noch immer bestehenden Mauern des Lagers und begann sich in diesem verwüsteten Areal notdürftig einzurichten. Man suchte sich die noch am besten erhaltenen Teile aus, die man in der Nordostecke des Lagers im Bereich des Lagerbades, welches meterdicke Quadermauern aufwies, gefunden haben dürfte. Mit der Zeit entstand hier, wir befinden uns an der Nordseite des Hohen Marktes beim Gebäude der Anker-Versicherung, aus den Resten der römischen Gebäude ein

Die Gestalt der Stadt

kleiner, befestigter Hof, dessen sich noch Jahrhunderte später die Wiener als „Berghof" erinnern sollten. Erstmals finden wir diesen Namen in Jan Enenkels „Fürstenbuch" aus 1280 erwähnt.
Den Beginn dieses Berghofes mit einer Jahreszahl festzulegen ist nicht möglich, er ist keine geplante Anlage, sondern entstand aus der Not der Menschen, ihrer Angst vor den umherstreifenden Scharen der Hunnen, Awaren, Langobarden, Slawen und Ungarn. Man verwendete Steine, die das zerstörte Innere des Legionslagers lieferte, und man bediente sich noch aufrecht stehender Mauern beim Bau. Der jeweilige Herr über die Siedlung lebte in diesem wehrhaften Bau, während sich seine Untertanen mit Holz- und Lehmhäusern im Schatten der Burg begnügen mußten. Mit der Zeit wurde aus dem Berghof eine Stadtburg, wehrhaft und geschützt und fähig, das Gebiet unter Kontrolle zu halten.
Rund um die Burg standen aber auch noch die römischen Mauern mit ihren drei Toren und den alten Straßenzügen, die sich jedoch langsam über das bereits überwachsene Trümmerfeld des Legionslagers auf den Haupteingang der Burg, der an deren Westseite vermutet wird, auszurichten begannen. Die Innenbauten des römischen Lagers bestanden zu dieser Zeit nicht mehr, und die Straßen wichen im Laufe der Jahre von den alten römischen Richtungen ab. Dies ist auch der Grund, weshalb heute die Wipplingerstraße, die der „via principalis", und die Tuchlauben, welche der „via decumana" entsprochen haben, und die Salvatorgasse, welche vermutlich ein römischer Weg zur Donau war, auf die Nordostseite des heutigen Hohen Marktes zielen, da sich hier wahrscheinlich der Haupteingang zum Berghof befand.
Bildeten zuerst die Außenmauern der im Berghof zusammengefaßten Gebäude einen natürlichen Wall, so scheint man im 9. Jh. eine eigene Ringmauer um den Berghof gelegt zu haben, in die auch Türme eingebaut waren. Das entstehende Wien hat hier einen festen Mittelpunkt zum Neubeginn gefunden. Nicht die römische Siedlung ist die eigentliche Keimzelle des mittelalterlichen Wien, sondern eine kleine Burg, um die sich im Laufe der Zeit auch ein Markt bildete, wobei die wirtschaftliche Bedeutung der Burg ihren wehrtechnischen Nutzen bei weitem überwog. Später wird man den Begriff des Bürgers, des Burgfriedens und des Burgrechts, alles Rechtsausdrücke, die im mittelalterlichen Wien gebräuchlich waren, von dieser Burg ableiten können.

Der älteste Markt von Wien

Zu den ältesten funktionellen Einheiten in der Menschheitsgeschichte gehört stets der Dualismus von Burg und Markt. Nur dort, wo sie sicher sind, kommen viele Menschen zusammen und nur dort wagen die Händler ihre Waren feilzubieten, nur wo die Sicherheit aller Zusammengekommenen gewährleistet ist, kann sich der Handel entfalten.

Die Entwicklung der Stadt

Die alten Hausbezeichnungen aus dem Mittelalter verraten uns, wo sich dieser erste Markt von Wien befunden hat. Im 14. und 15. Jahrhundert wurde eine Anzahl von Häusern als „am Kienmarkt" gelegen bezeichnet. Diese Häuser lagen zwischen dem Areal des Berghofes und der Nordostecke des Lagers, im Bereich zwischen der Fischerstiege im Westen und der Rotgasse im Osten der heutigen Stadt. Alle Häuser in diesem Bereich wurden nach einem Ort bezeichnet, der einmal eine Einheit gebildet hat. Für den mittelalterlichen „Kienmarkt", einem Platz, wo Kienspäne verkauft wurden, ist das Gebiet zu groß, es muß hier früher einmal etwas anderes gestanden haben. Es scheint naheliegend, auf diesem auf der einen Seite vom Berghof und auf der anderen Seite von der römischen Lagermauer geschützten Areal den ältesten Markt Wiens anzunehmen. Zwar scheinen die 26.000 m² zu groß für einen Markt dieser Zeit, aber wir dürfen nicht vergessen, daß Wien mit seiner von West nach Ost laufenden Donau und den Nord-Süd laufenden Handelsstraßen stets ein Kreuzungspunkt des Fernhandels war. Die Händler benötigten nicht nur Platz für ihre Warenstapel und Stände, sondern auch für ihre Wagen und Zugtiere und mußten auch einen Übernachtungsplatz haben. Der Markt mag in unruhigen Zeiten auch als Fluchtplatz für die außerhalb der Siedlung lebenden Menschen gedient haben, die sich, wenn der Feind nahe war, in den Schutz der Burg zurückzogen.

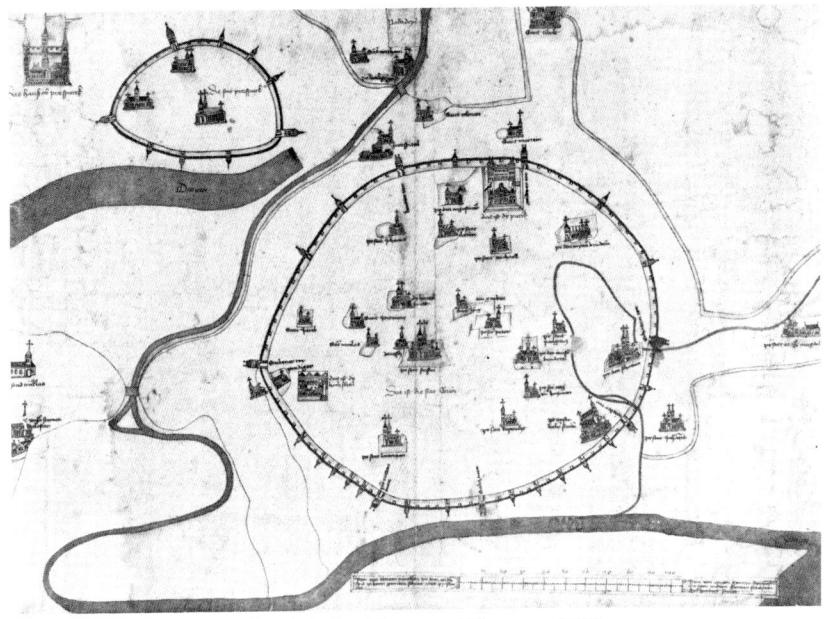

Albertinischer Plan von Wien, um 1420

33

Die Gestalt der Stadt

Die älteste Kirche Wiens – St. Ruprecht

Wir haben bereits den Zusammenhang zwischen Burg und Markt festgestellt, es fehlt aber hier noch ein Element, welches unbedingt zur mittelalterlichen Stadt gehört: die Kirche. Es scheint daher kein Zufall zu sein, daß am Nordende des Kienmarktes bald ein Kirchenbau entstand. Über das genaue Baudatum ist sich die Wissenschaft nicht einig, aber man wird die Kirche vielleicht am ehesten in die Zeit bald nach dem siegreichen Feldzug Karls des Großen gegen die Awaren im Jahre 791 setzen können. Normalerweise müßte die Kirche mit einer möglichen Abweichung, die dem Ort des Sonnenaufganges am Namenstag des Heiligen, dem die Kirche geweiht ist, entspricht, genau nach Osten orientiert sein. Nun weicht die Ruprechtskirche aber um rund 30 Grad von dieser Richtung ab. Archäologische Untersuchungen haben uns inzwischen die Frage nach dem Grund dieser Abweichung beantwortet. Die Kirche steht genau im Raster der Mauern des römischen Lagers und verwendet vermutlich auch römische Mauern für die Fundamente ebenso wie die Vorgängerbauten der gotischen Häuser am Ruprechtsplatz, deren Fundamente ebenfalls auf römischen Mauern standen. Wann diese erste Ruprechtskirche zerstört wurde, wissen wir nicht, der heutige Bau dürfte erst um 1000 errichtet worden sein.

Die Reststadt um St. Peter

Im 8. Jahrhundert gab es noch eine Siedlung in Wien. In der Südostecke des Lagers hatte sich eine Reststadt gebildet, die man vermutlich als eine Art von Haufendorf bezeichnen kann und die sich mit unregelmäßigen Gassen und lockerer Besiedelung um den Bereich von St. Peter gruppierte. Im Süden und Osten bildete die alte römische Lagermauer die Begrenzung, im Norden endete die Bebauung ungefähr auf der Linie der heutigen Landskrongasse und der Ertlgasse und ließ den Bereich des Hohen Marktes frei. Die Grenze nach Westen dürfte etwa dem Verlauf der Tuchlauben entsprochen haben. An zwei Seiten wurde dieses besiedelte Gebiet, das die Form eines Rechteckes mit etwa 265 : 170 m Seitenlänge hatte, auch noch durch den vor den Mauern liegenden Graben aus der Römerzeit geschützt, wobei durch den Graben ein Bach, der noch um 1327 den slawischen Namen „moric" trug und später als Mörung (Kloake) bezeichnet wurde, floß. Der Bach soll um 1327 eingewölbt und danach verbaut worden sein, wobei man heute noch an der Gabelung Rotenturmstraße – Rabensteig die Einmündung des Baches in den Donaukanal erkennt. Eine weitere kleine, dorfähnliche Siedlung dürfte in der Zeit bis 1000 im Bereich des Donauufers um die erste Kirche von Maria am Gestade entstanden sein.
In der Zeit zwischen 1000–1040 wurde die Stadt wieder etwas weiter nach Westen erweitert. Westlich von St. Peter entstand ein neuer

Die Entwicklung der Stadt

Straßenzug, die Tuchlauben, in deren Verlauf sich ein dreieckiger Platz, wie er typisch für die Zeit ist, eingeschoben hat. Die Tuchlauben betritt die Stadt von Süden genau an der Stelle, an der sich in römischer Zeit das Südtor, die „porta decumana", befunden hat und sie beginnt am Peilertor, das sich bis 1723 erhalten hat. Von der Tuchlauben nach Westen schließen sich rippenförmig angelegte Gassen an, heute noch faßbar als Steindlgasse, Kleeblattgasse (früher Ofenlochgasse) und Schultergasse. Nördlich der Wipplingerstraße setzt sich dieses System in der Salvator- und Sterngasse fort. Mittelpunkt dieser Stadterweiterung war der Dreiecksplatz an der Tuchlauben, der durch die Existenz des ältesten Gerichtsgebäudes Wiens, der „Schranne", die sich bis 1320 auf diesem Platz befand, als Marktplatz gekennzeichnet ist. Von diesem Dreiecksplatz, der sich im Süden bis zur Milchgasse erstreckte, zweigt die Kühfußgasse zum Petersplatz ab.

Die Stadt, die nun schon fast zwei Drittel des Römerlagers einnahm, war gegen Westen durch eine neuerrichtete Mauer, die 1874 bei Ausgrabungen gefunden wurde, abgeschlossen. Diese zum Großteil aus römischem Steinmaterial bestehende Mauer begann an der Römermauer in der Naglergasse westlich vom Peilertor, verlief im Bereich der Seitzergasse bis zum Schulhof, durch die Parisergasse über die Mitte des Judenplatzes und durch die Fütterergasse, um schließlich über den Stoß am Himmel zum kleinen Passauerhof – heute Redemptoristenkloster – zu führen. Diese Mauer, die in einem leicht nach Westen ausbiegendem Bogen verlief, schloß gemeinsam mit den Resten der Römermauer die gesamte besiedelte Stadt ein, die sich nun als Rechteck mit den Maßen von 310 : 520 m präsentiert.

Fraglich scheint, ob zu dieser Zeit eine neue Stadtburg entstand, wie dies von einigen Historikern angenommen wird. Diese Burg, welche in ihrer Funktion den Berghof abgelöst hätte, wird im Bereich zwischen Tuchlauben und Judenplatz angesiedelt, kann aber bis heute weder archäologisch noch quellenmäßig mit Sicherheit nachgewiesen werden. Vielleicht ist aber mit dieser Burg auch der Neubau von St. Peter, der etwa um 1040 datiert wird, zu sehen, der notwendig wurde, da die nun stark angewachsene Stadt einen neuen kirchlichen Mittelpunkt benötigte. Zudem scheinen im 11. Jahrhundert die Pfarrechte von St. Ruprecht auf St. Peter übergegangen zu sein, so daß ein Neubau in dieser Zeit durchaus möglich scheint.

Etwa zur selben Zeit hatte man im Bereich der römischen Mauer am Kienmarkt ein neues Tor, Katzensteigtor genannt, eingebaut und man begann zu dieser Zeit auch mit der Verbauung des bisher offen liegenden Kienmarktes. So scheint die Judengasse, welche quer über den Bereich des Kienmarktes auf dieses erst 1825 abgebrochene Katzensteigtor führte, in jener Zeit entstanden zu sein.

Die ständige Bevölkerungszahl von Wien um diese Zeit dürfte etwa zwischen 500 – 1000 Einwohnern gelegen haben, wozu zeitweise noch Händler und Kaufleute kamen, die nicht in der Stadt ansässig waren.

Die Gestalt der Stadt

Die Vorstadt im Osten

Im 11. Jahrhundert, besonders nachdem nach 1030 für die Stadt die Gefahr durch die Ungarn endgültig abgewehrt war, wurde das von der Mauer umschlossene Gelände rasch besiedelt. Es erwies sich als notwendig, erste Siedlungen vor den Mauern anzulegen. Hierzu boten sich besonders die Bereiche an den großen Fernverkehrsstraßen an und da der Handel Wiens besonders stark nach Ungarn orientiert war, wurde die erste dieser Vorstädte im Osten der Stadt angelegt.
Betrachtet man das Gebiet zwischen Bäckerstraße und Sonnenfelsgasse, so fällt auf, daß, wenn man sich die Bebauung hier wegdenkt, die Gestalt eines länglich rechteckigen Platzes zum Vorschein kommt, der am Lugeck beginnt und bis zum heutigen Dr. Ignaz-Seipel-Platz reicht. Dieser linsenförmige Anger war von Häusern und Höfen umgeben, die mit ihrer Front auf den Platz blickten und deren geschlossene Rückseiten als Schutzmauer dienten. An der Südseite bildete die Wollzeile den Graben der Vorstadt, an der Nordseite wurde der Bereich vom Heiligenkreuzerhof begrenzt. Diese neu entstandene Handelsstadt mit ihren Lagern, Ställen und Häusern bildete den Kern einer sich stetig erweiternden Kaufmannssiedlung, die später bis zur Singerstraße reichte. Den Beginn dieser Siedlung kann man in die Zeit um 1070–1100 legen.
Vielleicht war diese Handelsstadt auch der Grund für die Platzwahl der Stephanskirche des Passauer Bistums, deren Pfarrhaus, südlich am Grund des heutigen Erzbischöflichen Palais knapp jenseits des Vorstadtgrabens, errichtet wurde. Es könnte sein, daß sich St. Stephan aus dem Bethaus dieser Vorstadt entwickelt hat und bereits um 1100 hier eine kleine Kirche passauischen Patronats bestand, die um 1137 weiter ausgebaut wurde.

Wiens Entwicklung unter den Babenbergern

Um die Mitte des 12. Jahrhunderts übernahmen die Babenberger die Stadt Wien als ihren Residenzort. Mit dieser Rangerhöhung ging natürlich auch ein Ausbau der Stadt vor sich, hat sie doch nun an Attraktivität gewonnen und mußte zugleich den Hof und dessen Bedienstete wie auch die Gäste des Hofes aufnehmen.
Herzog Heinrich II. Jasomirgott kann der Ausbau von zwei Stadtteilen mit ziemlicher Sicherheit zugeschrieben werden. Es sind dies die Viertel östlich der Stephanskirche und rund um das neu gegründete Schottenkloster auf der Freyung.
Das Gebiet östlich der Stephanskirche wurde an den Südrand der bereits oben erwähnten Handelssiedlung angebaut und erstreckte sich im Süden bis zur Singerstraße und nach Osten in einem regelmäßigen Rippensystem über die Blutgasse und Grünangergasse bis zur Kumpfgasse. Bereits die Namen verraten, was früher hier gestanden

Die Entwicklung der Stadt

hat: Die Grünangergasse weist auf ein unbebautes Gelände hin, während die Kumpfgasse mit einer kleinen Vorstadtsiedlung, der „Kumpflucke", in Verbindung zu bringen ist.

Am Schnittpunkt der Hochstraße und der vom westlichen Tor des römischen Lagers ausgehenden Straße entstand das Schottenstift, wobei zwischen den beiden Straßen ein Dreiecksplatz angelegt wurde, der nach Osten vom Tiefen Graben und dem darin fließenden Ottakringerbach begrenzt wurde.

Auch das Gelände um den Platz Am Hof erfuhr eine wesentliche

Ansicht von Wien von Süden auf einem Tafelbild des Schottenmeisters mit der Flucht nach Ägypten, um 1485

Die Gestalt der Stadt

Aufwertung. An der Ostseite des heutigen Platzes wurde eine neue Burg angelegt, die im Kern aus einem Palas und der Burgkapelle bestand, wobei der Platz Am Hof als Turnier- und Sammelplatz genutzt wurde. Wenn es eine ältere Burg gegeben hat, so wurde nun dieser Platz freigemacht und es entstanden hier in der Folge die Anfänge des jüdischen Ghettos.

Unter dem Nachfolger Heinrich II. Jasomirgott, Leopold V., aber frühestens im letzten Viertel des 12. Jahrhunderts wurde eine planmäßige Erweiterung, welche den Graben und die daran anschließenden Nord-Süd-orientierten Gassen umfaßte, durchgeführt.

Dieses Viertel, welches vom Kohlmarkt bis zur Spiegelgasse reicht, war auf den Graben hin orientiert, der durch das planmäßige Zuschütten des römischen Lagergrabens entstand. Anfänglich reichte er vom Kohlmarkt bis zum heutigen Stock-im-Eisen-Platz, doch wurde er bereits im Mittelalter durch den Einbau des Elefantenhauses im Osten und des Schallenbergschen- und Hirschenhauses im Westen verkleinert. Nördlich des neuen Platzes bestand noch lange die römische Lagermauer, die erst Zug um Zug von Hausbauten ersetzt

Die Entwicklung der Stadt

„Vienna, Pannonie", Ansicht von Wien aus der Schedlschen Weltchronik, 1492

wurde, deren bedeutendster der Freisingerhof, an der Stelle des heutigen Trattnerhofes gelegen, war.
Gegen Ende des 12. Jahrhunderts hatte sich die Stadt so erweitert, daß ein Großteil der besiedelten Fläche bereits außerhalb der noch immer bestehenden Römermauern lag. So tauchte bereits im letzten Viertel des Jahrhunderts der Plan auf, die neuen Teile der Stadt mit einer Mauer zu umgeben, allerdings fehlte für dieses Großbauvorhaben lange Zeit das nötige Geld. Erst sein Anteil am Lösegeld für Richard Löwenherz macht es Leopold V. möglich, an die Verwirklichung dieses Planes zu gehen. Bis ans Ende des ersten Viertels des 13. Jahrhunderts entstand eine gewaltige Ringmauer. Der Verlauf der Stadtmauer entsprach etwa der Linie Dominikanerbastei – Stubenbastei – Seilerstätte – Walfischgasse – Philharmonikerstraße – Hanuschgasse – Außenfronten der Nationalbibliothek und des Leopoldinischen Traktes der Hofburg – Löwelstraße – Oppolzergasse – Mölkersteig – Helferstorferstraße – Börseplatz – Concordiaplatz – Salzgrieß – Franz-Josefs-Kai und bestimmte die Form der Stadt für Jahrhunderte.

Die Gestalt der Stadt

Unter den letzten Babenbergerherzögen, Leopold VI. und Friedrich II. dem Streitbaren, wurde Wien planmäßig ausgebaut, wobei – für eine Stadt, die vom Handel lebt, typisch – besonderes Augenmerk auf den Ausbau der Plätze gelegt wurde. Im ältesten Siedlungskern zwischen der Kirchensiedlung um St. Ruprecht und der Reststadt um St. Peter wurde der Hohe Markt angelegt, der für 1233 das erste Mal urkundlich gesichert ist.

Ein zweiter Rechteckplatz aus dem 13. Jahrhundert ist der Neue Markt, 1234 erstmals urkundlich erwähnt, der ursprünglich aber größer war als er im heutigen Stadtbild erscheint.

Der dritte planmäßig angelegte Rechteckplatz ist der Judenplatz, der 1294 erstmals urkundlich genannt wird und den Mittelpunkt des jüdischen Ghettos bildete, das durch Tore in der Fütterer-, Pariser- und Jordangasse abgeschlossen werden konnte.

Die aufgezählten Rechteckplätze bildeten neue Siedlungszentren in der Stadt, um die herum in der Folge Baublöcke als Füllungen zu den bestehenden Straßenblocks entstanden. Entlang der 1257 erstmals genannten Kärntnerstraße, die an Stelle des Kohlmarktes zur Hauptstraße der Stadt wurde, schlossen sich Blöcke bis zur Krugerstraße (1298) und Weihburggasse (1234) an.

Um 1220 waren zwar große Teile der Stadt noch immer unbebaut, das Grundstraßennetz aber bereits festgelegt, das sich bis zur heutigen Zeit nicht mehr wesentlich veränderte.

Ansicht von Wien um 1485; Detail eines Flügelaltärchens aus der Nachfolge des Schottenmeisters

Die Entwicklung der Stadt

Der Ausbau der Stadt unter den Habsburgern

Mit der Übernahme der Stadt durch die Habsburger präsentierte sich das Gelände innerhalb der Stadtmauern bereits fast zur Gänze verbaut, nur der Streifen südlich der Herrengasse und um die Burg war noch frei. Hier versuchte Rudolf IV. der Stifter um 1365 ein eigenes Universitätsviertel, die sogenannte „Pfaffenstadt" zu gründen, dieser Plan wurde jedoch unter seinen Nachfolgern aufgegeben und in der Folge siedelten sich hier Hofbedienstete und Beamte an.

Bis in das 13. Jahrhundert hat als Rathaus ein Gebäude am Witmarkt bei der Tuchlauben gedient, später fand ein Haus in der Salvatorgasse Verwendung und seit 1316 das diesem benachbarte Haus der Familie Haymo. Die Schranne übersiedelte 1326 vom Witmarkt auf den Hohen Markt, zunächst an dessen östliches Ende und seit 1440 an die Ecke zur Tuchlauben. Das Diebshaus (Untersuchungsgefängnis) stand zunächst in der Kumpfgasse und war seit 1386 in der Rauhensteingasse angesiedelt.

Die Stadtwaage im Waaghaus an der Rotenturmstraße wird schon 1312 erwähnt, die Mehlgrube (städtisches Vorrats- und Eichhaus) am Neuen Markt läßt sich als „Metzengaden" bis um 1300 zurückverfolgen. Der Platzmangel innerhalb der mittelalterlichen Stadt erzwang die Verlegung mancher Gewerbe in das Innere der Häuser. Auf dem Hohen Markt finden wir so den Fischhof (1255), das Riemhaus

Ansicht der Südseite von Wien um 1483;
Detail aus einem Porträt Friedrichs III.

Die Gestalt der Stadt

(1337), Schuhhaus (1337), Leinwandhaus (1393), Saithaus (1350, ab 1440 zur Schranne umgebaut) und das Kürschenhaus (1325). Am Lichtensteg lag der Messererhof (1344, als Taschnerhaus verwendet 1393-1429), am Graben das Brothaus (1371) und um den Stephansplatz waren die Apotheken versammelt. Von 1384 an begann sich die Universität im Stubenviertel mit ihren Lehrgebäuden und den Studentenquartieren, den Bursen, auszubreiten. 1385 wurde das Hauptkolleg in der Postgasse und die Juristenschule in der Schulerstraße eingerichtet und im selben Jahr das Kloster St. Niklas am Anger (Singerstraße) in ein Zisterzienserseminar umgewandelt. Im Neubau des Karmeliterklosters Am Hof (1386-1420) gingen nicht nur das älteste Münzhaus (vormals Herzogshaus), sondern auch eine Reihe umliegender Häuser auf, die Münzstätte übersiedelte in die Wollzeile.

Die fremden Kaufleute, die nach Wien kamen, stiegen in zahlreichen privaten Herbergen ab, die größten waren der Kölnerhof (1394, als Gebäude seit 1289 belegt) und der Regensburgerhof (1410), beide am Lugeck gelegen.

In der Vorstadt vor dem Widmertor, also nahe der Burg, siedelte sich nach 1276 das Hofgesinde an. In der Folge entstand hier auch das Hofspital St. Martin um 1330 im Bereich des Getreidemarktes sowie das Seelhaus zu St. Theobald 1343 bei der Theobaldgasse wie auch zwei Frauenhäuser (Bordelle), die man als Ersatz für das aufgelassene, in der Nähe des Minoritenklosters gelegene, errichtete.

Für die Frauen des „ältesten Gewerbes", die ihren Lebenswandel ändern wollten, entstand 1387 ein Bußhaus der bekehrten Frauen bei St. Hieronymus in der heutigen Weihburggasse beim Franziskanerkloster.

Vor dem Werdertor wurde das um 1326 aufgelöste Augustinerkloster in der Zeit zwischen 1330-1343 als Spital verwendet, 1360-1364 diente der Bau als Karmeliterkloster, bevor er völlig aufgegeben wurde und nur die Kirche bestehen blieb.

1359 begann man mit dem Neubau der Stephanskirche, nachdem bereits in der Zeit zwischen 1304-1340 einige Häuser dem neuen Chor (Albertinischer Chor) weichen mußten. Mit wechselvollem Geschick wurde bis 1511 an der Kirche gearbeitet, dann wurde der Bau endgültig eingestellt, nachdem der Nordturm nur bis zur Hälfte seiner geplanten Höhe gediehen war.

Auch die landesfürstliche Verwaltung wurde ausgebaut. Gegen Ende des 14. Jahrhunderts existierte bereits das landesfürstliche Kanzleigebäude in der Dorotheergasse beim heutigen Dorotheum. Das „Praghaus" bei St. Ruprecht, 1411 von den Landesfürsten erworben, diente der Verwaltung des Salzwesens, während die Finanzbehörde im Hubhaus am Petersplatz untergebracht war.

Der Wiener Judenmord von 1421, auch die „Wiener Geserah" genannt, führte zur Auflösung des Ghettos und erweiterte den bürgerlichen Siedlungsraum.

Die Entwicklung der Stadt

1439 wurde die erste durchgehende Brückenverbindung über die Donau gebaut. Da die Türkengefahr langsam über den Balkan gegen Wien heranrückte, begann man die Vorstädte teilweise mit gemauerten Befestigungen und Faschinenzäunen zu umgeben.
Kaiser Friedrich III. begann 1459–1460 mit dem Ankauf von Häusern und Grundstücken rund um die Burg mit dem Ziel, diese zu erweitern. Maximilian I. ließ ein Arsenal im Werd (Praterinsel) errichten und gleichzeitig wurden der Cillierhof – heute der Amalientrakt der Hofburg – und das „öde Kloster", ein angeblich 1470 gescheitertes Klosterprojekt am Areal der heutigen Stallburg, in Zeughäuser umgewandelt.
Die Landstände begannen 1513 mit dem Bau des Landhauses in der Herrengasse und am Ende des Mittelalters, zwischen 1513 und 1521, wurde das Studentenspital vor dem Stubentor gebaut.
Wir stehen nun am Ende des Mittelalters. Wien ist eine für damalige Zeiten große Stadt. Es gab rund 1250 Häuser in der Stadt, wovon rund 900 steuerzahlenden Bürgern gehörten. In den Vorstädten, die wie ein Kranz um die Stadt herum lagen, standen nochmals 900 Häuser. Es ist nicht leicht, die Gesamtzahl der Einwohner zu ermitteln, aber wir können davon ausgehen, daß in Wien und in den Vorstädten gegen das Ende des Mittelalters zusammen rund 20.000 Menschen wohnten.

Ansicht von Wien von Süden. Wolf Huber, 1530

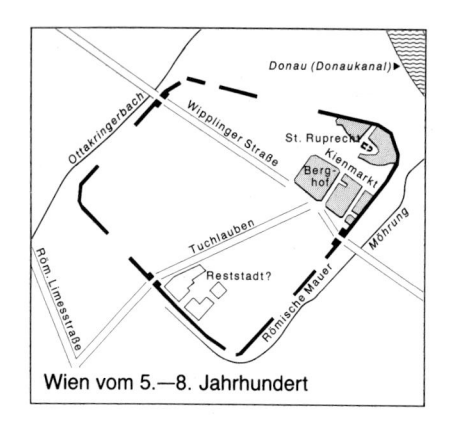

Wien vom 5.—8. Jahrhundert

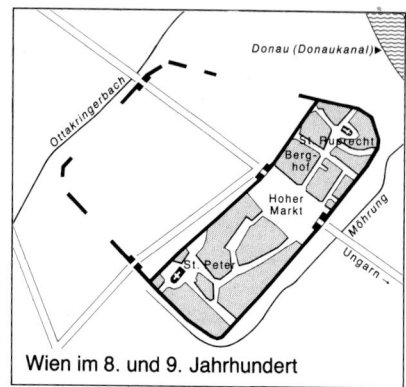

Wien im 8. und 9. Jahrhundert

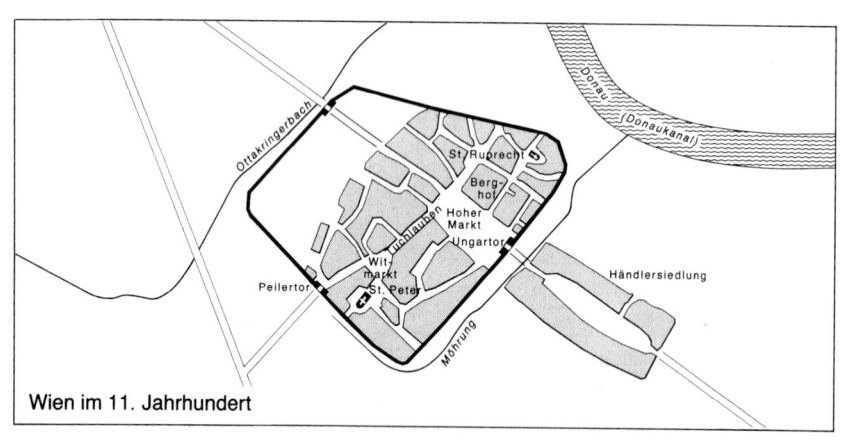

Wien im 11. Jahrhundert

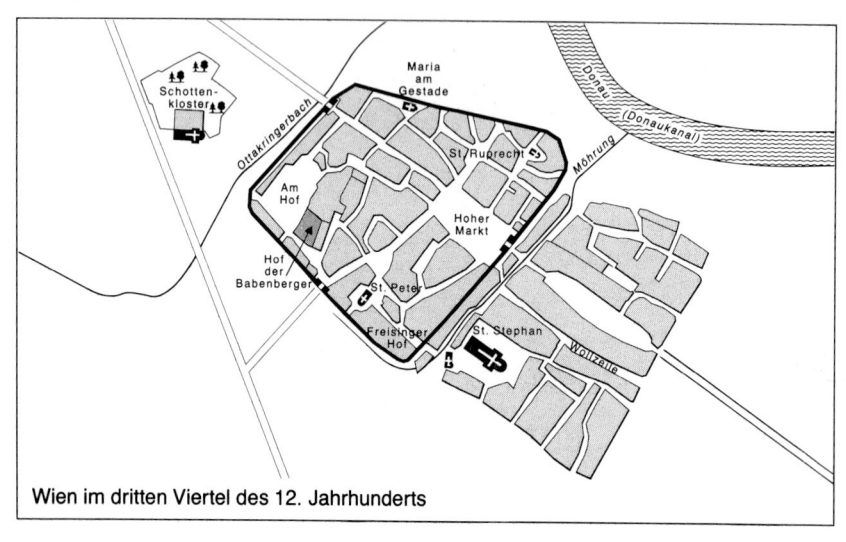

Wien im dritten Viertel des 12. Jahrhunderts

Wien am Ende des 12. Jahrhunderts

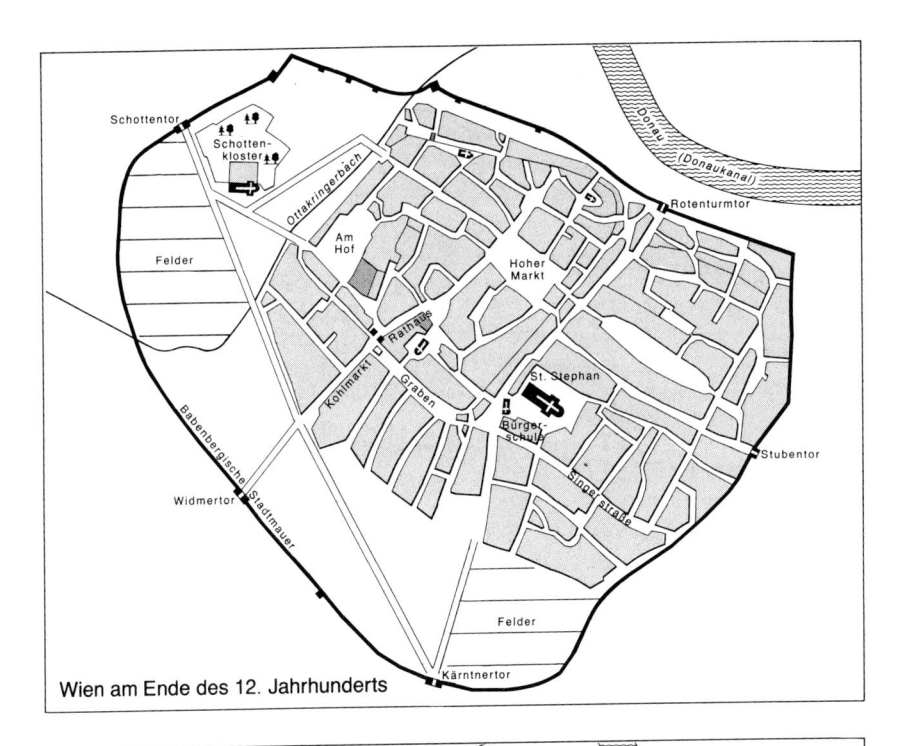

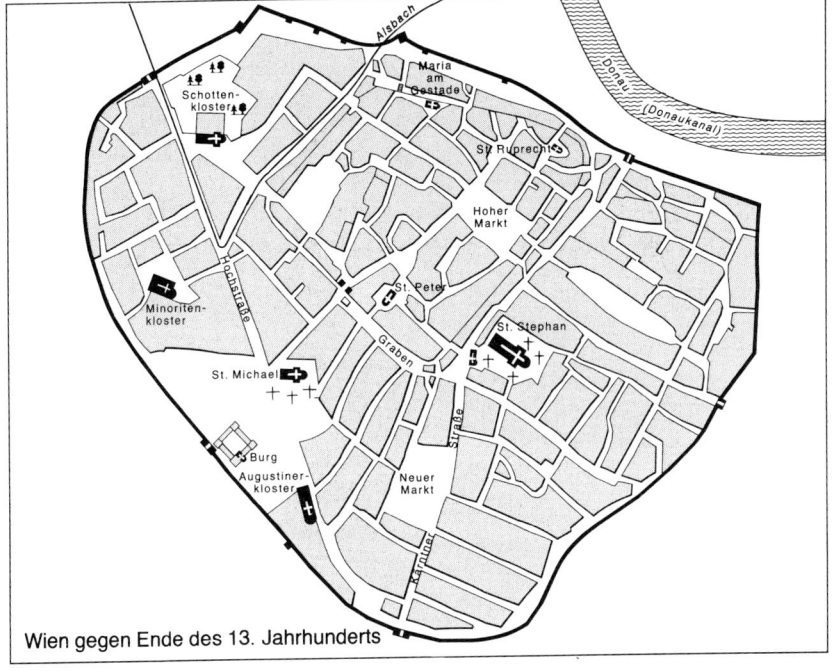

Wien gegen Ende des 13. Jahrhunderts

Die Gestalt der Stadt

Ansicht Wiens von Norden aus dem Babenbergerstammbaum

Die Stadtmauern

Lange Zeit bildeten die Wälle des römischen Lagers Vindobona die Mauern der Reststadt. Mit der Einrichtung Wiens als Residenzstadt der Babenberger setzte ein solcher Aufschwung in der Stadtentwicklung ein, daß die Stadt sehr rasch begann, über die alten Grenzen hinauszuwachsen. Erst Leopold V. gelang es, die nötigen Geldmittel zu besorgen, um Wien mit einer für die damalige Zeit gewaltigen Festungsanlage zu umgeben. Sie wurden für eine rund 4,5 Kilometer lange Ringmauer rund um Wien und zur Befestigung von Hainburg und der Gründung von Wiener Neustadt verwendet. Damit sich die Wiener die Erhaltung ihrer Mauern aber auch zukünftig leisten konnten, schenkte ihnen Herzog Leopold VI. die Einkünfte der Burgmaut, eine Schenkung, die später von den Habsburgern bestätigt wurde.

Wie sah die neue Stadtmauer aus? Es war eine rund 2–3 m breite und bis zu 6 m hohe Mauer aus Bruchsteinen, an deren Innenseite ein Erdwall als Basis für einen hölzernen Wehrgang diente und den Verteidigern eine Steh- und Lauffläche bot. Die Oberkante der Mauer war mit Zinnen bewehrt und an der Außenseite gab es Pechnasen, Schießscharten und vorspringende Erker, um die an den Mauerfuß vorgedrungenen Feinde abwehren zu können.

Ursprünglich waren nur fünf Tore in der Mauer, die zumeist von einem Torturm und einem direkt daneben stehenden Verteidigungsturm geschützt waren. Der „Rote Turm" stand am Ende der heutigen Rotenturmstraße, der Stubenturm am Ende der Wollzeile, gegen den heutigen Dr.-Karl-Lueger-Platz hin. Es ist dies übrigens der einzige mittelalterliche Turm, von dem wenigstens die Fundamente im Laufe einer archäologischen Grabung im Jahre 1985 freigelegt werden konnten. Am Ende der Kärntner Straße stand der Kärntnerturm, an der Südflanke, direkt neben dem heutigen Schweizertor der Hofburg, der Widmerturm, und am Ende der Schottengasse der Schottenturm.

Die Türme waren mehrere Etagen hoch und erreichten Höhen bis zu 22 m, die Fassaden waren oft bemalt oder mit Freskos und Wappen geschmückt. So befand sich um 1526 am Stubentor ein großer gemalter Christophorus, der Schutzpatron der Reisenden.

Die Gestalt der Stadt

Vor den Toren lag ein etwa 10 m breiter Stadtgraben, über den Holzbrücken führten, die im Verteidigungsfall schnell abgerissen werden konnten.
An einigen Toren wurden mit der Zeit zusätzliche Verteidigungseinrichtungen, die „Zwinger", gebaut, die einen Feind bereits vor den Toren abfangen sollten.
In ruhigen Zeiten versuchte man den brachliegenden Stadtgraben auch wirtschaftlich zu nutzen. Das hier wachsende Gras war wegen des Futtermittelbedarfs der Stadt von Interesse und die Teile des Grabens, durch die ein Bach lief, wurden zu Fischteichen umgestaltet.
In der Zeit des Ladislaus Posthumus fand ein Teil des Stadtgrabens bei der Hofburg auch als Tierzwinger Verwendung.

Die Befestigungen der Vorstädte

Seit der Mitte des 15. Jahrhunderts wurden diejenigen Vorstädte, die im Bereich des Burgfriedens lagen, mit Bollwerken vor Handstreichen und Raubzügen geschützt. Vor allem jene Gewerbe wie Kuchel- und Ziergärtner, Schiffer, Flößer, Fischer, Gerber und Müller, also all jene, die viel Wasser brauchten, siedelten vor den Toren. Mit der Zeit entstanden hier auch die Gebäude verschiedener religiöser und karitativer Stiftungen wie das Bürgerspital und das Heiligengeistspital vor dem Kärntnertor, das St. Nikolauskloster vor dem Stubentor, das St. Theobaldkloster und St. Martin vor dem Widmertor und das Karmeliterkloster vor dem Werdertor. Um diese Klöster und Spitäler herum entwickelten sich die ersten Vorstädte, „Lucken" genannt, in deren Umkreis die Wein- und Obstgärten der Wiener Bürger, die nicht unbeträchtlich zu deren Vermögen beitrugen, lagen.
Zum Schutz dieses Gebietes errichtete man ab dem Jahre 1439 Palisaden mit Erdböschungen als Brustwehren oder mit Astwerk verflochtene Zäune, die manchmal noch durch ein Schutzdach dauerhafter gemacht wurden.
Die großen Fernstraßen, welche auf die Haupttore der Stadt hinführten, wurden durch die Errichtung von steinernen Türmen geschützt. Diese Bollwerke, ab dem 15. Jahrhundert mit Geschützen bewaffnet, dienten sowohl als Beobachtungsposten wie auch als erste Widerstandszentren und sollten vor allem das Heranbringen von Belagerungsartillerie an die Stadt erschweren.

Die Wiener Bürger als Verteidiger der Stadt

Die Wiener waren im Mittelalter kein kriegerisches Volk. Nur wenn es galt, die Rechte und die Freiheit der Stadt zu verteidigen, schloß man sich zusammen, um die Stadt zu schützen. Da im Mittelalter die Stadt gerne ihre Unabhängigkeit gegenüber den jeweiligen Landesfürsten betonte, war es notwendig, daß die Bürgerschaft sich selbst verteidigen konnte.

Bereits im ersten Stadtrecht von 1221 wurde den Wiener Bürgern aufgetragen, ihre Stadt zu bewachen und sie mit Gut und Blut zu verteidigen. Im Notfall, und wenn es der Landesherr für notwendig erachtete, mußten sie auch für diesen ins Feld ziehen. 1237 begrenzte Herzog Friedrich II. diese Bestimmung soweit, daß der Einsatzort nicht weiter als eine Tagesreise von Wien entfernt liegen durfte und es den Bürgern möglich sein mußte, bei Tageslicht in die Stadt zurückzukehren.

Ausdrücklich festgelegt war, daß die Bürger für die Verteidigung ihrer Befestigungen Sorge zu tragen hatten, die Bewachung (Zirk und Wacht) der Türme übernehmen und für die Ruhe in der Stadt sorgen mußten. Bereits sehr früh wurde daher die Stadt in vier Viertel unterteilt und jedem Viertel, nach Berufsgruppen getrennt, eine eigene Wachmanschaft zugeteilt, die sich auf bestimmten Plätzen zu sammeln hatte. Der Rat ernannte einen Viertelmeister, dem die Hauptleute und die Rottmeister, die Offiziere und Unteroffiziere beigegeben waren. Der Truppe gehörten auch Türmer und Trompeter an. Die vier Versammlungsorte waren das Stuben-, Kärntner-, Widmer- und Schottenviertel.

Im Ratsprotokoll aus dem Jahre 1442 werden bereits drei Formen der Wiener Streitmacht angeführt: die Bürgerwehr, das Aufgebot und die Söldner. An der Spitze der Streitmacht stand der Bürgermeister, und auch die Kämmerer und Räte hatten Offiziersfunktionen. Oft wurden den Bürgern aber auch Berufsoffiziere vom Heer des Landesfürsten als militärische Berater beigegeben. Als die Kriegskunst im späten Mittelalter immer komplizierter wurde und besonders Kanonen und Feuerwaffen Verbreitung fanden, wurden von der Stadt eigene Büchsen- und Zeugmeister eingestellt.

Diese Verpflichtung zum Wehrdienst brachte den Bürgern natürlich starke finanzielle Nachteile, so daß es üblich wurde, Ersatzleute anzustellen, die sich als Söldner in den Dienst der Stadt stellten. Sie wurden von der Stadt ausgerüstet und verpflegt, was den Bürgern noch immer billiger gekommen zu sein scheint als selbst in den Krieg zu ziehen.

Die Streitmacht, die Wien auf die Beine stellen konnte, war nicht besonders groß und zählte in der Regel nur ein- bis zweitausend Mann. 1458, zur Zeit der Bedrohung durch die Hussiten, rückten 5184 Mann und 300 Reiter aus, davon dürfte aber die größte Anzahl aus Söldnern bestanden haben.

Die Kriegszüge der Wiener im Mittelalter

Das Früh- und Hochmittelalter war für Wien eine ruhige Zeit. Erst ab dem 15. Jahrhundert mehren sich die Berichte von kriegerischen Unternehmungen der Wiener.

1240 mußten sich die Wiener in ihrer Stadt verteidigen, ebenso 1276 wie auch 1288, als die Stadt zwar belagert, aber nicht im Sturm

Die Gestalt der Stadt

eingenommen wurde. 1271 halfen die Wiener Bürger bei der Besetzung von Pressburg und 1299 rückte die Bürgerwehr vor das Schloß Rauhenegg bei Baden, um den dortigen Burggrafen, der „mit Raub und Unfried" beschwerlich geworden war, zur Vernunft zu bringen. 1309 verteidigte sich die Stadt erfolgreich gegen den Schützenmeister Berthold und den Marchfelder Landadel.

Im 15. Jahrhundert wurde Wien in die Kämpfe zwischen der Leopoldinischen und Albertinischen Linie der Habsburger gezogen. Gleichzeitig fielen die Hussiten in Niederösterreich ein und bedrohten zeitweilig die Stadt selbst. 1399, 1417 und 1420 lag die Stadt in Fehde mit einer Reihe böhmischer Ritter. 1408 gelang es dem Ritter Hanns Laun, den Wiener Bürgermeister Vorlauf gefangenzunehmen und ließ ihn erst gegen ein Lösegeld frei, als das Wiener Bürgerheer vor den Mauern seiner Burg erschien.

Gefährlicher als die Auseinandersetzungen mit diversen Raubrittern waren die Kämpfe mit den Hussiten, die im Jahre 1427 ein österreichisches Heer vernichteten und 1428 bis Jedlesee vordrangen. Albrecht V. verpflichtete darauf die Wiener, an Kriegszügen teilzunehmen, die bis zu den Grenzen Niederösterreichs reichten. Zwischen 1424 und 1500 nahmen Wiener Bürger an nicht weniger als 75 Feldzügen teil, die der Stadt große finanzielle Lasten auferlegten und das Wiener Aufgebot bis zu zwei Monaten im Felde hielten. 1452, im Streit um die Vormundschaft des Ladislaus Posthumus, eroberten die Wiener Schloß Orth und zogen bis vor Wiener Neustadt, wo der Truppe unter dem Bürgermeister Niklas Teschler die Befreiung des kaiserlichen Mündels gelang. 1461 scheiterte der Versuch Herzog Albrechts VI., sich der Stadt im Handstreich zu bemächtigen, in einem dreistündigen Gefecht an der Stubenbrücke. Eine Denktafel am Gebäude der Akademie der angewandten Kunst in der Weiskirchnerstraße kündet heute noch von diesem Ereignis.

1477 wurde die Stadt 18 Wochen lang durch Matthias Corvinus belagert, was in Wien eine Hungersnot auslöste. Bereits 1485 erschien Matthias Corvinus wieder vor den Mauern, und durch die Unterbindung der Lebensmitteltransporte gelang es ihm, die Stadt zur kampflosen Übergabe zu zwingen, nachdem die Wiener wochenlang auf den Entsatz durch Friedrich III. gewartet hatten.

Es war dies die letzte große kriegerische Auseinandersetzung um Wien bis zur ersten Türkenbelagerung. Zugleich beendete das Jahr 1529 aber auch die Zeit der wehrhaften Bürger. Das Kriegshandwerk wurde immer grausamer und komplizierter und ging in der frühen Neuzeit in die Hände des Berufssoldatentums über. Die Tugenden der Wiener Bürger mußten sich in späterer Zeit nur noch bei der zweiten Türkenbelagerung beweisen, und 1683 zeigte sich, daß der alte Kampfgeist der Wiener nicht verloren gegangen war.

Die Stadtmauern

Spätgotischer Küriß aus dem Wiener Zeughaus, 1480/90

Die Gestalt der Stadt

Straßen und Plätze

Es ist kaum möglich, alle mittelalterlichen Straßen und Plätze Wiens hier zu beschreiben. Ihr Verlauf hat sich bis in die heutige Zeit fast unverändert erhalten, nur einige kleinere Straßenzüge sind verschwunden oder wurden überbaut. Die Benennung der Straßen erfolgte meist nach den in ihnen ausgeübten Gewerben, nach besonders hervorstechenden Häusern, Höfen oder Kirchen sowie nach der Richtung, in welche die Straßen führten. Eine kleine Auswahl der wichtigsten Straßen und Plätze, ihrer Geschichte sowie der wichtigsten Bauwerke sei hier gegeben.

Hoher Markt

Der Hohe Markt ist der älteste noch bestehende Platz Wiens und war im Mittelalter der Mittelpunkt des städtischen und wirtschaftlichen Lebens. Er war der Marktplatz der Stadt, und zugleich siedelten sich hier die Zünfte mit ihren Zunfthäusern an.
Die Benennung des gesamten Platzes und seiner Teile war im Mittelalter unterschiedlich. So hieß der obere Teil des Hohen Marktes gegen die Krebsgasse (Marc-Aurel-Straße) hin „Unter den Wendkremen" nach den bereits ab 1360 hier nachweisbaren Gewandkrämern. Der anschließende Bereich trug den Namen „Unter den Scherläden" und war der Sitz der Tuchscherer. In der Nordostecke lag der „Silberbühel", eine bereits 1458 genannte geringe Bodenerhebung, auf der die Geldwechsler ihre Wechseltische aufgestellt hatten. Gegen die heutige Wipplingerstraße zu lag frei in der Mitte des Platzes der Fischmarkt, auf dem die Fischer seit 1317 ihre Fänge feilboten, nachdem es bereits seit 1282 Fischbänke auf dem Hohen Markt gegeben hatte.
Um den Markt herum lagen eine Reihe von Kommunalgebäuden und Zunfthäusern. An erster Stelle ist hier die „Schranne" zu erwähnen, die bereits seit 1325 auf dem Platz nachweisbar ist und zuerst in der nach den Fettverkäufern „Schmergrübel" genannten Nordostecke stand und sich damit in unmittelbarer Nähe des Fischhofes befand. 1437 brannte dieses Gebäude ab, und eine neue Schranne wurde an der Südseite des Platzes wiederaufgebaut. Man verwendete dafür den

Straßen und Plätze

Grund des ebenfalls 1437 abgebrannten Seithauses (Hoher Markt 5 – Tuchlauben 22), welches seit 1350 das Zunfthaus der Tuchbereiter und Lodenwirker war, die hier seit 1357 ihre Ware feilbieten durften. Am Platz vor der Schranne stand das „Narrenkötterl", ein Käfig, in dem die Bösewichte jener Zeit der Menge präsentiert wurden.

An die Schranne nach Osten anschließend lag das Schuhhaus (Hoher Markt 4 – Landskrongasse 8), das seit 1352 urkundlich erwähnte Zunfthaus der Schuster, in dem 1463 insgesamt 46 Schuster ihre Verkaufsstände hatten und dessen Gewölbe die Stadt zur Aufbewahrung der Fischtröge benutzte.

Das Eckhaus zum heute verschwundenen Linnengäßchen bildete das Leinwandhaus, eine Art von Produktenbörse für die Leinwandhändler, die hier auch ihre Ware verkauften. 1480 hatten 24 „Leinwatter" in diesem Gebäude ihre Verkaufsstände, in dessen Erdgeschoß sich seit 1440 auch die städtische Bierausschank befand.

Auf der anderen Seite des Linnengäßchens lagen das Krechsenhaus (Hoher Markt 2 – Landskrongasse 4), vor dem sich die Verkaufsstände der Hersteller von Buckeltragkörben (wienerisch: Kraxen) befanden. An das Krechsenhaus angebaut war das Zunfthaus der Schreiner, das sogenannte „Schremhaus".

Wenn wir nun den Platz an der Einmündung des Lichtensteges überqueren, kommen wir am Pranger vorbei, der ursprünglich vor der alten Schranne stand und kommen zunächst zu einem als Krebsen- oder Ziegelhaus bekannten Gebäude, welches bereits 1327 unter diesem Namen erwähnt wurde (Hoher Markt 11). Anschließend daran standen das Taschnerhaus und das Riemhaus (Hoher Markt 10), welches 1341 erstmals urkundlich erwähnt wurde.

Ebenfalls auf der Nordseite des Hohen Marktes befanden sich das Kursenhaus und das Zunfthaus der Kürschner und Wildwerker.

Die Südseite des Hohen Marktes, rechts mit Balkon die Schranne

Die Gestalt der Stadt

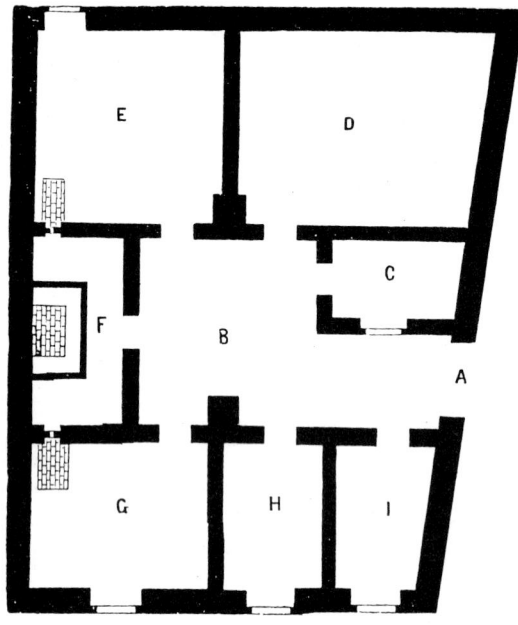

Grundriß der Schranne am Hohen Markt, Erdgeschoß: A Eingang, B Vorhaus, C Frauengefängnis, D Holzlager, E Stube der Gerichtsdiener, F Küche der Gerichtsdiener, G Stube, H „Wassergwölb", I Die „Löwengrube", das Gefängnis für säumige Schuldner

Der Stephansplatz

Ursprünglich lag der Stephansplatz außerhalb der ummauerten Stadt und bestand aus jenem Grundstück, welches sich der Passauer Bischof im Jahre 1137 im Tauschvertrag von Mautern zurückbehalten hatte. Zentrum des Platzes bildete zu allen Zeiten die Kirche von St. Stephan und der darum liegende Friedhof, dessen Grenzen noch heute durch die den Platz begrenzenden Häuserfronten im Norden, Osten und Süden sichtbar sind. Im Westen entstand für die Mesner, Bahrleiher, Kirchschließer und Chorsänger eine schmale Häuserzeile, welche den Freithof nach dieser Seite abschloß. Dieser war nur noch durch vier Tore betretbar, das Mesnertor stellte die Verbindung zur Bischofsgasse (Rotenturmstraße) her, das Schultor lag an der Einmündung der Schulerstraße, das Stephanstor am schmalen Durchgang zur Sünchingerstraße (Singerstraße) und das Zinnertor durchbrach die nach Westen den Freithof abschließende Häuserzeile.
Der Freithof selbst wurde in verschiedene Abschnitte, „Bühel" genannt, unterteilt. An der Einmündung der Schulerstraße in den Freithof befand sich der Fürstenbühel, eine später eingeebnete Bodenerhebung, von der aus die Fürsten zum Volk sprachen.

Straßen und Plätze

An der Nordseite des Stephansfreithofes (Ecke Stephansplatz – Rotenturmstraße) stand der erste Pfarrhof von St. Stephan, der nach Norden bis zur Wollzeile reichte. Er wurde 1422 als „domus plebani Viennesis" erwähnt und nach einem Brand 1267 als „curia parrochialis" von Pfarrer Gerhard neu erbaut, im selben Jahr fand hier das „Wiener Konzil" statt. Als unter Herzog Rudolf IV. St. Stephan zur Probstei erhoben wurde, erhielt der Pfarrhof den Namen Probsthof. 1458 leisteten hier die Wiener Bürger ihren Treueeid auf Friedrich III. und im selben Jahr hielten die Österreichischen Landstände hier ihre Beratungen ab. 1480 wurde der Probsthof nach der Ernennung Wiens zum Bistum in Bischofshof umbenannt und diente 1490 Kaiser Maximilian und 1515 König Ladislaus von Polen als Domizil.

Unmittelbar neben dem Probsthof lag der Zwettlhof. Ursprünglich ein Haus, welches Ulrich von Passau 1214 nebst der kleinen Kapelle „zur hl. Katharina" als Unterkunft für die Priester von St. Stephan errichtet hatte, gelangte es 1234 in den Besitz der Familie von Liechtenstein, die es 1304 an das Stift Zwettl verkaufte. Rudolf IV., der für seinen Probst und die Chorherren Unterkünfte benötigte, zwang das Stift Zwettl, ihm zum Tausch gegen ein Haus auf dem

Der Heilthumsstuhl am Stephansplatz, der Aufbewahrungsort des Domschatzes, aus dem Heilthumsbuch des Ratsherrn Matthias Heuperger (1502)

Graben den Zwettlhof zu überlassen und richtete darin Wohnungen für die Geistlichen von St. Stephan ein.
Gegenüber dem Zwettlhof auf der anderen Seite der Schulerstraße lag der Füchselhof, ein zweistöckiges Wohnhaus, welches Nicolas Füchsel testamentarisch im Jahre 1410 dem Domkapitel von St. Stephan mit der Bedingung vermachte, daß die Übergabe erst nach dem Tode seiner Frau erfolgen dürfe, was 1450 geschah.
An der Südseite von St. Stephan lagen das Deutschordenshaus und, von diesem durch ein schmales Gäßchen getrennt, die Bauhütte von St. Stephan und die 1237 erstmals genannte Bürgerschule, welche als Vorläufer der Wiener Universität anzusehen ist.
Als im Jahre 1304 der alte Karner am Stephansfreithof dem Neubau des Albertinischen Chors weichen mußte, dürfte man den neuen Karner in das Untergeschoß einer der Familie Chrannest gehörigen Kapelle eingebaut haben. Um 1378 wurde diese Kapelle um einen Chorbau nach Osten erweitert und ab diesem Zeitpunkt begegnet sie uns als Friedhofskapelle der Maria Magdalena, die vor wenigen Jahren beim U-Bahn-Bau samt einem unterirdischen Nischenraum gefunden wurde und deren Umrisse heute im Straßenpflaster sichtbar gemacht sind. Die Kapelle von Maria Magdalena lag in der Südwestecke des Stephansfreithofes und war im Mittelalter der Sitz der Wiener Schreiberzeche, welche als Vorläufer der Notare anzusehen ist.
An der den Stephansfreithof nach Westen abschließenden Häuserzeile befand sich der sogenannte Heilthumsstuhl, welcher der Aufbewahrung und öffentlichen Zeigung der Reliquien und des Domschatzes diente und der 1483 vom Kirchmeister Niclas Teschler gebaut worden war. Das torartige Bauwerk mit seinem großen Rundbogen und spitzbogigen Fenstern im Obergeschoß überspannte die Straße, auf der sich zu bestimmten Zeiten die Pilger zu versammeln pflegten, um durch die Zeigung der Reliquien Ablässe zu erlangen.
Im Süden des Stephansplatzes lag der Roßmarkt (Stock-im-Eisen-Platz), auf dem sich auch der Brotmarkt befand. Der Platz war durch eine Häusergruppe vom Graben getrennt und nur an der Südseite durch die schmale Grabengasse und an der Nordseite durch das Schlossergassel mit diesem verbunden.

Der Graben

Der Graben war ursprünglich der Lagergraben des römischen Legionslagers und wurde um 1200, als man die mittelalterlichen Stadtmauern baute, zugeschüttet. Er erscheint um diese Zeit mit der Benennung „Milchgraben" in den Urkunden. Nach Westen und Osten war er durch heute nicht mehr bestehende Baublöcke begrenzt, der östliche Teil hatte nach den hier ansässigen Mehlverkäufern auch die Bezeichnung „Unter den Melblern". Es war ein Marktplatz, der besonders dem Fleischverkauf diente und der später auch zum

Straßen und Plätze

Der Freisingerhof am Graben

Gemüsemarkt von Wien wurde. Hier stand seit 1455 auch der öffentliche "Löwenbrunnen", ein Röhrenbrunnen, der mit einer Bildsäule des hl. Florian und vier Löwenköpfen geziert war.
Entlang des Grabens siedelten sich hier Bürgerhäuser an, deren bedeutendstes der Freisingerhof (Graben 29) an Stelle des späteren Trattnerhofes war. Der Überlieferung nach wurde der Freisingerhof von Bischof Otto von Freising um die Mitte des 12. Jahrhunderts als zwei Stock hohes Gebäude im romanischen Stil erbaut. Er wurde vom Babenbergerherzog Friedrich II. mit besonderen Privilegien ausgestattet und diente den Bischöfen von Freising als Absteigequartier. Gegen den Graben waren ihm kleinere Häuser vorgebaut, der Zugang erfolgte vom Graben aus über eine Pforte in den Innenhof, in dem auch die mit einer Sonnenuhr versehene St. Georgskapelle stand.
Am Graben stand auch die als "Brothaus" bezeichnete städtische Vorratskammer für Mehl und Getreide (Graben 16), welche um 1360 in den Besitz der Stadt gelangt war.
An der Ecke zur Bräunerstraße (Graben 14–15) lag das im Besitz des Goldschmiedes Hans Auerhaimer befindliche "Haus zum goldenen Kopf", dessen Hauszeichen ein goldener Becher, im Mittelalter "Kopf" genannt, war und in dem sich seit 1443 eine der hl. Barbara geweihte Kapelle befand.
An der Ecke Graben – Jungferngasse lag das Haus "zum Hund im Korb", das seinen Namen einer Episode während der Belagerung Friedrichs III. in der Wiener Burg im Jahre 1462 verdankte. Als den

Die Gestalt der Stadt

Das Peilertor, Tusch-Sepia-Zeichnung um 1720

Belagerten die Lebensmittel auszugehen drohten, brachte ihnen der Schneider Kronberger unter Lebensgefahr Proviant, indem er sich des Nachts in einem Korb in die Burg hinaufziehen ließ. Als er sich entdeckt glaubte, täuschte er die Wachen, indem er wie ein Hund bellte. Zum Dank für diese Tat schenkte ihm der Kaiser ein Haus am Graben, auf dem Kronberger die Szene in einem Fresko darstellen ließ.

Platz Am Hof

Verließ man den Graben an der Nordwestecke, so gelangte man durch das Peilertor in die Tuchlauben und von dort über die Bognergasse auf den Platz Am Hof, wobei die Einmündungsstelle den Namen „Bei den Hollerstauden" führte.

Straßen und Plätze

Wo sich heute das Gebäude einer Bank befindet, stand im frühen Mittelalter ein großer Gebäudekomplex, welcher seit Heinrich II. Jasomirgott als Residenz der Babenberger diente und wo 1165 Kaiser Friedrich Barbarossa zwei glanzvolle Wochen verbrachte. Nach der Übersiedlung der Residenz in die Hofburg beim Widmertor um 1278 wurde die landesfürstliche Münze in das Herzogshaus verlegt, die zuvor im Bereich Kammerhof-Münzerstraße (Wildpretmarkt-Bauernmarkt) ihren Sitz hatte. Sie verblieb hier rund 150 Jahre, bis unter Albrecht III. der Orden der unbeschuhten Karmeliter den Münzhof erhielt und zwischen 1386 und 1403 an seiner Stelle eine Kirche erbaute (heute: Zu den neun Chören der Engel). In der Mitte des Platzes stand ein prächtiger gotischer Brunnen.

An der Südseite des Platzes, der auch für Turniere genutzt wurde, lag im Bereich der heutigen Irisgasse die St. Pankratiuskapelle, die 1263 erstmals urkundlich genannt wird. Unmittelbar dahinter befand sich ab 1314 das Neu- oder Herzogsbad, welches 1414 im Besitz des Baders Ulrich Nagel aufscheint und das zu den vornehmsten und meistbesuchten Bädern Wiens gehörte.

Gegenüber dem Herzogshof lag der Ledererhof (Am Hof 11), in dem die Zunft der Lederer und Färber seit 1341 ihren Sitz besaß. Man hatte diesen Standort gewählt, da dieses Gewerbe an das Wasser gebunden war und an der Rückseite des Ledererhofes der Alsbach durch den Tiefen Graben floß.

Die Nordseite des Platzes wurde bis 1421 vom Jüdischen Ghetto gebildet, welches vom Platz Am Hof aus über zwei kleine Tore betreten werden konnte. Eine Front direkt zum Platz hatte der Fleischhof der Juden, in welchem die Tiere nach jüdischen Gesetzen geschlachtet wurden.

Die Freyung

Verläßt man den Platz Am Hof nach Westen, gelangt man über den Heidenschuß bis an den Tiefen Graben. Man überquerte den Alsbach auf einer Holzbrücke und gelangte auf einen weiten Platz, der von der Schottenkirche dominiert wurde. Dieser Platz vor der Kirche und dem Kloster hieß ursprünglich „bei den Schotten", der Teil gegen die Strauchgasse („im Flunder") wurde als „aufm Mist" bezeichnet, da man hier die Abfälle der Stadt sammelte. Der entgegengesetzte Teil gegen die Renngasse hieß „aufm Bühel". Der Name „Freyung", der mit der 1181 den Schotten verliehenen Immunität, nach der jeder Verbrecher, der auf der Flucht die Kirchentüre ergreifen konnte, dem kirchlichen Gericht unterstand und dem weltlichen entzogen war, zu erklären wäre, läßt sich im Mittelalter nicht nachweisen. Jener Teil des Platzes, auf dem sich heute das „Schubladkastenhaus" befindet, wurde im Mittelalter vom Friedhof der Schottenkirche eingenommen und trug die Bezeichnung „im Vogelsang".

In der Mitte des Platzes lag ein breiter Stein, der im Mittelalter als

Die Gestalt der Stadt

eines der Wahrzeichen Wiens galt und den Namen „bei den Schotten am Stein" trug. Der Sage nach soll auf diesem Stein der landesflüchtige Johann Parricida, der 1308 Herzog Albrecht I. ermordet hatte, gerastet haben. Auf der Freyung befand sich ebenfalls ein Pranger und der Platz selbst galt als der Tummelplatz der Gaukler, Musikanten und Marktschreier.

Neben dem Fleischhof, dem Sitz der Fleischhackerzeche (Freyung 5), befand sich am Platz als beherrschendes Gebäude noch der Admonter Hof, der Stadthof des Stiftes Admont (Freyung 1-Strauchgasse 2). Er läßt sich urkundlich bereits 1298 nachweisen und erscheint noch 1434 als „Haus des Abtes zu Admont, gelegen zu den Schotten am Mist".

Neben dem Admonter Hof standen fünf kleine Häuser, die um 1470 bereits im Besitz der Familie Harrach waren und an deren Stelle später das Harrachpalais entstehen sollte.

Neuer Markt

Der Neue Markt ist der jüngste der großen Plätze des mittelalterlichen Wien. Seine erste urkundliche Erwähnung findet sich im Jahre 1234 und damals reichte er von der Kärntnerstraße bis zur Seilergasse.

Die Bezeichnung Neuer Markt steht im Gegensatz zum Hohen Markt, der um diese Zeit als Marktplatz schon zu klein geworden war, worauf viele Gewerbe ihren Sitz auf den Neuen Markt verlegten. Mit der Zeit entwickelten sich die Kaufläden an der Ostseite des Platzes zu Häusergruppen, die den Platz, unterbrochen von drei kurzen Straßen, von der Kärntnerstraße abteilten. An der Westseite des Platzes entstand eine durchgehende Häuserfront.

Im späteren Mittelalter entwickelte sich der Neue Markt zum Hauptumschlagplatz der Getreide- und Hülsenfrüchtehändler. Vom Graben wanderten die Krauthändler auf den Neuen Markt ab und einige Jahrzehnte später folgten ihnen die Mehlhändler. An der Ostseite des Platzes wurde 1357 erstmals die „alte Mehlgrube" genannt, die, 1453 von der Gemeinde erworben und zur „neuen Mehlgrube" umgebaut, ein großes Vorrats- und Handelshaus für Mehl und Getreide war. Es ist daher auch nicht verwunderlich, daß man, obwohl dazu mühsam das Wasser in Fässern und Bottichen herangebracht werden mußte, die Strafe des Bäckerschupfens jahrhundertelang auf diesem Platz vollzog und der Pranger am Neuen Markt zur Bestrafung jener diente, die man beim Betrug mit Maßen und Gewichten erwischt hatte. Direkt neben der Mehlgrube stand der Metzengaden, in dem der Metzenleiher amtierte, welcher die Aufgabe hatte, die geeichten Gefäße zum Mehl- und Getreidehandel zu überprüfen oder auszuleihen. Auch die Futterhändler und Bäcker verkauften ihre Erzeugnisse auf dem Neuen Markt. Um diesen herum hatte eine Unzahl von Gewerbebetrieben ihren Sitz, die sich mit der

Herstellung und Reparatur all jener Dinge beschäftigten, welche die Händler auf ihren Reisen benötigten. Da gab es Sattler, Wagner, Schmiede, Seiler, Kummetmacher, Gürtler und Riemer. Da man zum Reisen auch Pferde benötigte, wanderte der Roßmarkt ebenfalls bald vom den Schotten in den Bereich des Neuen Marktes auf den Roßmarkt (Stock-im-Eisen-Platz), von wo er noch später auf den Spitalplatz (Lobkowitzplatz) abwandern sollte.
Auch Volksbelustigungen fanden am Neuen Markt statt. So hielten hier die Adeligen und der Hof ihre Stechen, Wettrennen und Turniere ab (die Bürgerlichen hatten ihre auf der Brandstatt), und 1477 hören wir von einem Wettrennen des kaiserlichen Gesindes auf dem Platz.

Wipplingerstraße

Die heutige Wipplingerstraße entspricht etwa der alten römischen Straße, die von Westen her kommend in das römische Legionslager führte. Im Mittelalter trug sie verschiedene Bezeichnungen. Zwischen Fütterer- und Renngasse hieß sie „Unter den Felbern", in der anderen Richtung wurde sie „Wildwercherstraße" nach den am Hohen Markt ansäßigen Kürschnern und Pelzhändlern genannt. Für die angebliche Bezeichnung „Bilpingerstraße" läßt sich kein sicherer Nachweis erbringen.
Das bedeutendste Gebäude in dieser Straße war das alte Rathaus (Wipplingerstraße 8). Hervorgegangen ist es aus einem einfachen Gebäude der Familie Haymo, die es durch Konfiskation nach der Teilnahme an einem Aufstand gegen Friedrich den Schönen 1309 verlor. Da das Haus von Anfang an zu klein war, erwarb die Gemeinde mit der Zeit weitere Gebäude zum Ausbau des Rathauses hinzu. Bereits 1435 wurden ein Saal und ein Turm urkundlich

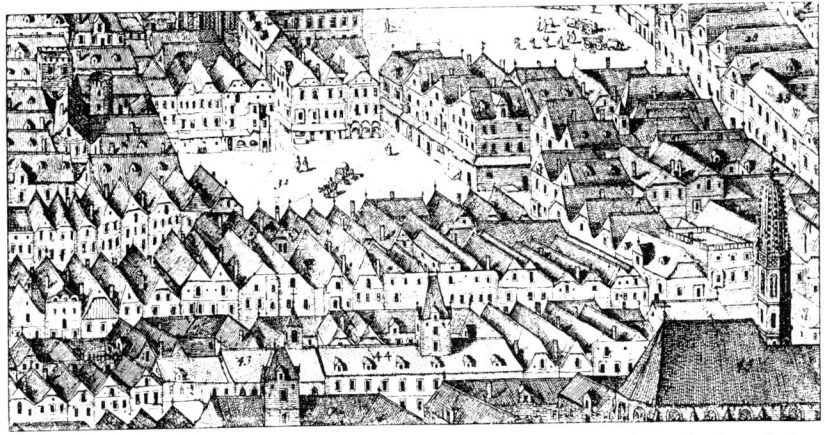

Der Judenplatz und seine Umgebung, im Vordergrund Maria am Gestade, Ausschnitt aus dem Bildplan Jakob Hufnagels (1609)

Die Gestalt der Stadt

genannt und zwischen 1455 und 1457 erfolgte ein großzügiger Umbau durch Lorenz Spening.

Wollzeile

Die Verlängerung der römischen Straße durch das Lager Vindobona nach Osten bildete die spätere Wollzeile, so ab dem 12. Jahrhundert nach den hier ansässigen Wollwebern und -händlern benannt.
In der Wollzeile lag die Stadttaverne, die den Wienern von den Herzögen Albrecht III. und Leopold III. „vergönnt" wurde. Zuerst schenkte hier der Stadtrat süßen Wein aus, später übergab er dieses Recht an Private.
Bereits seit 1339 wird das Haus „Zum Strobelkopf" genannt, in welchem sich auch im 15. Jahrhundert Fleischbänke, die Verkaufsläden der Fleischer, befanden (Wollzeile 6).

Rotenturmstraße

Der Name „Rotenturmstraße" ist eine moderne Bezeichnung nach dem die Straße zur Donau einstmals abschließenden Turm der Stadtmauer, der vielleicht auf Grund seiner Färbelung als „Roter Turm" bezeichnet wurde. Im Mittelalter hieß der an den Stephansplatz anschließende Teil „Bischofsgasse" und reichte bis zum Lichtensteg, daran schloß sich der „Haarmarkt" an, der vom Lugeck bis zum Fleischmarkt reichte. Der enge Teil bis zum Donaukanalufer wurde als „auf'm Steig" bezeichnet und mündete in einem kleinen Platz mit der Bezeichnung „auf dem fleck da man den salczhandel treibt".
Zwei große Höfe standen in dieser Straße, einmal der ab dem 14. Jahrhundert bezeugte „Reinerhof", ein Besitz des Zisterzienserstiftes Rein in der Steiermark (Rotenturmstraße 20) und der Steyrerhof, der mit einem Durchhaus von der Rotenturmstraße aus erreichbar war. An der Ecke zur Rotgasse (Rotenturmstraße 21) lag das Rotgasselbad, das auch die Bezeichnung „Perliebin" trug und zu den beliebtesten Bädern Wiens zählte. Unter der Rotenturmstraße lief ein eingewölbtes Gerinne, die sogenannte „Möhrung", welche als Beginn der Wiener Kanalisation anzusehen ist.
Etwa in der Mitte der Rotenturmstraße liegt das Lugeck, in welches die beiden Bäckerstraßen und der Lichtensteg einmünden. Der Platz war von altersher der Alarmplatz für die Bewohner des Stubenviertels, die sich im Falle eines Brandes oder Angriffes hier mit ihren Geräten oder Waffen zu sammeln hatten. Im Spätmittelalter wurde der Platz als eine von jenen vier Stätten genannt, an denen öffentliche Kundmachungen angeschlagen wurden.
Am Lugeck befanden sich der Kölnerhof (Lugeck 3), in welchem die reichen Handelsherren aus Oberdeutschland und der Rheingegend ihre Lager und Kontore hatten und in dem sich eine 1289 den Heiligen Phillip und Jakob geweihte Kapelle befand. Das Haus „zum

schwarzen Bären" bildete das Eckhaus zur Rotenturmstraße. Im Zwickel zwischen den Bäckerstraßen befand sich der Regensburgerhof, ein Lagerhaus der Regensburger Kaufleute.
Das Lugeck nach Norden schloß der erst später so genannte „Federlhof" ab, der 1497 von Ritter Peter von Edlasberg in das erste Renaissancehaus Wiens umgebaut wurde.

Kärntnerstraße

Die Kärntnerstraße wurde bereits 1257 als „strata carinthiorum" genannt, führte dann eine Zeitlang den Namen Karnerstraße und wurde auch als Venedigerstraße erwähnt. Sie war eine der Haupthandelsstraßen von Wien, da sie gemeinsam mit dem Neuen Markt den Endpunkt der von Süden nach Wien führenden Fernverkehrstraße bildete.
Etwa im Zentrum des Straßenverlaufes vom Roßmarkt (Stock-im-Eisen-Platz) zum Kärntnertor wurde zwischen 1265 und 1269 eine dem heiligen Johannes geweihte Kapelle errichtet, neben der die Wiener Bürgerin Elisabeth Wartenauer ein Pilgrimhaus zur Beherbergung „elender Pilgrime" stiftete. Diese Stiftung, die von Herzog Albrecht V. bestätigt und von drei angesehenen Bürgern und dem Rektor der Wiener Universität verwaltet wurde, bestand bis in die Mitte des 16. Jahrhunderts, ehe das Haus mit der Kommende des im 13. Jahrhundert hier ansässigen Johanniterordens vereinigt wurde. Aus der um 1400 neu erbauten Kapelle entstand die heutige Malteserkirche.
Ein interessantes Haus stand auch an der Stelle der heutigen Anlage Kärntnerstraße 8–10. Das sogenannte „Hasenhaus" gehörte 1482 dem Kanzler Friedrichs III. und Maximilians I., Hanns Waldner, der 1502 des Hochverrats bezichtigt wurde und daraufhin Selbstmord verübte, woraufhin das Haus als landesfürstlich eingezogen wurde. 1509 erhielt es der königliche Hasenbannmeister Friedrich Jäger, im Hinterhaus wurde das Haspelamt einquartiert, der vordere Trakt diente als kaiserliches Absteigequartier. 1525 brannte das Haus bei einem Stadtbrand ab.
Am Ende der Kärntnerstraße stand der Kärntnerturm, der nicht nur eine der mächtigsten Verteidigungsanlagen der Stadt, sondern auch eines ihrer größten und düstersten Gefängnisse war.

Herrengasse

Die Herrengasse war bereits in der Römerzeit ein Verkehrsweg, der unter Umgehung des Lagers Vindobona zur Zivilstadt im Bereich Rennweg – Ungargasse führte. 1216 wurde sie zum ersten Male unter dem Namen Hochstraße erwähnt und dieser Name blieb bis ins 15. Jahrhundert, bis sich in der Umgebung der Burg Adelsgeschlechter ansiedelten und sich der Name in Herrengasse umwandelte.

Die Gestalt der Stadt

Am Westeingang der Stadt, gleich hinter dem Schottentor, lag der Mölkerhof, welchen das Stift Melk 1438 vom Bürger Andre Dietman erworben hatte. 1510 baute man in diesem Gebäude eine den Heiligen Leopold und Koloman geweihte Kapelle, die vom Wiener Bischof Georg Slatkonia geweiht wurde.

An der Ecke zur heutigen Bankgasse befand sich das Haus „zu den fünf Morden", so benannt nach einer Bluttat des Jahres 1500, als ein Bäckerknecht seinen Meister samt Familie und Gesinde in diesem Haus ermordete.

In den Verlauf der Herrengasse ist gegenüber der Burg der Michaeler-

Straße in Wien (Kärntnerstraße oder Dorotheergasse), Tafelbild des Schottenmeisters, um 1485

platz mit der Einmündung des Kohlmarktes eingeschoben, nicht weit davon lag die sogenannte „öde Kirche" und ihr gegenüber die Augustinerkirche. Die Hochstraße endet am Schweinemarkt, dem heutigen Lobkowitzplatz, der seit 1350 dem Schweinehandel diente.
Am Lobkowitzplatz standen der Schaumburgerhof, so benannt seit 1412 nach den Grafen von Schaumburg. Er war 1446 Schauplatz der Verhandlungen über die Verwaltung der leopoldinischen Länder durch die Habsburger. 1488 wurde der Hof durch Matthias Corvinus an Stephan Bator verliehen, später diente er als Stall für die kaiserlichen Leibpferde.
Ebenfalls am Schweinemarkt lag das Clarakloster, eine Gründung Herzogs Rudolf III. und seiner Gemahlin Blanche, welches den Jungfrauen und Witwen des Adels vorbehalten war. 1349 kam zum Kloster noch eine Kirche hinzu. Der Komplex bestand bis zur ersten Türkenbelagerung, danach wurde darin das Bürgerspital untergebracht.

Kohlmarkt

Vermutlich entstand der Kohlmarkt als „Witmarkt" im frühen 13. Jahrhundert. Dem Namen nach wurde hier Brennholz verkauft, ab dem 14. Jahrhundert trat an dessen Stelle der Verkauf von Holzkohle und aus dieser Zeit ist uns das erste Mal der Name Kohlmarkt als „forum carbonum" aus Urkunden überliefert. Als der Holzverkauf und der Handel mit Holzkohle gegen Ende des 14. Jahrhunderts in die Nähe der Donau verlegt wurden, entwickelte sich der Kohlmarkt durch seine Bedeutung als Verbindung von der Burg zum Graben zu einer der vornehmsten Straßen Wiens.

Tuchlauben

Die Tuchlauben ist eine der ältesten Straßen Wiens. Ursprünglich war nur ein kleiner Teil des Straßenzugs zwischen Bognergasse und Hohem Markt unter dem Namen Tuchlauben bekannt, wir finden in den Urkunden auch Bezeichnungen wie „unter den buchvelern", „unter den sporern", „unter den messerern", „unter den spenglern" und „unter den tuchscherern". In der Tuchlauben lagen die Verkaufsgewölbe (Lauben) der Tuchhändler und -schneider, die zu den ältesten Gewerben Wiens zählen und bereits unter den Babenbergern mit Privilegien und Freiheiten ausgestattet waren.
Etwa in der Mitte der Tuchlauben lag einst ein heute verbauter Dreiecksplatz (zwischen Tuchlauben – Kühfußgasse – Milchgasse), der vermutlich schon im 10. Jahrhundert entstanden war und an dem das älteste Rathaus Wiens lag. Gegen Ende des Mittelalters stand an dieser Stelle das „Schönbrunnerhaus" – so benannt nach einem seit 1436 auf dem Platz stehenden Brunnen – welches einst Konrad Rampersdorffer gehörte, der 1408 hingerichtet wurde.

Die Gestalt der Stadt

Ebenfalls hingerichtet wurde Johann von Stadelau, dem das Haus „zu den Röhren" gehörte (Tuchlauben 7), das nach einer alten römischen Wasserleitung benannt war und in dem sich eine Nikolauskapelle befand.

Nicht weit davon stand das Winterhaus (Tuchlauben 20), welches angeblich nach einer einen Bauern in Winterkleidung darstellenden Figur, welche am Haus angebracht war, benannt war. Die Figur soll den Fischverkäufern auf dem Hohen Markt zum Spott errichtet worden sein, da diese im Winter ohne Mantel und Kopfbedeckung ihre Ware verkaufen mußten, um einen schnellen Umsatz der Fische sicherzustellen. Wahrscheinlicher ist aber, daß diese Benennung mit dem daneben befindlichen „Sommerhaus" (Tuchlauben 19) in Verbindung zu bringen ist. Beide Häuser gehörten gegen Ende des 14. Jahrhunderts dem Händler Michel Menschein, der im Sommerhaus auch jenen einzigartigen mittelalterlichen Freskenzyklus anbringen ließ, der heute das Zentrum einer Zweigstelle des Historischen Museums der Stadt Wien bildet.

Johannesgasse 6, Hofkammerarchiv, eh. Mariazellerhof. Relief Maria mit Kind, Heiligen und Stifter des Hauses, Stephan von Hohenberg, um 1495

Kirchen und Klöster

Die ersten Pfarren im Wiener Raum wurden in der ersten Hälfte des 11. Jahrhunderts vom Bistum Passau aus gegründet. Allerdings deuten die Patronate der ältesten Wiener Kirchen – St. Ruprecht und St. Peter – darauf hin, daß hier eine starke Beziehung zu Salzburg bestand und diese Kirchen bereits zur Zeit, als Salzburg seinen Missionssprengel im Wiener Raum hatte, also zwischen 800 und 830, gegründet worden sind. Wahrscheinlicher ist aber, daß diese Patronate auf eine Grafenfamilie zurückgehen, die erst um 1130 ihre Herrschaft über Wien und das Patronat über die Wiener Pfarre an die österreichischen Herzöge abgegeben hat. Die Mitteilungen aus dem Mittelalter, nach denen St. Ruprecht und St. Peter bereits in karolingischer Zeit entstanden sind, können derzeit nicht belegt werden, mit Sicherheit ist nur zu sagen, daß die beiden Pfarren spätestens im 11. Jahrhundert schon bestanden haben. Welche der beiden Kirchen als älter angesprochen werden kann, ist seit einiger Zeit Gegenstand einer noch unentschiedenen Kontroverse in der Wiener Geschichtsforschung. Fest steht nur, daß in einem Vertrag aus 1137 die Kirche von St. Peter an der Spitze der Wiener Kirchen steht, woraus manche Forscher den Schluß abgeleitet haben, daß die Wiener Pfarrer nacheinander bei St. Peter und St. Ruprecht residierten.

Da die Markgrafen 1137 ihre Patronatsrechte über die Wiener Pfarren an Passau abtraten, erhielten sie als Entschädigung die Grundstücke der Wiener Pfarre. Nur ein kleines Stück, der heutige Stephansplatz, blieb davon ausgespart. Auf diesem Grundstück wurde 1147 die erste Stephanskirche geweiht, die ab nun als Wiener Pfarrkirche fungierte, während St. Peter und St. Ruprecht an das 1155 gegründete Schottenkloster abgegeben wurden.

Als um 1200 die Stadt rasch anwuchs und sich die Bevölkerung innerhalb kurzer Zeit fast verdreifachte, mußten weitere Pfarren errichtet werden wie 1252 eine Pfarre in St. Michael als Vikariat zu St. Stephan und 1269 eine dritte Stadtpfarre beim Schottenstift.

Herr über die Wiener Pfarren war weiterhin der Bischof von Passau, der seine Macht durch einen in Wien bestellten Offizial ausübte, der seit 1357 seinen Sitz in einem Hof am Passauer Platz innehatte. Den

Die Gestalt der Stadt

Die Kirchtürme von Wien, im Hintergrund die Burg auf dem Leopoldsberg

Habsburgern war die Abhängigkeit ihrer Pfarren von Passau stets ein Dorn im Auge und man versuchte immer wieder, sich von Passau zu lösen und ein eigenes Bistum in Wien zu gründen, wogegen sich aber die Passauer Bischöfe lange Zeit erfolgreich durch Einsprüche in Rom wehrten. Erst 1469 wurde Wien ein eigenes Bistum gestattet, welches aber nur sehr klein war und kaum über die Grenzen der Wiener Pfarre hinausreichte. Außerdem behielten die Passauer Bischöfe mit Maria am Gestade eine Enklave in Wien.
Bereits im 12. Jahrhundert wurden die ersten Klöster in Wien gegründet. In Sichtweite der Burg Am Hof entstand 1155 das Schottenkloster, das 1418 in eine deutsche Benediktinerabtei umgewandelt wurde. 1414 wurde das Augustiner-Chorherrenstift St. Dorothea errichtet.
Alle Männerklöster durften die Seelsorge im eigenen Bereich ausüben und waren den Wiener Pfarren gegenüber unabhängig, einige von ihnen versahen auch die Seelsorge in den Frauenklöstern. Die einzige Pfarre, die auch Pfarrechte gegenüber Laien hatte, war das Schottenkloster.
Der erste Bettelorden, der Minoritenorden, kam 1224 nach Wien, 1226 folgten die Dominikaner und 1260 die Augustiner Eremiten. Die Karmeliten stießen 1360 hinzu und 1451 die Franziskaner, die sich von den Minoriten abgespalten hatten.

Kirchen und Klöster

Besondere Orden waren die Spitalsorden, so der Heiligengeist- oder Antoniterorden, der ab 1211 ein Spital vor dem Kärntnertor betrieb, und die Prager Kreuzherren, die das Wiener Bürgerspital zwischen 1253 und 1280 leiteten.

Auch Ritterorden wie die Johanniter und der Deutsche Orden kamen nach Wien, beide sind ab dem 13. Jahrhundert in Wien nachzuweisen, und auch die Templer, die kurz vor ihrer gewaltsamen Auflösung 1302 in Wien in Erscheinung traten. Dem 1469 gegründeten St.-Georg-Ritterorden wurde 1471 das Martinsspital vor dem Widmertor übergeben und vielleicht sollten auch die Pauliner in einer niemals fertiggestellten Kirche am Platz der heutigen Stallburg untergebracht werden.

Die Entstehung der Wiener Frauenklöster ist noch immer nicht hinreichend geklärt. Vermutlich entstanden die ersten Klöster aus Beginengemeinschaften, die dann nachträglich eine Ordensregel annahmen. Seit 1200 sind die Zisterzienserinnen von St. Niklas vor dem Stubentor bekannt, die auch zwischen 1275 und 1385 ein Kloster, St. Niklas am Anger, unterhielten. Die Magdalenerinnen gründeten um 1230 ihr Kloster St. Magdalena vor dem Schottentor, welches um 1480 in ein Augustiner-Chorfrauenkloster umgewandelt und St. Dorothea unterstellt wurde. Ebenfalls 1230 entstand Sankt

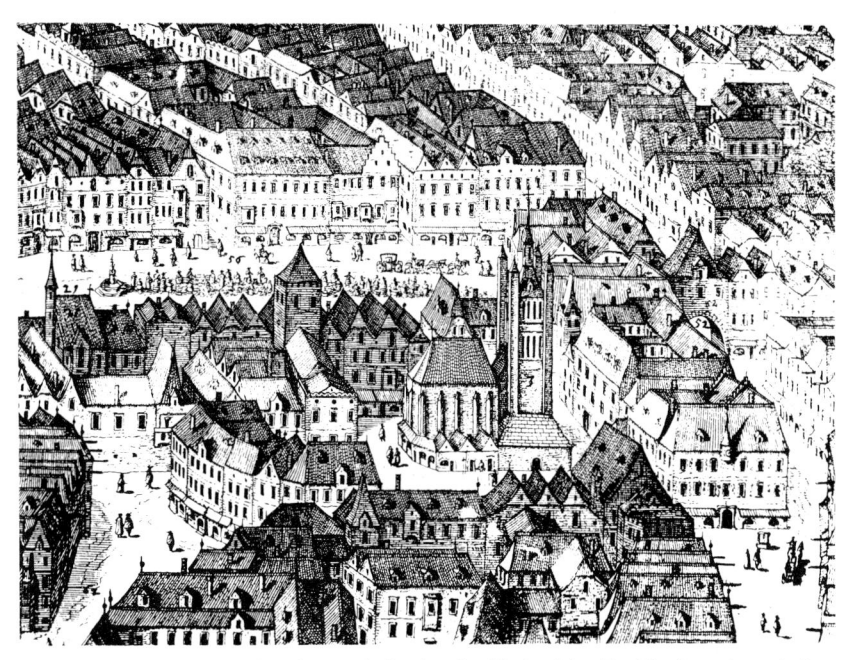

Die alte Peterskirche, rechts der Dreiecksplatz im Verlauf der Tuchlauben. Ausschnitt aus dem Bildplan des Jakob Hufnagel (1609)

Die Gestalt der Stadt

Aller heyligñ en Sand Stef Turm vnd an= kait. Abgunn

Thuemkirch= san Mit dem der schigklig= deruebt. xc.

Holzschnitt der Stephanskirche aus dem Wiener Heilthumsbuch des Ratsherrn Matthias Heuperger (1502). Man beachte den Galgenkran am unfertigen Nordturm

Kirchen und Klöster

Agnes zur Himmelpforte, das 1270 in ein Prämonstratenserinnenkloster umgewandelt und zunächst Stift Geras im Waldviertel und erst ab 1491 dem Wiener Bischof unterstellt wurde. Weitere Klöster wurden 1301 von den Dominikanerinnen und 1303 von den Clarissen gegründet. 1301 wurde auch die Beginengemeinde von St. Jakob auf der Hülben als Chorfrauenkloster dem Stift Klosterneuburg anvertraut und später dem Dorotheerkloster übergeben.

Eigene Gemeinschaften bestanden durch die Pfründner in den Spitälern, die als Alten- und Obdachlosenheime genutzt wurden, und in den Siechenhäusern, die ebenfalls jeweils eine Kirche aufwiesen. Das Heiligengeistspital und das Bürgerspital wurden bereits erwähnt, dazu kam 1343 noch das Martinsspital vor dem Widmertor hinzu. Dazugezählt müssen die drei Siechenhäuser werden, 1259 St. Johannes an der Als, 1267 St. Lazarus vor dem Stubentor und 1266 St. Job beim Klagbaum sowie das 1492 errichtete Studentenspital. 1415 wurde zu St. Anna ein Pilgrimhaus, welches durchziehenden Pilgern diente, errichtet. Das 1383 gegründete Büßerinnenhaus zu St. Hieronymus diente der Bekehrung reumütiger Dirnen.

Kleinere Gotteshäuser standen noch auf den Friedhöfen der Pfarrkirchen sowie in den Vorstädten. Der Hof benutzte eine eigene Kapelle in der Hofburg und auch begüterte Bürger und die Universität hatten eigene Kapellen für private Gottesdienste.

1529, im Jahr der ersten Türkenbelagerung, bestanden innerhalb des Wiener Burgfriedens 35 Kirchen und öffentliche Kapellen sowie 25 Hauskapellen mit 265 Altären, die von rund 750 Welt- und Ordenspriestern und Nonnen bei einer geschätzten Gesamtbevölkerung von 20.000 Bewohnern der Stadt betreut wurden.

Von diesen mittelalterlichen Kirchengebäuden sind uns bis heute nur zehn Bauten und zwei Hauskapellen erhalten geblieben. Von den geistlichen Gemeinschaften des Mittelalters blieben nur das Kapitel von St. Stephan sowie die Konvente der Schotten, Minoriten, Dominikaner und Franziskaner sowie die beiden Ritterordenskommenden erhalten. Von den Altären überstanden zehn die Bauwut des Barock, und nur aus vier Kirchen kennen wir Reste von mittelalterlichen Glasgemälden. Drei mittelalterliche Glocken haben die Stürme der Zeiten überlebt, die älteste aus dem 13. Jahrhundert im nördlichen Heidenturm, eine von 1449 im Stephansturm und der 1525 gegossene „Michel" von St. Michael. Mittelalterliche Dachstühle gibt es noch in der Minoritenkirche, Maria am Gestade und in der Kirche Am Hof.

Neben den beschriebenen Kirchen haben sich noch einige kleinere mittelalterliche Kirchenbauten in Wien erhalten, so die Johanniter- und die Deutschordenskirche, die Hofburgkapelle und die Salvatorkapelle im Alten Rathaus.

(Zur Geschichte der einzelnen Kirchen und Klöster siehe S 221 f.)

Die Hofburg

Die erste Residenz der österreichischen Herzöge in Wien lag seit etwa 1120 am Platz Am Hof. Dieser urkundlich belegte Sitz dürfte jedoch keine befestigte Burg, sondern, wie schon der Name sagt, ein „Hof" gewesen sein. Über Größe und Aussehen dieses Hofes wissen wir nur wenig, vermutlich bestand er aus einem Wohngebäude mit Kapelle, der Platz davor wurde als Turnierplatz genutzt.
Der Kern der heute als Hofburg bezeichneten Anlage, also der Schweizertrakt, dürfte bereits bis in das 13. Jahrhundert zurückreichen. Zunächst scheint man bei der Stadterweiterung Herzog Leopolds V. am Ende des 12. Jahrhunderts neben dem Widmertor nur einen zusätzlichen Schutzturm errichtet zu haben, der dann im Laufe des 13. Jahrhunderts um ein Wohngebäude, den Palas, erweitert wurde. Der Lage dieses Turmes entspricht heute etwa die Durchfahrt vom Inneren Burgplatz zum Heldenplatz, das Wohngebäude könnte direkt an der Mauer gelegen haben. Untersuchungen haben ergeben, daß man das Mauerwerk in die zweite Hälfte des 13. Jahrhunderts datieren kann. Vermutlich war der Böhmenkönig Ottokar II. der Bauherr der neuen Burg, die vielleicht in Zusammenhang mit Verteidigungsmaßnahmen gegen einen erwarteten Angriff König Rudolfs von Habsburg um 1275/76 errichtet wurde. 1279 urkundet König Rudolf bereits in der Burg, sie muß also zu diesem Zeitpunkt bereits eine bewohnbare Anlage dargestellt haben.
Der Sohn König Rudolfs, Albrecht I., baute die Anlage dann zu einer viertürmigen Burg um einen Innenhof herum aus. Da er 1287 von den unzufriedenen Wienern in der Burg belagert wurde, dürfte sie um diese Zeit bereits fertiggestellt gewesen sein. Am 23. März 1327 wurden Dach und Dachstuhl der Burg bei einem Großbrand stark beschädigt und mußten 1331 erneuert werden.
Rudolf IV. stiftete 1356 im Widmertorturm eine Allerheiligenkapelle, die er mit Zustimmung des Kaisers Karl IV. und des Papstes Innozenz VI. zu einer Kollegiatkirche mit einem Kapitel umwandeln durfte. Bis 1365 wurden die Privilegien dieser Kapelle nach St. Stephan übertragen, die Kapelle verlor danach an Bedeutung und scheint später nicht mehr auf.
Im Süden, Osten und Norden wurden zwischen den vier Ecktürmen

Die Hofburg

Wohntrakte angelegt, wovon nur der Südtrakt als Repräsentationsbereich dreigeschoßig, die beiden anderen Trakte nur zweigeschoßig waren, während die Burg gegen Westen vermutlich nur mit einer Mauer abgeschlossen war.

Die Burg mußte mehrere Zwecke erfüllen. Einmal sollte sie eine repräsentative Residenz sein, in welcher der Landesherr Gäste empfangen, unterbringen, unterhalten und bewirten mußte. Zum anderen bildete die Burg auch einen wichtigen Eckpfeiler in der Verteidigung der Stadt und war durch ihre exponierte Lage direkt an der Stadtmauer auch ein wichtiges Bollwerk gegen alle Angriffe. Sie war aber auch Schatzhaus, Arsenal und Gefängnis und all diese Funktionen mußten auf einem relativ eng begrenzten Raum untergebracht werden.

Maßgebend für den ersten Anblick waren sicher die vier mächtigen Ecktürme, deren größter, der Südwestturm, zugleich als Bergfried diente. Er war der älteste Turm der Burg und wurde vermutlich schon unter Herzog Albrecht II. erneuert oder zumindest umgebaut, da er 1358 als Neuer Turm Erwähnung findet. Zwischen Südwest- und Südostturm lag der dreigeschossige und unterkellerte Palas unmittelbar hinter der Stadtmauer. Im Erdgeschoß des Südwestturmes befand sich noch ein Gewölbe, das vielleicht noch vor dem „Sagraer", der eigentlichen Schatzkammer gebaut worden war und der Aufbewahrung von Geld und Kleinodien diente.

Im Erdgeschoß des Palas befand sich ein Zimmer und die „Dürnitz", ein heizbares Frauen- und Gesindezimmer mit einer kleinen Stube

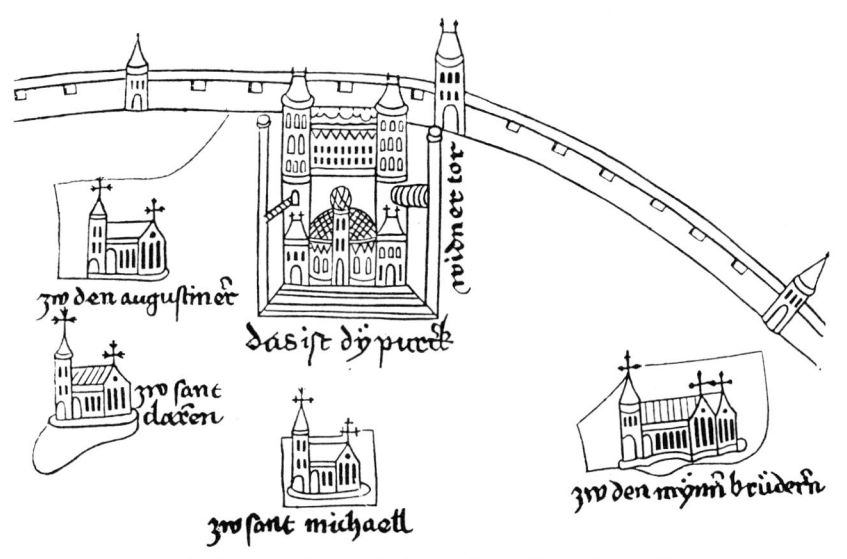

„das ist dy purck". Ausschnitt aus dem Albertinischen Plan mit Darstellung der Hofburg

Die Gestalt der Stadt

Idealisierte Westansicht der Hofburg um 1400.
Stich von Heinrich Bültemeyer

und einer Kammer. Im daneben liegenden Teil des Südostturmes dürfte der „Zergaden" gelegen haben, ein großer Vorratsraum, der sich über Keller und Erdgeschoß des Turmes erstreckte. Im ersten Obergeschoß des Südtraktes dürfte dann zwischen 1426 und 1435 ein großer Tanzsaal von Herzog Albrecht V. eingerichtet worden sein. Vorher mußte man, wenn man Gäste hatte und diesen ein Fest geben wollte, in andere Gebäude ausweichen. Anfang Juni 1347, als man König Ludwig I. von Ungarn empfing und „zu den Augustinern ain grosse czymer" gemacht wurde, da „tanczten dye frawen". Noch 1426 mußte man anläßlich des Besuches von König Johann I. von Portugal in das Praghaus ausweichen, hingegen wurden ab 1435 Tanzfeste in der Burg abgehalten, der Tanzsaal muß also zwischen 1426 und 1435 entstanden sein.
An das Tanzhaus schloß sich im Südostturm das erste „Sagraer" an. Es war dies ein sakristeiähnlicher Raum, welcher der Aufbewahrung wertvoller liturgischer Geräte und Reliquienbehälter sowie des Familienschatzes der Habsburger diente. Darüber lag ein „anderes Sagraer oben darauf, darin die brieve liegen", vermutlich das Archiv der Habsburger. Im darüber liegenden Geschoß, welches vielleicht schon das Dachgeschoß war, lagen Stuben und Kammern und an der Front des Südwestturmes ein bis zum Dach reichender Erker.
Im Osttrakt zwischen Südost- und Nordostturm lagen in zwei

Die Hofburg

*Idealisierte Gesamtansicht der Hofburg um 1400.
Stich von Heinrich Bültemeyer*

Geschoßen eine Reihe von Kammern, ausdrücklich erwähnt werden eine wahrscheinlich ebenerdig gelegene „grosze Kamer" und „zwo stuben, die gantz under das Dach" gingen. Auch hier müssen sich über dem zweiten Geschoß eine ganze Reihe von Dachgemächern befunden haben.

Anschließend an den Südostturm lag die von Herzog Albrecht I. gegründete Burgkapelle. Herzog Albrecht V. baute die Kapelle 1425 um, die unter Friedrich III. in den Jahren 1447 bis 1449 zur heute noch bestehenden Form erweitert wurde. Unter der Kapelle soll noch eine „grub" gelegen haben, deren Bestimmungszweck nicht genau bekannt ist, vielleicht war es ein abgetrennter Teil des Zergadens oder ein Gefängnis, in dem Häftlinge minderer Herkunft gefangengehalten wurden.

Der zweigeschoßige Nordtrakt dürfte der eigentliche Wohnbereich gewesen sein, jedenfalls wies er eine Reihe repräsentativer und heizbarer Räume auf. Darunter auch jenen vom Wiener Universitätsprofessor Thomas Ebendorfer erwähnten Raum, dessen Wände mit historischen Darstellungen aus dem Jahre 1276 geschmückt waren. Es könnte dies ein Raum gewesen sein, der für bedeutende politische Akte verwendet wurde und mit dem „künigclichen sal", in dem 1445 öffentlich Recht gesprochen wurde, identisch war.

1460 wurde von einem sonst unbekannten Chronisten erwähnt, daß

Die Gestalt der Stadt

„zu wienn in der purck" ein großes „muoshaus gelegen sin", ein wohl nicht allzu großer Vorraum, der sich von der Kapelle und neben der Dürnitz erstreckte und vielleicht mit dem Umbau der Kapelle von Friedrich III. errichtet worden war.

Der Westtrakt zwischen Nordwest- und Südwestturm war niedriger als die anderen Trakte und dürfte vor allem der Verteidigung gedient haben. Die eingeschoßigen Bauten wurden innen an die Mauer gestellt und bestanden aus zwei Küchen, dem Haupttor mit der Torstube, einer weiteren Küche und dem Brunnen mit dem Brunnenhaus. Über dem Eingang befand sich ein kleiner Torturm, der über einen Altan, einem Zimmer und Wehrgängen, die sich innen an der Mauer befanden, mit den großen Ecktürmen verbunden war.

Die gesamte Burg war von einem Burggraben umgeben, in dem an der Ost- und Nordseite der Burg bis 1462 ein Tiergarten bestand, der vermutlich zur Erbauung des jungen Ladislaus Posthumus hier angelegt wurde und in der Belagerung von 1462 zugrunde gegangen sein dürfte. Gegen Osten in Richtung des Augustinerklosters lag der Burggarten, zu dem auch ein Hinterausgang der Burg führte. Auch nördlich der Burg, also gegen die Stallburg zu, soll ein Garten mit einem Vogelhaus gelegen haben. Zwischen dem Ost- und dem Nordgarten lief ein Gang zum Augustinerkloster, den 1453 Graf Ulrich von Eytzing mit 1000 Bewaffneten nutzen wollte, um in die Burg einzudringen und gegen Graf Ulrich II. von Cilli vorzugehen.

Als König Ladislaus Posthumus unerwartet starb, erhoben sowohl Kaiser Friedrich III. wie auch Albrecht VI. und Siegmund Ansprüche auf die Burg. Um den Streit zu schlichten, besichtigten die Fürsten zuerst gemeinsam die Burg und nahmen im Vertrag vom 29. Mai 1458 eine Aufteilung der Räumlichkeiten vor. Der Kaiser erhielt den Osttrakt der Burg mit den beiden Türmen gegen St. Michael, eine Küche und den Altan, ein Zimmer bei der Kapelle, eine große Kammer und zwei Stuben. An Herzog Albrecht und Herzog Siegmund fielen der Westtrakt mit dem Widmertorturm und dem Südturm sowie zwei Küchen, eine Gesindestube und das Mushaus. Gemeinsam stand ihnen das Tanzhaus im Obergeschoß der Burg zur Verfügung. Albrecht und Siegmund überließen später dem Kaiser für 32.000 Pfund Pfennige ihre Anteile an der Burg.

Da Kaiser Maximilian die Hofburg zeit seines Lebens verhaßt und er zugleich oftmals von Wien abwesend war, wurde die Hofburg einem Burggrafen anvertraut. Siegmund von Polheim im Jahre 1495 und Laurenz Saurer 1503 waren die ersten, die gegen ein Entgelt von 60 Gulden pro Jahr dieses Amt versahen. In dieser Zeit wurde der Innenhof der Burg gepflastert und auch die Wasserversorgung verbessert. Nach der Türkenbelagerung von 1529, bei der die Burg schwer beschädigt worden war, wurde die Hofburg unter Ferdinand I. im Renaissancestil ausgebaut und in der Folge entstand aus einer militärischen Anlage das Residenzschloß der österreichischen Könige und Kaiser.

Das Bürgerhaus

Das Wiener Stadtrecht von 1221 hebt deutlich die Wichtigkeit des Hauses und auch seine Bedeutung für den Bürger der Stadt hervor. Das Haus ist mehr als nur ein „Dach über dem Kopf", es ist eine „Freiung", der ureigenste Besitz des Menschen, in dem er Schutz findet und den niemand ungestraft angreifen darf. Zugleich ist es – wie alle materiellen Güter des mittelalterlichen Menschen – ein Statussymbol, und da im Mittelalter der Bürger nur über wenige solche verfügte, mittels derer er sich von seinem Nachbarn abheben konnte, bemühte er sich, sein Haus so schön und prächtig wie nur möglich zu gestalten.
Die Jahrhunderte haben der mittelalterlichen Substanz der Stadt Wien stark zugesetzt, und besonders die Suche nach gesteigertem Wohnkomfort hat die Menschen aller Zeiten veranlaßt, sich stets etwas Besseres schaffen zu wollen, als es ihre Vorfahren besaßen. So ist es nicht verwunderlich, daß es besonders die Häuser waren, die eine stete Umgestaltung und einen Neubau erfuhren, so daß wir heute in Wien kein einziges mittelalterliches Haus auch nur annähernd original erhalten haben. Wir sind also in unserer Beschreibung der mittelalterlichen Häuser Wiens allein auf alte Nachrichten und Abbildungen sowie auf die wenigen Objekte angewiesen, die uns aus dieser Zeit erhalten geblieben sind.

Bis in die Mitte des 13. Jahrhunderts überwogen in Wien die Holzhäuser. Es ist uns heute kaum vorstellbar, daß die Stadt (bis auf ihre Mauern und die wenigen Kirchen und Klöster) aus Holz bestand und die Häuser im besten Falle ein Stockwerk hoch waren. Nur vereinzelt gab es bereits Steinhäuser, die aber ebenfalls mit Holzschindeln gedeckt waren. So ein Haus stand zum Beispiel bereits 1220 an der Ecke Sterngasse 7 – Marc-Aurel-Straße, ein weiteres wurde zwischen 1220 und 1250 in der Judengasse 5 errichtet. Es hatte eine Breite von 6 m bei einer Tiefe von 11 m und war aus Bruchsteinen erbaut, wobei die Mauerstärke rund 90 cm betrug.
Die Holzhäuser konnten auf zweierlei Arten gebaut sein. Einmal kennen wir den Blockbau, vergleichbar einem heutigen Blockhaus mit waagrecht übereinander geschichteten Balken, die an den Ecken

Die Gestalt der Stadt

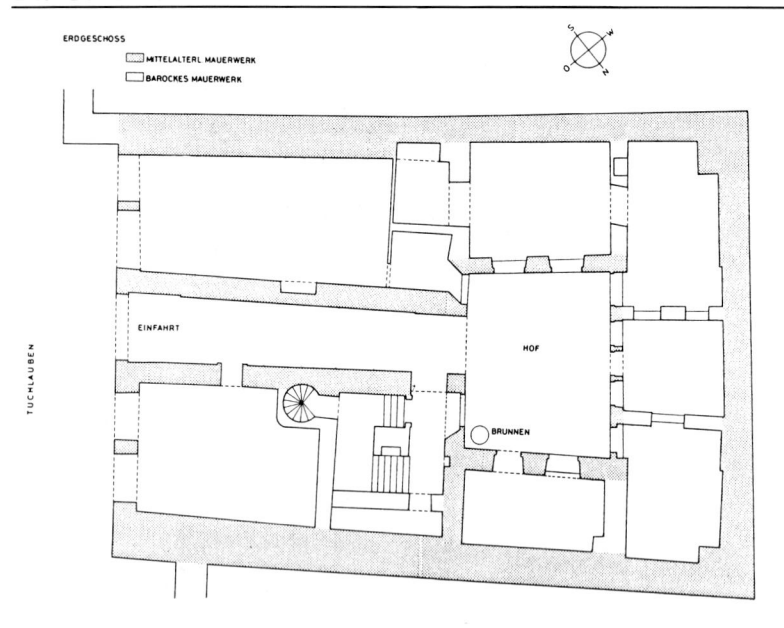

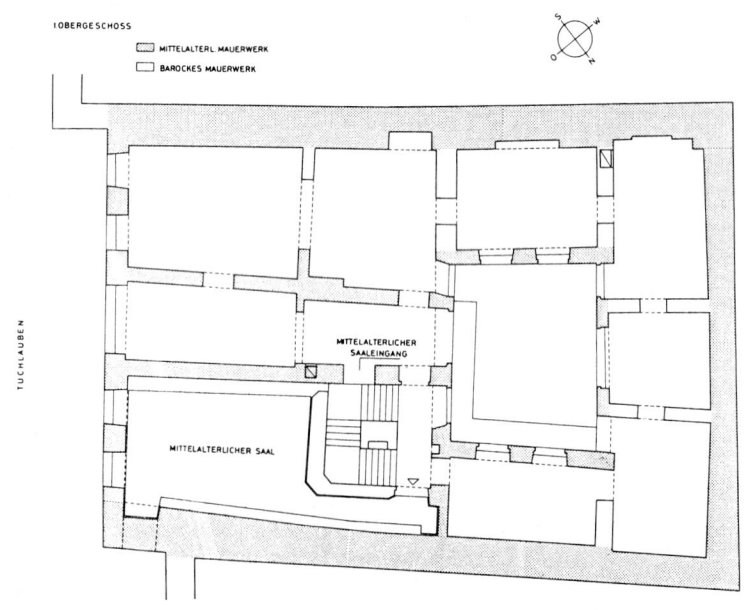

Grundriß des „Winterhauses", Tuchlauben 19.
Die mittelalterlichen Teile sind grau gerastert

Das Bürgerhaus

Nur der Hausherr hat den Schlüssel zum Keller, in dem die Vorräte vor Mäusen und Ratten verwahrt werden

miteinander verzahnt sind, und zweitens den Ständerbau, der etwa einem Fachwerkhaus nahekommt und der besonders für Wien im 13. Jahrhundert bezeugt ist. Ursprünglich waren die Häuser nur eingeschoßig, denn solange in der Stadt Platz war, hatte man es nicht nötig, in die Höhe zu bauen, erst als das Areal der ummauerten Stadt gefüllt war und die Bevölkerungsdichte zunahm, baute man Stockwerk auf Stockwerk, wobei man, um den Platz auszunützen, die oberen Geschoße jeweils ein Stück vorkragen ließ, bis sie fast ein Dach über der Straße bildeten.

Die Anfänge des Baues von Steinhäusern in Wien werden in die Mitte des 13. Jahrhunderts gesetzt. Man nimmt an, daß nach dem Bau der ersten Stadtmauer Wiens nun genügend mit der Steinbauweise erfahrene Handwerker zur Verfügung standen, welche diese Technik beherrschten und solche Häuser auch kostengünstig herstellen konnten. Zugleich mögen auch die zahlreichen Stadtbrände, die in periodischen Abständen Wien heimsuchten, die Bürger bewogen haben, ihre Häuser aus Stein zu bauen.

Die Häuser blieben in ihren Abmessungen klein. 1349 wurde ein Haus in der Schulerstraße in eine Meßstiftung umgewandelt, welches im Untergeschoß nur vier Kammern und im Obergeschoß die einzig heizbare Stube und eine Kammer enthielt.

Nicht immer waren die Hausbewohner auch die Hausbesitzer und vermutlich lebten mehr Leute in Miete als in eigenen Häusern, wobei die Wohnungsgrößen zwischen 20 und 50 m² lagen.

Im Zusammenhang mit der Aufdeckung der Neidhart-Fresken im Jahre 1979 wurde der mittelalterliche Bestand eines Hauses in der Tuchlauben 19 aufgenommen. Ursprünglich dürften es im 13. Jahrhundert zwei kleine zweiachsige Häuser gewesen sein, die zu beiden Seiten einer Durchfahrt, die in den Hof führte, standen. Über der Durchfahrt waren beide Häuser durch Schwibbögen abgestützt. 1398 erwarb der Tuchhändler Michel Menschein beide Gebäude und

Die Gestalt der Stadt

Wohnstube mit umlaufender Sitzbank, Fenster mit Batzenscheiben, Tisch mit Seitenwangen. Im Vordergrund Wasserbecken mit Gießgefäß

vereinigte sie zu einem Haus. Die mittlere Einfahrt wurde überbaut und im Obergeschoß ein prächtig geschmückter Saal eingerichtet, der über eine Holztreppe von der ehemaligen Einfahrt aus erreichbar war, die Fassade wurde geschlossen. Die Decken und Böden des Hauses bestanden aus Holz bei einer relativ geringen Raumhöhe, mehr als zwei Stockwerke wird das Haus im Mittelalter nicht besessen haben.

Das Bürgerhaus

Küche mit offenem Herd und Rauchabzug, an den Wänden Küchengeräte

Mittelalterliche Bilder Wiens zeigen unterschiedliche Dachdeckungsmaterialien. Waren im Frühmittelalter Holzbretter, Stroh und Schilf gebräuchlich, so lassen sich bereits ab 1276 auch Dachziegel nachweisen. Unter dem Eindruck des großen Stadtbrandes von 1326, der, von einem Backofen in der Wallnerstraße ausgehend, zwei Drittel der Stadt eingeäschert hatte, begann man zunehmend Ziegel zur Dachdeckung zu verwenden, wobei man den Bürgern, die dazu bereit

Die Gestalt der Stadt

waren, auch Steuerbegünstigungen zukommen ließ, um die erhöhten Kosten abdecken zu können.

Gegen Ende des 14. Jahrhunderts muß es bereits eine ganze Anzahl großer und repräsentativer Häuser mit Ziegeldächern in Wien gegeben haben. Als 1399 das ziegelgedeckte Haus des Großgrundbesitzers Herman von Eslarn geteilt wurde, zählte man an Innenräumen ein großes Mushaus mit zwei Kemenaten als Frauengemächer, eine kleine Stube und eine große Stube mit anstoßender Kammer. Nach vorne hinaus, der Straße zu, lagen zwei Kaufläden, im Hinterhaus waren noch eine kleine Stube, Vorratskammern und eine Kemenate untergebracht. Das Haus verfügte über zwei Aborte, die „privets" und später „Secrethäuser" genannt wurden, im Hof lagen noch ein Brunnen, ein Preßhaus, zwei Pferdeställe, mehrere Vorratskammern, eine Kohlengrube und ein Hühnerstall. Das Haus war unterkellert und mit einer Art Souterrain ausgestattet.

Die Fassaden der Häuser waren verputzt und mit schöner Bemalung geschmückt, die Dächer hoch und steil.

Ab der Mitte des 14. Jahrhunderts belebte als neues Element der Rauchfang die Dachlandschaft der mittelalterlichen Stadt. Schmal, hoch und aus Ziegeln gemauert, erhoben sie sich über den Dächern, betreut von einer neuen Berufsgruppe, den Schluf- oder Rauchlochfegern. Ebenso wie die Rauchfänge diente auch die Maßnahme, die Häuser ab dem 15. Jahrhundert mit Feuermauern zu versehen und zur Straße zu mit Zinnen abzuschließen, dem Schutz vor übergreifendem Feuer im Falle eines Brandes.

Die innere Aufteilung des Hauses orientierte sich an den Heizmöglichkeiten. Besonders in Wien mit den kalten Wintern war die Heizmöglichkeit lebenswichtig, und so versammelten sich im Winter alle Hausbewohner um den Herd, welcher zunächst die einzige Heizgelegenheit war. Dieser Herd, der auch für Kochzwecke genutzt wurde, stand in einem großen Raum, der allen möglichen Zwecken diente. Er war der Arbeitsraum des Handwerkers, das Kontor des Händlers, hier kochte und aß man und hier schlief die gesamte Familie samt Gesinde und Kleinvieh. Als sich im Laufe der Zeiten das Stadthaus erweiterte, wurden andere Kammern angebaut, der heizbare Raum blieb aber der Mittelpunkt des Hauses und wurde zur Stube, die man als die bedeutsamste und folgenreichste Erfindung im europäischen Hausbau bezeichnet hat, beruhen doch darauf unsere heutige Wohnformen.

Die Stube war nun schon ein besonders für Wohn- und Schlafzwecke qualifizierter Raum, der oft ausdrücklich als „rauchlos" bezeichnet wurde, was die für den mittelalterlichen Bürger sensationelle Neuerung der Beheizung von außen bedeutete. Die erste urkundliche Erwähnung einer Stube in Wien stammt aus dem Jahre 1267.

Aus den verschiedenen Teilungsurkunden von Wiener Bürgerhäusern geht hervor, daß bis in das 15. Jahrhundert hinein oft nur eine

Das Bürgerhaus

derartige Stube pro Wohnhaus bestand. Sie war in allen Fällen mit Holz ausgekleidet und hatte sowohl gezimmerte Holzböden wie eine Holzdecke und unser heutiges Wort „Zimmer" läßt sich davon ableiten. Wurde ein Haus geteilt oder an mehrere Familien vermietet, so blieb die Stube ungeteilt und diente allen Hausparteien als Gemeinschaftsraum, wobei in den Urkunden oft ausdrücklich erwähnt wird, welcher Hauspartei welcher Platz in der Stube zukam.

Die Beheizung der Stube erfolgte durch einen Hinterladerofen, der von einem Nebenraum aus geheizt wurde. Ursprünglich sah dieser

Schlafzimmer eines Hauses mit Kachelfußboden, Bett mit Baldachin und Truhe

Die Gestalt der Stadt

Ofen wie ein Backofen aus, zur Vergrößerung der Oberfläche und der Wärmeabgabe wurde er später mit einem kleinen Turm ausgestattet und an seiner Oberfläche wurden vertiefte oder gewölbte Kacheln eingesetzt. Nur Adelige oder reiche Bürger konnten sich ab dem 15. Jahrhundert Öfen leisten, die zur Gänze aus glasierten Kacheln bestanden.

Im mittelalterlichen Haus muß es in den Kammern und Stuben ziemlich dunkel gewesen sein. Aus „Energiespargründen" baute man die Fenster möglichst klein, um unnötige Wärmeverluste zu vermeiden, und selbst diese kleinen Fenster waren im Früh- und Hochmittelalter noch mit undurchsichtigen Materialien verschlossen. Man verwendete an Stelle des Luxusgutes Glas neben Papier und Pergament auch Leinwand und die Haut von Fischblasen sowie Mineralien wie das halb durchsichtige Marienglas. Nur die wirklich Reichen konnten sich Fensterglas in Form von Batzenscheiben leisten, und selbst bei ihren Bauten wurden nur die für Gäste zugänglichen Repräsentationsräume damit ausgestattet.
Wenn wir vom finsteren Mittelalter sprechen, so tun wir dies auch im übertragenen Sinne. Der Mensch des Mittelalters kämpfte um das Licht. Einerseits mußte er die Fenster klein halten, anderseits wollte er seine Stube auch des Nachts beleuchten, um noch nach der Dämmerung einer Beschäftigung nachgehen zu können.
Die Kerze aus Wachs oder Unschlitt war das wichtigste Beleuchtungsmittel und wurde in ein- oder zweiarmige Kerzenleuchter aus Holz, Ton oder Messing gesteckt. Bei der ärmeren Bevölkerung wird auch der Kienspan noch länger in Verwendung gewesen sein, den man in Halterungen an der Wand stecken konnte, wenn sie nicht überhaupt auf den Schein des Herdfeuers angewiesen war. Auch Öllämpchen wurden, wie keramische Funde aus Wien zeigen, verwendet, es sind dies kleine Schüsselchen mit einem Henkel und einer Tülle, aus welcher der Docht herausragte. Ging man des Nachts auf die dunklen und unbeleuchteten Straßen, so mußte nach einer Verordnung von König Ladislaus Posthumus aus dem Jahre 1454 jede Person ein offenes Licht, meist eine Laterne aus Eisenblech oder Hornblende, mit sich tragen.

Die Küche ist als Stätte der Speisenzubereitung der wichtigste Raum im Haus. Nicht umsonst ist das Feuer Teil manch magischer Vorstellungen im Mittelalter, und das Wort „Herd" steht oft stellvertretend für das gesamte Haus. Der Herd stand als ein gemauertes Podest entweder frei im Raum oder war an eine der Wände gerückt. Der Rauch zog zunächst durch Rauchlücken im Dach ab, später diente ein Kamin dem gleichen Zweck. Da die Küche durch das Hantieren mit offenem Feuer stets ein gefährdeter Raum des Hauses war, versuchte man schon bald, sie mehr oder weniger

Das Bürgerhaus

Kindbettszene (Geburt Mariens) in einem mittelalterlichen Haus; um 1440

feuersicher zu machen. Man pflasterte den Fußboden und ersetzte die Holzdecke durch ein Steingewölbe.
Gekocht wurde in großen Metallkesseln über einem offenen Feuer. Nun weiß aber jede Hausfrau, daß sich die Hitze dabei nur schlecht regulieren läßt. Deshalb verwendete man Kessel, die an verstellbaren Ketten hingen bzw. sogenannte Zahnstangen, an denen Kessel oder Bratgut in verschiedener Höhe befestigt werden konnten. Die aufsteigende heiße Luft konnte über ein kleines Windrad eine Art von „halbautomatischem" Bratspieß betreiben. Man verwendete eine

Die Gestalt der Stadt

Unzahl von verschiedensten Gefäßen aus Ton und in den besseren Haushalten aus Kupfer, die weitaus größte Zahl der Geräte in der Küche wie Gabeln, Löffel, Siebe und Wassergefäße waren aus Holz.
Wasser mußte vom Brunnen im Hof oder aus dem Regenfaß, welches unter der Dachrinne stand, geholt werden. Diese Dachrinnen waren eine Erfindung des 13. Jahrhunderts und ermöglichten es, das wichtige, weil „weiche" Regenwasser aufzufangen und abzuleiten. Das Recht, Wasser aus den Dachrinnen zu nutzen, konnte auch verkauft werden. So bezahlte die Stadt Wien im Jahre 1455 an den Verweser des Bürgerspitals 20 Pfund Pfennige für das Recht, auf dem neuen Mehlspeicher ein Ziegeldach und eine Dachrinne anbringen zu dürfen, „darein ir wasser ab dem selben zigldach fleusset".
Wasser wurde aber auch in Zisternen im Keller gesammelt, die durch steinerne Rinnen von der Oberfläche aus gefüllt wurden.
Bei der Gestaltung der Böden wurden verschiedene Materialien verwendet, nämlich Holz, Ziegel und Fliesen, wobei letztere reliefiert sein konnten. Da diese Böden im Winter aber sicher kalt waren, bemühte man sich in den reicheren Häusern, Teppiche darüberzulegen. Sie müssen recht kostbar gewesen sein, da sie sich nur selten in den Erbinventaren finden. Tapisserien dürften im Mittelalter weit verbreitet gewesen sein und sich großer Beliebtheit erfreut haben, allerdings konnten sich nur reiche Leute solchen Wandschmuck leisten. Beliebt war auch, die Wände mit Wandmalereien verzieren zu lassen, wie Aeneas Silvius erwähnt hat. In Wien wurden 1979 bei Restaurierungsarbeiten im Haus Tuchlauben 19 Reste von mittelalterlichen Fresken mit Szenen aus der Neidhart-Dichtung gefunden und restauriert, die einen Eindruck geben, wie bunt und farbig manche Stuben einmal ausgesehen haben. Dargestellt sind Szenen aus dem höfischen Leben, Adelige beim Fest, bei der Schlittenfahrt und beim Mahl, und der Auftraggeber hatte hier wohl auch im Sinn, seine Bildung und höfische Gesinnung zu demonstrieren und nicht nur die Wände farbig zu dekorieren.
Die Decken der Räume waren zumeist Holzbalkendecken, allerdings können wir auch hier von buntem Schmuck in Form von Schnitzereien, Einlegearbeiten und Bemalung ausgehen.
Das Haus des Mittelalters fand mit recht wenig Mobiliar sein Auskommen. Stuhl, Bank, Tisch und Bett sowie vielleicht noch eine Truhe waren die wesentlichen Möbel, die anfangs in einfachen und schlichten Formen verwendet wurden. Der Stuhl war ein Repräsentationsmöbel und ebenso wie der Falt- oder Scherenstuhl kein alltägliches Sitzgerät. Die einfachen Leute saßen auf einer Bank, die das ganze Rauminnere, nur vom Ofen und der Eingangstüre unterbrochen, umlief. Wer mehr Geld hatte, konnte es sich leisten, Polster auf die Bank zu legen, die bei knappem Raum auch oft als Schlafbank dienen mußte.
Der Tisch konnte die verschiedensten Formen aufweisen, rund, rechteckig oder polygonal sein und stand meist in der dem Ofen

Das Bürgerhaus

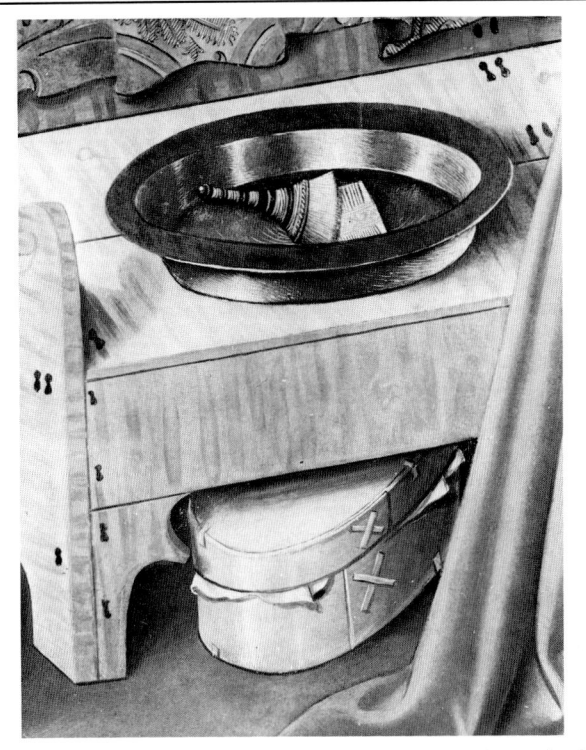

Truhe mit Waschbecken, Kamm und Bürste, darunter Spanschachtel

entgegengesetzten Ecke der Stube. Oft stand er nicht auf vier Beinen, sondern auf zwei Seitenwangen, die recht aufwendig dekoriert werden konnten. Erst ab dem Spätmittelalter wurde in den Tisch noch eine Lade für das Eßbesteck eingebaut.
Da man nackt oder höchstens mit einer Nachthaube und „nocturnalschuhen" bekleidet zu schlafen pflegte, war das Bett möglichst hoch, um die Kälte des Bodens abzuhalten, so hoch, daß man manchmal einen kleinen Schemel brauchte, um es zu besteigen. Ebenfalls ein Schutz gegen die Kälte waren der hohe Rahmen, der um das Bett herumlief sowie der Baldachin oder Himmel und die Vorhänge, die das Bett allseitig abschließen konnten. Wer arm war, mußte sich mit einem Strohsack als Matratze begnügen, die Reichen hingegen hatten Daunenbetten sowie Leintücher und Polsterbezüge für die vielen Polster, die man benötigte, da man halb aufrecht sitzend zu schlafen pflegte, wobei die Bettwäsche im Mittelalter zum Mobiliar zu zählen ist. Wer auf absoluten Luxus Wert legte, tauschte sein Bett im Spätmittelalter gegen ein Spannbett aus, bei welchem die harten Bodenbretter durch Spanngurten ersetzt waren.
Die Truhe, schön verziert und mit festen Eisenbeschlägen versehen,

diente der Aufbewahrung von Kleidung und Wertgegenständen, manchmal konnten zwei oder mehrere Truhen übereinander in Form eines Truhenkastens aufgestellt werden.

Mit der Zeit wurde auch das Mobiliar im mittelalterlichen Haus mehr und vor allem differenzierter. Der zunehmende Möbelluxus läßt sich auch an den Meisterstücken der Wiener Schreinermeister dokumentieren. Genügte es 1445 noch, ein Spielbrett und zwei Tische herzustellen, so mußten es später eine zweibödige Kiste mit Laden, ein Schreibtisch und ein Klapptisch sein. 1504 wurde die Herstellung eines Gewandkastens mit Zinnenbekrönung und Flachreliefschnitzerei, Innenladen und einem kleinen Almer sowie einer komplizierten Truhe mit neun kleinen Laden gefordert.

Zum Mobiliar sind auch noch das Gießfäßchen mit Wasserhahn und das darunterstehende flache Waschbecken zu zählen, welche aus Zinn oder Messing bestanden und der täglichen Hygiene dienten.

In den reicheren Häusern wurde das Ton- oder Holzgeschirr durch Gefäße aus Zinn, Kupfer oder Edelmetall ersetzt. Da diese Gefäße auch einen großen Wert aufwiesen, wurden sie häufig in den Bürgertestamenten genannt. Besonders beliebt waren dabei hohe Silberbecher, die manchmal sogar vergoldet waren, wobei ein solcher „mundlaten Becher" einen Wert bis zu 10 Pfund Pfennige erlangen konnte. Als Repräsentationsgefäße dienten die „Köpfe", kugelförmige Becher mit eingezogenem Mundsaum oder die ähnlichen „Scheuern", die ein Gewicht von vier bis fünf Mark Silber und einen Wert von bis zu 50 Pfund Pfennigen erreichen konnten. Nur wer wirklich reich war, konnte sich auch Glasgefäße, die mühsam aus Venedig importiert werden mußten, leisten. Ein Prunkgefäß war jenes von Magister Andreas Purniczer 1413 vermachte „straussenay mit silber beslagen vergoldt" oder das 1486 der Königin Beatrix von der Stadt Wien überreichte Geschenk eines silbervergoldeten Bechers in Form einer antiken Blume, für welches der Goldschmied Jorg Jordan ein Vermögen von 96 Pfund Pfennigen empfing.

Kulturbeflissenheit zeigte der reiche Wiener Bürger, wenn er ab dem 13. Jahrhundert sogenannte „Aquamanile", meist in Tierform gestaltete Gefäße, zum Händewaschen bei Tisch verwendete und seinen Haushalt ab dem 14. Jahrhundert mit glasiertem Geschirr ausstattete. Das Eßbesteck beschränkte sich anfangs auf Messer aus Eisen mit einem Holzgriff und auf hölzerne Löffel, die ab dem späten Mittelalter auch Metallgriffe erhielten. Ab dem 15. Jahrhundert bevorzugte man in den reicheren Häusern gerne Eßbesteck aus Silber. Gabeln waren als Luxusgegenstände selten und kostbar. Ebenfalls zum Hausgerät sind auch kleine Truhen, sogenannte „almer" zu zählen, in welchen Wertgegenstände aufbewahrt wurden.

DIE BEWOHNER DER STADT

Der Adel

Der Hofstaat

Als die Babenberger ihre Residenz nach Wien verlegten, war die Stadt nicht mehr als ein Provinznest, bevölkert von Bürgern, Handwerkern, dem niederen Klerus und den unfreien Dienstboten. Es fehlte ein Element des Glanzes und der Repräsentation, wie ihn im Mittelalter der Adel verkörperte, der nun im Gefolge der Babenberger von seinen Burgen herabstieg und seinen Einzug in die Stadt hielt. Ein Hof wie der der Babenberger benötigte Verwaltungsbeamte, denen der Landesfürst vertrauen konnte und es war für die Herzöge selbstverständlich, daß sie sich in ihrem eigenen Stand umsahen. Zugleich belebten die Adeligen auch die Wirtschaft der Stadt. Da nicht alle in der Burg wohnen konnten, errichteten sie sich prächtige Häuser in der Umgebung der Burg, an deren reicher Ausstattung auch die Wiener Handwerker und Händler verdienten.

Der Hof der Babenberger war durch mehrere Ämter organisiert, denen Hofbeamte vorstanden. Wir kennen vier dieser Ämter, nämlich die des Kämmerers, Marschalls, Truchsessen und Schenken. Der Kämmerer hatte die größte Macht am Hof in seinen Händen, da er der Schatzmeister und Schatzhüter und der Gebieter über das Hofgesinde war. Unter den Babenbergern scheinen einige Kämmerer auch besondere Vertrauensstellungen bekleidet zu haben und dienten den Fürsten nicht nur in den genannten Funktionen. Als sich Leopold V. beim Reiten den Knöchel brach und den Wundbrand bekam, getrauten sich die Ärzte keine Amputation vorzunehmen, so daß der Herzog dem Kämmerer den Auftrag gab, den Fuß mit einem Messer abzuschlagen, was diesem erst beim dritten Versuch gelang.

Ähnlich war auch die Organisation des Hofes unter den Habsburgern. An der Spitze des Hofstaates stand hier der Hofmeister. Er war der Vorstand des Küchen- und Kellerwesens und sollte darauf achten, daß nichts gestohlen und verschwendet wurde. Er beaufsichtigte die Küchenmeister, die „Brotspeiser" und die Schenken und teilte die Sitzordnung an der Tafel ein. Weilte der Hof einmal auswärts, war er der „Beschließer" der Hofburg und hatte die Schlüssel in seiner Gewalt.

Ihm zur Seite standen der Kammermeister und das Marschallamt, welches als erbliches Lehen seit 1278 im Besitz der Familie der Meissauer war. Schon bald wurde das Marschallamt unterteilt, der Landmarschall kümmerte sich um die Aufrechterhaltung des Landfriedens, während der Hofmarschall als Richter über die Herren, Ritter, Edelleute, Knechte, das Hofgesinde und die Diener fungierte, die ja der städtischen Gerichtsbarkeit entzogen waren.

An weiterem Personal gab es die verschiedensten Diener, darunter das Amt des Türhüters, der vor der Kammer des Herzogs zu wachen hatte. Dem Türhüter Herzog Albrechts VI. verdanken wir einen kurzen Einblick in das Hofleben. Dieser Hans Hirssmann berichtet nämlich, daß der Herzog zwei Tage vor seinem Tode ihn des Abends durch die Burg geschickt habe mit dem Auftrag, er möge an die Türen klopfen, damit alle schlafen gingen.

Wie viele andere Ämter, die zunächst unwichtig waren, wurde auch das Türhüteramt mit der Zeit ein begehrtes Objekt für den Adel, dies vor allem deshalb, da man auch bei einfachen Ämtern immer dem Landesherrn nahe war und sich hier eine gewisse Einflußnahme erhoffen konnte. So wurde das Türhüteramt in der Wiener Burg ab dem Jahre 1479 als erbliches Lehen an die Familie Wehninger vergeben.

Wichtige Ämter in der Burg waren weiters der Herold, der eine gute Kenntnis der ritterlichen Wappen besitzen sollte, sowie der Almosenier, ein Amt, das sich mit der Verteilung von Geldern unter die Armen beschäftigte.

Auch für Unterhaltung am Hof war gesorgt. In den Jahren zwischen 1287 und 1291 hören wir von zwei „hovegumpelmann" an der

Der Beginn des ritterlichen Lebens. In der „Schwertleite" wird der Knappe zum Ritter geschlagen und empfängt aus der Hand des Lehensherrn Schwert und Wappen

Die Bewohner der Stadt

Wiener Burg, es waren dies Hofspaßmacher, welche die Gäste bei Tisch mit allerlei Späßen, Liedern und Scherzen zu unterhalten hatten.
Den Narren gleichgesetzt waren die Musikanten am Hof. Es gab am Wiener Hof seit den Zeiten Albrechts III. und Leopolds III. eine eigene Hofmusikkapelle, die aus Pfeifern, Posaunern, Trompetern und Paukern bestand. Unterstützt wurden sie bei der Unterhaltung des Hofstaats von den „spilern" und „singern", und wer auf Bildung Wert legte, der hörte sicher gerne dem „sager" zu, der alte Heldensagen und Epen zu erzählen wußte.
Zu unterhalten gab es eine Menge Leute in der Hofburg. Nicht nur der Landesherr hatte seinen Hofstaat, sondern auch die Herzogin, die Prinzen und die Prinzessinnen, wobei genau geregelt war, wie viele Hofdamen und Mägde jemand in seinem Gefolge haben durfte. So hatte Blanche, die Gattin Rudolfs III., wie wir aus ihrem 1304 ausgestelltem Testament erfahren, vier Frauen zu ihrer Unterhaltung und Bedienung. Die Damen umgaben sich dabei mit den Hofjungfrauen, jungen Mädchen, die von ihren adeligen Eltern an den Hof geschickt wurden, um höfische Zucht und Sitten zu lernen. Ebenso lebten am Hof junge Adelige, die noch nicht zum Ritter geschlagen waren, als Edelknaben und Pagen, um hier ihre ritterliche Ausbildung zu erhalten.

Feste

Es war in Wien durchaus üblich, daß der Adel mit den Bürgern – und besonders mit den Bürgerinnen – fröhliche Feste feierte. Solche Feste waren die prunkvollen Einzüge, wenn es galt, einen fremden Herrscher in Wien zu empfangen und die darauffolgenden Feierlichkeiten. Auch bei kirchlichen Prozessionen feierte das ganze Volk von Wien mit dem Hof. Nur spezielle ritterliche Feste blieben dem Hof vorbehalten, so Turniere, an denen nur Ritter teilnahmen und die im Gegensatz zu den eher lustigen Bürgerstechen auf der Brandstatt auf dem Neuen Markt ausgetragen wurden.
Besondere Festlichkeiten gab es, wenn den jungen Knappen das Schwert überreicht wurde und sie durch den Ritterschlag zu Rittern ernannt wurden. Dieser Brauch der „Schwertleite" ist in Österreich seit 1104 bezeugt, als „Markgraf Leopold mit dem Schwert umgürtet worden ist". Die jungen Knappen mußten die Nacht vor dem Fest wachend und kniend in einer Kirche zubringen und den Beistand Gottes auf ihre Ritterschaft herabflehen. Am nächsten Morgen erhielten sie in einer prunkvollen Feier Schild und Schwert überreicht. Ulrich von Liechtenstein erzählt im „Frauendienst", daß er im Jahre 1222, als Herzog Leopold VI. in Wien die Hochzeit seiner Tochter Agnes mit Herzog Albrecht I. von Sachsen feierte, als einer von 250 Knappen zum Ritter geschlagen wurde. Aus der Mitte des 13. Jahrhunderts stammt die Nachricht, daß Herzog Friedrich II. am St.-

Der Adel

Georgs-Tag des Jahres 1245 „144 vornehmen Jünglingen aus seinem Land in Wien mit großem Pomp das Ritterschwert überreicht hatte".
Ein besonderes Fest wurde am Beginn des Frühlings gefeiert. Derjenige, der das erste Veilchen im Wienerwald entdeckte, eilte so schnell wie möglich nach Wien in die Burg und verkündete die Nachricht, worauf die Ritter und ihre Damen auszogen, um rund um das Veilchen Reigen zu tanzen. Manchmal kam es dabei aber auch zu Pannen. So geschah es dem legendären Ritter Neidhart Fuchs zur

Walther von der Vogelweide singt für Herzog Leopold VI.

Die Bewohner der Stadt

Zeit Ottos des Fröhlichen, der vorsichtigerweise einen Hut über das Veilchen gestülpt hatte, daß er im Angesicht des versammelten Hofstaates etwas ganz anderes darunter fand als er zurückgelassen hatte und das roch bestimmt nicht nach Veilchen.

Ein besonderes Vorrecht und Vergnügen des Adels war die Jagd. Es gab ein äußerst strenges Jagdrecht und die Nutzung der Wälder und Gewässer war allen verschlossen, die hier keine Herrschaftsrechte ausübten. Außerdem brauchte sich der Adel nicht um das Korn und die Feldfrüchte zu kümmern, man ritt darüber hinweg und wenn der Bauer sich beschwerte, hetzte man die Hunde auf ihn. Als besonders vornehm galt die Beizjagd mit abgerichteten Falken und wer von Stand etwas auf sich hielt, hatte auch einen Falkner in seinen Diensten.

War es Abend und hatte man Gäste eingeladen, kehrte man in die Hofburg zurück und gab ein Festmahl, bei dem kostbares Tischgerät verwendet wurde und sich die Tische unter der Last der Köstlichkeiten bogen.

Besonderer Wert wurde dabei auf Tischsitten gelegt. Da man mit den Händen aß, wurden parfümiertes Wasser in Gießgefäßen sowie Handtücher zur Reinigung bereitgestellt. Es galt als „bäurisch" – ein Schimpfwort jener Zeit beim Adel –, wenn die Brotschnitten in die Schüsseln eingetaucht wurden, man während der Mahlzeit den Gürtel lockerte oder gar den Schaum vom Bier blies.

Danach gab es Tanz und Unterhaltung. Blieb man im privaten Kreis, ließ man sich am Abend vom Kaplan ein Kapitel aus dem neuesten, aus Frankreich gebrachten Ritterroman vorlesen, spielte ein wenig Schach oder Tric Trac und ging zeitig schlafen.

Man kann aber keineswegs annehmen, daß der Landesherr und der ihn umgebende Adel die ganze Zeit in der Hofburg zu Wien residierten. Zu mannigfaltig waren die Verpflichtungen am Hof des Kaisers. Typisch dafür ist die Reisetätigkeit Herzog Leopolds VI., er nahm fast jedes Jahr an einem Hof- oder Reichstag in Deutschland teil. Zwischen 1220 bis zu seinem Tode 1230 hielt er sich lange Zeit in Italien auf, wo er auch gestorben ist. 1212 hatte er an einem Kreuzzug gegen die Albigenser in Südfrankreich teilgenommen und sich danach am Kampf gegen die Mauren in Spanien beteiligt. 1218 bis 1219 nahm er am 5. Kreuzzug teil und war unter den Erstürmern der Stadt Damiette im Nildelta. Leopold V. war am dritten Kreuzzug von 1189 bis 1192 beteiligt und sein älterer Sohn Friedrich I. starb 1198 auf einem solchen Unternehmen.

Immerhin brachte die lebhafte Reisetätigkeit der Babenberger und später auch der Habsburger zahlreiche Kontakte mit anderen Ländern mit sich und die Ehefrauen, die sie von ihren Zügen aus Byzanz, Thüringen und Burgund mitbrachten, mögen der Stadt und dem Hof neue Impulse in Kultur und Wissenschaft gebracht haben.

Vermutlich haben auch die Verpflichtungen der Verwaltung des Landes die Landesfürsten und ihre Ministerialen sowie den in Wien ansässigen Adel, der seine Besitzungen über ganz Österreich verstreut hatte, dazu gebracht, nicht allzuviel Zeit in Wien zuzubringen und die meiste Zeit wird die Hofburg leer gestanden haben, nur bevölkert von einigen Hofbeamten und bewacht von Soldaten und dem Beschließer.

Die Minne

Das Mittelalter war auch die Zeit der Minne und der Minnesänger und derer hat es am Hof von Wien, der im Mittelalter für seine Großzügigkeit bekannt war, nie gefehlt. Die Minne war ein seltsamer Gemütszustand, der die Ritter und Sänger an den Höfen jener Zeit beschäftigte. Ein Ritter oder Sänger erwählte eine Dame, meist war die Angebetete sogar verheiratet, und verehrte sie von Ferne, schickte ihr Rosen und Liebesbriefe, vollbrachte in ihrem Namen heldenhafte Taten und wartete auf den Minnelohn, der oft genug in einem netten Blick bestand. Dennoch beschäftigte die Minne die Adeligen ganz Europas, ob sie aber auch hätten definieren können, was sie so bewegt und liebeskrank machte, scheint ungewiß. Immerhin brauchten die Franzosen Guillaume des Loris und Jehan de Meung im 13. Jahrhundert in ihrem „Rosenroman" rund 22.000 Verse, um das Wesen der Minne umfassend zu erklären, und die beiden waren sicher Spezialisten auf diesem Gebiet.
Der Wiener Hof hatte besonders durch die Freigiebigkeit seiner Herrscher die Minnesänger, Dichter und Reimchronisten stets in reichem Maße angezogen. Unter Leopold V. war es Reinmar von Hagenau, der hier im wahrsten Sinne des Wortes den Ton angab, gefolgt von Walther von der Vogelweide unter Friedrich I. und Neidhart von Reuental unter Leopold VI. Dieser dürfte ein recht musischer Herrscher gewesen sein, da er, wie Jan Enenkel berichtet, selbst im Chore vorsang und gerne den Reigen anführte. Diese Sänger machten sich aber auch einen Namen als Chronisten, heute würden wir Kriegsberichterstatter sagen, denn sie besangen auch kriegerische Heldentaten wie Neidhart von Reuental den Kreuzzug von 1217.
Einer der wunderlichsten Verehrer der Minne zur Zeit der Babenberger war Ulrich von Liechtenstein, einer der politisch bedeutendsten Ministerialen der Zeit Friedrichs des Streitbaren und der „Aktionist" seiner Zeit. Wenn es so etwas wie ein mittelalterliches „Happening" gab, dann war Ulrich sein Erfinder. Er setzte Aktionen, über die seine Zeitgenossen nur den Kopf schüttelten oder ihn im Geheimen beneideten. Er gab Turniere zu Ehren seiner „Freundin", trank ihr Waschwasser, ließ seinen verwachsenen Mund operieren, sich ihr zuliebe den steifen kleinen Finger abhacken und begab sich wie einst Tristan unter die Aussätzigen, um seiner Liebe nahe zu sein.
Berühmt ist seine „Venusfahrt". Als Frau Venus verkleidet, entstieg er bei Venedig dem Meer und ritt mit reichem Gefolge nach Wien, wobei er jeden Ritter, der sich ihm entgegenstellte, vom Pferd stach

und mit Grüßen zu seiner Dame schickte. In Wien veranstaltete er ein großes Turnier, bei dem er zwanzig Gegner fällte und unbesiegt den Platz verließ, was den Zeitgenossen Anlaß zu Spott über die übrige Ritterschaft gab, da sie meinten, sie hätten noch nie gesehen, daß eine Frau so viele Ritter zur Erde würfe.
Die Zeit der Habsburger sah schon den Verfall des Minnekultes am Wiener Hof, immerhin konnte aber Rudolf von Habsburg noch viele Sänger an seinen Hof binden. Viele von ihnen besangen aber nicht mehr das Rittertum und die Minne, sondern beklagten den Verfall der höfischen Sitten, indem sich die Bauern und Bürger Freiheiten gegenüber der Ritterschaft herausnahmen, die ihnen nicht zustanden.

Das Verhältnis des Adels zu den Wiener Bürgern

Es ist heute schwer, das Verhältnis von Adel und Wiener Bürgern zu bewerten, zu unterschiedlich sind die überlieferten Nachrichten. Auf der einen Seite stehen die großen Festlichkeiten, welche Wiener Bürger für den Landesherren ausgerichtet hatten und Hoffeste, zu denen man auch die Bürgersgattinen geladen hatte. Auf der anderen Seite stehen jedoch deutlich erkennbare Separationsbestrebungen wie bei der Abhaltung von Turnieren, die nur den Adeligen vorbehalten waren. Betrachtet man hingegen manche der Taten, welche Bürgerliche oder sogar Handwerker bei der Verteidigung Friedrichs III. in der Wiener Burg vollbrachten und die Treue, mit der sie ihm anhingen, so scheint hier duchaus ein Klima von gegenseitiger Achtung und Respekt, wenn nicht sogar von Liebe für den Landesfürsten bestanden zu haben. Wenn vom Verhältnis des Adels zu den Bürgern berichtet wird, verhält es sich wie im modernen Journalismus – man hält immer nur das Negative für berichtenswert.
Eine sehr krasse Schilderung gibt Aeneas Silvius, wenn er von der Sittenlosigkeit des Adels in Wien in der Mitte des 15. Jahrhunderts spricht. Den Herren von Stand schienen die Wiener Frauen sehr gefallen zu haben, denn kam ein Adeliger in ein Haus eines Wiener Bürgers, zog er die Frau vertraulich auf die Seite, während der Ehemann dem Besucher Wein kredenzte und dann in die nächste Schenke verschwand. Wagte aber ein Bürger, seine Gattin wegen ihres adeligen Liebhabers zur Rede zu stellen, konnte es passieren, daß er von den beiden beseitigt wurde.
Nur versteckt erfahren wir oft, was der Adel von den Wienern gehalten hat – meist durch den Mund der Dichter und Sänger, die sich bei Hof ihr Geld verdienten und natürlich den adeligen Herren um den Bart gingen. Typisch dafür ist vielleicht die „Wiener Meerfahrt" von einem fahrenden Dichter, der sich den Namen „der Freudenleere" zulegte und die zwischen 1271 und 1291 entstanden sein muß.
Die Geringschätzigkeit des Adels für die Nichtadeligen läßt sich vielleicht auch am Brauch der „ärgeren Hand" ablesen. Heiratete

Der Adel

Höfischer Reigen

eine Adelige einen Bürgerlichen, so folgten die Kinder der „ärgeren Hand" und wurden auf den niederen Stand versetzt.

Das Zusammenleben des Adels mit der Bürgerschaft scheint also durchaus Konflikte gekannt zu haben, vielleicht auch dadurch, daß der Adel gerne Waren bestellte und nicht zu bezahlen pflegte. Nicht zuletzt deshalb und wegen einer sicher vorhandenen Arroganz, der sich der Adel aller Jahrhunderte gegenüber dem gemeinen Volk und den Bürgern befleißigte, hatten die Wiener ab und zu von den Herrschenden genug und ließen ihre Wut an den betreffenden Adeligen aus oder versuchten sich in Aufständen, die auch das Ziel hatten, die Lasten, die der Adel der Stadt auferlegte, abzuschütteln.

Die Bürger

Spricht man über das Wiener Bürgertum des Mittelalters, steht man vor der Schwierigkeit zu definieren, wer zu dieser Zeit als Bürger verstanden wurde. Im heutigen Sprachgebrauch ist das Bürgertum, sofern man diesen Begriff für unsere moderne Gesellschaft überhaupt noch anwenden kann, eine Klasse oder ein Stand, also eine soziale Schichte, die gemeinsame wirtschaftliche und politische Interessen hat.
Im Mittelalter war dies anders. Hier war der Bürger in erster Linie der Bewohner einer bestimmten Stadt, in welcher er genau definierte Rechte und Pflichten hatte. Der Historiker Otto Brunner meinte, der feine Unterschied bestehe darin, daß der mittelalterliche Bürger Wiens nicht „Bourgeois", sondern „Citoyen" gewesen sei.
Zugleich zeichnete den mittelalterlichen Bürger Wiens noch etwas aus, das schon in seiner Bezeichnung, die nicht einfach „Bürger", sondern „Erbbürger" lautete, anklingt, nämlich ein gewisser Hochmut gegenüber den händisch arbeitenden Mitbewohnern der Stadt. Als Erbbürger sind jene Bewohner der Stadt zu benennen, welche im Gegensatz zu den Händlern und Handwerkern ritterbürtig waren, Lehen empfangen konnten und vom Ertrag ihrer Liegenschaften, Grundstücke und Weingärten lebten. Sie waren städtische Großgrundbesitzer, die von der Grundrente lebten und ein rittermäßiges Leben führten.
Diese „ehrbaren" Geschlechter, die in Wien vor 1396 allein ratsfähig waren, lebten in einem durchaus dem Adel vergleichbaren Wohlstand. Sie waren Patrizier und fühlten sich als Stadtadel. Sie zogen zu Pferd in den Krieg und waren lehensfähig wie das Rittertum und verschrieben sich ganz der ritterlich-höfischen Kultur. Sie lebten in großen Stadthäusern, in denen es eigene Hauskapellen gab und die von mächtigen und wehrhaften Türmen überragt wurden, und legten zumindest anfänglich Wert darauf, daß nur solche Personen, die ihnen im Vermögen und Herkunft ebenbürtig waren, zu ihrem Stand und Umgang gehörten. Mit dem „gemaine povel", wie sie die Masse der Kleinhändler, Handwerker und Unfreien bezeichneten, wollten sie nichts zu tun haben, man blieb unter sich und strebte höchstens nach oben in die Nähe des Landesfürsten.

Die Bürger

Bürger bei der Ratsversammlung

Die Bewohner der Stadt

Wie sehr die Erbbürger zunächst alle anderen Stände gering schätzten, zeigt die Stelle aus dem sogenannten Münzbuch Albrechts von Ebenstorf aus dem 15. Jahrhundert, in dem die Münzer-Hausgenossen an den Herzog das Verlangen richten, der Münzmeister soll stets ein rechter Erbbürger sein, der keinen Handel betreibt.

Womit beschäftigten sich also die Erbbürger den Tag über? Gehen wir davon aus, daß wir hier zunächst nur den wirklich alten Erbbürgerstand zu betrachten haben. Der Erbbürger mußte sich um die Verwaltung seiner Liegenschaften kümmern. Da gab es Zins aus Verpachtungen einzuheben, Rechtsstreitigkeiten zu beginnen oder vor das Gericht zu bringen, Geld günstig anzulegen und mit anderen Erbbürgern der Stadt oder anderer Städte zu korrespondieren, sei es um Geschäftsmöglichkeiten zu besprechen oder die Familien durch Heiraten zu verbinden.

Jeder Bürger hatte aber auch seinen regelmäßigen, im Turnus anfallenden Wach- und Polizeidienst in der Stadt zu versehen. In manchen Nächten stand er Wache auf den Mauern und Toren oder durchzog als Scharwache die finsteren Straßen der Stadt. Von Zeit zu Zeit rief die Glocke von St. Stephan die Bürger zur Vollversammlung oder aber unser Bürger nimmt seinen Sitz im Rat ein und wenn er sich besonders verdient gemacht hat, wird er sogar Bürgermeister und verhandelt auf höchster Ebene mit dem Landesfürsten.

Am Abend saß der Bürger mit Freunden und Kollegen beim Heurigen in einem der Stadthäuser. In Wien hatte jeder Bürger das Recht, seinen Eigenbauwein auszuschenken, denn wie Aeneas Silvius schreibt: „...Wein im eigenen Hause zu verkaufen ist für die Bürger keine Unehre, fast alle halten Weinkneipen, heizen Stuben, richten eine Küche ein und locken Dirnen und Zecher heran, denen sie etwas Gekochtes umsonst verabreichen, damit sie umsomehr trinken..."

Im 13. Jahrhundert gelang es einer kleinen Zahl von Familien, sich durch ihre Aufnahme in den Ritterstand als Oberschichte von den übrigen Erbbürgern abzusondern. Zahlreich waren diese Familien jedoch nicht, die sich stolz in den Zeugenlisten als „Ritter und Bürger" und nicht allein als „Bürger" bezeichneten. Am Beginn des 14. Jahrhunderts scheint die Aufnahme von Erbbürgern in die Ritterschaft völlig aufgehört zu haben. Die bedeutendsten dieser städtischen Rittergeschlechter waren die Greifen, Haimonen, Breitenfelder, die vom Kahlenberg, Gottesfelder, Harmarkter, Zeleub und Huetstocker.

Ab dem 13. Jahrhundert kam noch ein neues Element zur Beschäftigung der Erbbürger hinzu. Diese investierten ihr Geld nicht mehr allein in Grund-, Boden- und Hausbesitz, sondern setzten es für Handelsunternehmen ein, die zwar mit wesentlich größeren Risiken behaftet waren, aber auch gewaltige Gewinne versprachen. Begonnen hat es sicher mit dem Weinhandel. Wir wissen von großen in Wien und Umgebung erzeugten Weinmengen, die sicher nicht zur Gänze in der Stadt konsumiert worden sein können. Man mußte also exportie-

Die Bürger

Der Erbbürger lebt von den Erträgen seines Grund und Bodens, für den die Pächter Zins in Geld oder Naturalien bezahlen

ren und mit der Zeit wurde dieses Exportgeschäft auch auf andere Bereiche, besonders natürlich auf Luxusgüter, ausgedehnt. Wien hatte durch seine geographische Lage hier starke Vorteile. Die Donau herab kamen die Güter des Niederrheins und der Niederlande und von Süden führte die Straße von Venedig an die Donau. Zugleich hatten die Wiener im Stadtrecht von 1221 das Privileg des Stapelrechtes erhalten, d. h., kein fremder Kaufmann konnte Wien umgehen und mußte hier seine Waren an Wiener Händler verkaufen, die dann von den Wiener Großhändlern, und das waren sicher die Erbbürger, weiter in den Osten und Norden verkauft wurden.

Eine Anzahl von Erbbürgern betätigte sich auch als Fernhändler, und zwar besonders im oberitalienischen Handel mit Venedig, welches mit seinen Flotten die begehrten Gewürze und Stoffe aus dem Orient nach Europa brachte. Der spätere Wiener Bürgermeister Heinrich der Lange weilte 1311 mit Wolfgang Schemnitzer in Venedig, wo sie als Privatpersonen und als Bevollmächtigte der Wiener Bürger vom Signore von Treviso Schadenersatz verlangten, da ihnen im Gebiet von Cadore Silber, Gold und Waren im Wert von 850 Pfund Pfenningen geraubt worden war. Zwischen 1316 und 1319 kaufte Heinrich der Lange oder Henricus de Viena, wie er sich in Italien nannte, größere Posten Stoffe und Tuche in Venedig, und 1339 schloß ein Hinricus Gracomar, der aus der Wiener Familie der Geukramer stammen dürfte, gemeinsam mit zwei anderen Wiener

Kaufleuten ein Handelsabkommen mit dem Patriarchen von Aquileia ab. In Venedig handelten 1319 die Wiener Erbbürger Johann Pollo und Johann Smauzzer mit Kupfer, und im selben Jahr führte der im Geldhandel tätige Hans der Rokk, der später zwischen 1398 und 1399 Wiener Bürgermeister war und 1408 hingerichtet wurde, in Venedig einen Prozeß gegen das Bankhaus des Christophorus Zanchani. Auch in die Niederlande reichten die Handelsbeziehungen der Wiener Erbbürger, die dort auch verschuldet waren, wie Nikolaus von Falen, der in seinem Testament von seinen Gläubigern in Ypern und Gent spricht.

Es ist politisch verständlich, daß dieses reich gewordene Patriziat auch den Ehrgeiz hatte, politisch tätig zu werden und selbständige Politik machen wollte. Ihr Ziel war die Steigerung der Autonomie der Stadt gegenüber dem Landesfürsten und das Fernziel die Lösung aus dessen Herrschaft. Zweimal erreichten die Wiener Erbbürger dieses Ziel. Einmal, als 1237 Kaiser Friedrich II. gegen den letzten Babenberger Friedrich den Streitbaren kämpfte und 1277/78, als Rudolf von Habsburg die böhmische Herrschaft in Österreich zerstörte. Hatten die Erbbürger ihre Hoffnungen auf die Habsburger gesetzt, so wurden sie enttäuscht, denn Rudolf wollte eine starke Landesherrschaft und konnte eine unabhängige reichsunmittelbare Stadt in seinem Rücken nicht gebrauchen. 1288 versuchten es die Erbbürger mit einem Aufstand und mußten nach ihrer Niederlage auf die Reichsunmittelbarkeit verzichten. Nach der Ermordung König Albrechts I. 1308 versuchten die Bürger es nochmals, diesmal im Bunde mit dem Adel und erlebten eine noch grausamere Niederlage als 1288. Die Anführer der Wiener Patrizier wurden hingerichtet und ihr Besitz in der Stadt konfisziert und damit begann auch der Verfall des Erbbürgertums in Wien. Sein Niedergang war nicht von heftigen Standeskämpfen begleitet, es war ein allmählicher Verfall, in dem aus dem alten Stadtadel eine städtische Honoratiorenschicht entstand. Hatte bisher eine politische und rechtliche Vorzugsstellung über die Zugehörigkeit zu den Erbbürgern entschieden, gab nun das Vermögen den Ausschlag und dies ermöglichte den Aufstieg zahlreicher neuer Familien, die aus dem reich gewordenen Handwerkerstand stammten.

Es ist aus der Quellenlage nicht ganz klar ersichtlich, ab wann diese reich gewordenen Handwerker sich als Erbbürger betrachten, aber wenn Grundbesitz eine der Voraussetzungen für die Aufnahme in den Erbbürgerstand war, so wäre dies ab 1296 der Fall, da für dieses Jahr zum ersten Mal handwerklicher Grundbesitz in der Stadt nachweisbar ist. Und wenn man bedenkt, welche Ämter und Würden seit 1301 der Handwerker Heinrich Chrannest auf sich vereinigen konnte, so scheinen ab dem Beginn des 14. Jahrhunderts zumindest einige wenige reiche Handwerksfamilien den Erbbürgern ebenbürtig gewesen zu sein. War zu dieser Zeit Grundbesitz von Handwerkern noch eher selten, änderte sich dies durch die Ablösegesetze Rudolfs IV. im

Die Bürger

Der Bürger kümmert sich um die Speisung der Armen zugunsten seines Seelenheils

Jahre 1360, die es den Handwerkern wesentlich erleichterten, Grundbesitz in der Stadt und an den umliegenden Weingärten zu erwerben. In der zweiten Hälfte des 14. Jahrhunderts saßen nun im Stadtrat neben den alteingesessenen Erbbürgerfamilien auch einige wenige Handwerker, die meist aus den gehobenen Luxusgewerben der Goldschmiede und Kürschner stammten. Anders als in den Städten Frankreichs oder Deutschlands, wo die Auseinandersetzungen bis zu blutigen Straßenschlachten gingen, unternahmen die Handwerker in Wien aber nie einen Aufstand, um selbst an die Macht zu kommen, sondern begnügten sich mit der Zuschauerrolle. Selbst als es im 15.

Die Bewohner der Stadt

Jahrhundert zu Unruhen in der Bürgergemeinde kam, die zum Sturz des Stadtrates und zu Neuwahlen führten, kam wieder die Clique der alteingesessenen Erbbürger ans Ruder, während sich die „Aufsteiger" damit begnügten, ihre Stellung zu halten.

Wir erfahren aus den Quellen zwar nicht ausdrücklich, daß Handwerker unter die Erbbürger aufgenommen wurden, die Namen von manchen Ratsmitgliedern lassen dies aber vermuten. Sie hießen z. B. Konrad der Wildwerker, Heinrich der Öler, Friedrich der Saitkaufer und Sighart der Prunner, alles Namen, welche auf ihre Herkunft oder zumindest auf Vorfahren aus dem Handwerkerstand hindeuten.

Der Stand der Erbbürger war am Ende des 14. Jahrhunderts zu einer Geldaristokratie verkommen, in die jeder mit genügend großem Vermögen Zutritt fand. Manche der alten Familien hingen noch lange den verflossenen Zeiten und dem ritterlichen Lebensstil an. So gehörten noch im 15. Jahrhundert einige Bürgerfamilien wie z. B. die Würffel durch ihren Besitz an adeligen Gütern dem Ritterstand und damit den Landständen an. Daneben läßt sich mehrfach die Verleihung der persönlichen Ritterwürde an einzelne Wiener Bürger nachweisen, welche dann die Grundlage zur Entstehung einer bürgerlich-kleinadeligen Beamtenschicht bildeten.

Interessant ist, daß die Zugehörigkeit zum Erbadel auch erhalten blieb, wenn die erbbürgerliche Familie, sei es durch Verluste bei einem der zahlreichen Stadtbrände oder durch Fehlspekulationen, ihr Vermögen verlor. Vielleicht hing dies auch damit zusammen, daß, sobald eine Familie ihre neue soziale Stellung durch ihr Vermögen erreicht hatte, sie damit begann, sich mit anderen Erbbürgerfamilien zu verheiraten und verschwägern, wodurch ein dichtes Netz von Familienbanden zwischen alten und neuen Erbbürgerfamilien entstand. Die einen lieferten die Vornehmheit und den alten Adel, die anderen das Geld zur Aufrechterhaltung des Lebensstils. Verarmte man, blieb noch der Name, der die Zugehörigkeit zu den Erbbürgern weiterhin ermöglichte.

Das 15. Jahrhundert brachte den Abstieg des Bürgertums und auch das Schwinden seiner politischen Macht. Zwischen 1430 und 1530 residierten die Habsburger fast immer auswärts und dieser Verlust an potentiellen Kunden unter den Hofleuten und dem in der Nähe des Landesherren amtierenden Adel traf die Stadt schwer. Dazu kam noch, daß mit dem Verlust des Status als Residenzort auch das Interesse der Habsburger an Wien schwand. Der daraus resultierende schwerste Schlag für Wien war die Aufhebung des Stapelrechtes. Der Erbbürger wurde dadurch aus der Rolle des selbständigen Kaufmannes verdrängt und zum Makler, der in Rechnung für die großen süddeutschen Handelshäuser Geschäfte tätigte, was wiederum die eigene Finanzkraft schwächte. Erschwerend kam dazu, daß durch das Vordringen der Türken auf dem Balkan Ungarn als Absatzmarkt immer mehr ausfiel und sich der Handel mit den Produkten des Orients wie Gewürzen und kostbaren Stoffen durch den Niedergang

Die Bürger

Venedigs immer mehr nach Lissabon und Antwerpen verlagerte. Die Erbbürger und auch die emporgestiegenen Handwerker hatten nicht mehr die Kraft, diese wirtschaftliche Entwicklung aufzuhalten. Sie konnten auch nicht auf die Habsburger zählen, die Wien nicht sonderlich schätzten und die zu dieser Zeit auch nicht die Geldmittel hatten, welche sie in die verarmte Stadt, die für den enormen Geldbedarf ihrer europaweiten Kriege nichts beitrug, investieren hätten können.

Schwerer wog vielleicht noch, daß in der Bürgerschaft ein Bewußtseinswandel eingesetzt hatte, der ebenfalls zum Niedergang beitrug. Deutlichstes Symptom war vielleicht der Umstand, daß die Bürger ihre Pflichten der Stadt gegenüber nicht mehr persönlich wahrnahmen. Das Bürgerheer erschien nicht mehr im Felde und „die burger so ross vermugen" wollten es nicht mehr den Rittern gleichtun und wie diese ins Feld ziehen. Den täglichen Wach- und Sicherheitsdienst übertrugen die Bürger bezahlten Stadtdienern und nur wenige erschienen noch zu Bürgerversammlungen.

Auch die politische Bedeutung der Stadt, die in ihrem Gegengewicht zum Landesfürsten bestanden hatte, schwand und sie wurde in dieser Rolle vom Adel abgelöst. Seit etwa 1465 versuchten die Landesfürsten die Städte aus dieser Auseinandersetzung herauszuhalten und auf ihre Seite zu ziehen, indem sie die Städte von sich abhängig machten. Ein letztes Mal probte Wien nach dem Tode Maximilians in Zusammenarbeit mit dem Adel noch den Aufstand, dem ein völliger Zusammenbruch und die Niederlage der Stadt folgte. Die Rache des Herrschers war das Wiener Neustädter Blutgericht, bei dem Bürgermeister Martin Siebenbürger und mehrere Ratsherren hingerichtet wurden. Vier Jahre später erhielt Wien eine neue Verfassung und wurde ihrer Autonomie und politischen Selbständigkeit beraubt, die Organe der bürgerlichen Selbstverwaltung wurden den staatlichen Behörden untergeordnet, die Handwerker aus dem Rat entfernt, womit auch das militärische und politische Bürgerbewußtsein erlosch. Auch für das Bürgertum Wiens war das Ende des Mittelalters gekommen. Manchmal sollte der alte Geist später noch aufflackern, so in der Verteidigung der Stadt gegen den zweimaligen Ansturm der Türken und im Revolutionsjahr 1848. Am Ende des Mittelalters mußte das Wiener Bürgertum aber gegenüber den neugebildeten Schichten und hier besonders dem gebildeten Beamtentum, das aber mit dem Bürgertum eng verflochten blieb, zurücktreten.

Dennoch blieb der Begriff des Bürgers in der Stadt bestehen und behielt seine Bedeutung als der „freie" Bewohner der Stadt bei. Er wurde sogar allumfassender, da mit ihm bald die Gesamtheit der freien Bewohner der Stadt im Gegensatz zu den „unfreien" Bauern und bäuerlichen Hintersassen der Grundherrschaften bezeichnet wurde. Und selbst heute noch gilt der Titel „Bürger"als Ehrentitel, wenn die Gemeinde Wien verdiente Persönlichkeiten zu „Ehrenbürgern" ernennt.

Die Bewohner der Stadt

Die Handwerker

Die Handwerker waren die „Aufsteiger" jener Zeit und wurden anfangs vom Landesherren auch als politisches Gegengewicht zu den Erbbürgern stark gefördert. Erstmals hören wir 1208 von den „Flandrensern", den Färbern, die von Herzog Leopold VI. ein Privileg erhielten, welches ihnen erlaubte, sich in Gesellschaften zu organisieren. Nur wer Mitglied dieses „consortium" war, durfte in Wien ein Handwerk ausüben, Nachfolger wurden von der Standesvertretung bestimmt, die auch Preise und Verkaufsmöglichkeiten festlegte. Vermutlich erhielten mit der Zeit fast alle Gewerbe solche Privilegien, bekannt sind uns die der Bogner, Handschneider und Laubenherren.

Die Organisationen der Handwerker

Gegen Ende des 13. Jahrhunderts war die Wiener Handwerkerschaft fest organisiert. Wir müssen zu dieser Zeit unter drei Organisationsformen – Amt, Zeche und Einung – unterscheiden, die in jedem Gewerbe nebeneinander bestanden.
Das *Amt:* Die Wiener Stadtverwaltung faßte anfänglich die Ausübung eines Handwerkes als Amt auf. Sie sicherte sich damit den Einfluß auf die Bestellung der einzelnen Handwerksmeister und kontrollierte auf diese Art und Weise das Gewerbe. Diese Einflußnahme war den Handwerkern natürlich ein Dorn im Auge und schon bald versuchten sie sich in Gesellschaften zu organisieren, aus welchen in der Folge die Zechen, oft auch Zünfte genannt, hervorgehen sollten.
Die *Zeche:* Die Zechen beruhten auf dem Genossenschaftsgedanken und bestanden zunächst auf freiwilliger Basis aller Beteiligten. Sie kümmerten sich nicht nur um die Ausübung des Gewerbes, sondern griffen auch in das religiöse, sittliche und gesellschaftliche Leben der Menschen ein. Ihre Bestimmungen regelten die Aufnahme der Mitglieder, die Teilnahme bei Gottesdiensten, Leichenbegängnissen und Prozessionen, sie wirkten auch karitativ und halfen den Mitgliedern bei Not und Krankheit. Grundlage für das Zusammenwirken

Die Handwerker

Schmiedemeister und Geselle bearbeiten ein Stück Eisen.
Im Hintergrund die Esse und Teile eines Harnischs

der Mitglieder waren die Satzungen der Zechen, die über die Mitglieder eine eigene Gerichtsbarkeit errichteten und sie somit in Gewerbeangelegenheiten dem Stadtrichter und dem Magistrat entzogen. Dadurch wuchs die Macht der Handwerker, da das Handwerk damit auch seinen Status als Amt verlor.

Die *Einung:* Die zunehmende innere Geschlossenheit wollten die Handwerker nun auch nach außen demonstrieren. Hierfür gründete man Einungen, „Kartellverbände", die durch ihre internen Abmachungen die Macht der Stadt auf die Handwerker ausschalteten. Nur noch die Zechen bestimmten, wer Meister, Geselle oder Lehrling sein konnte und wer welche Waren an welchen Orten zu bestimmten Preisen verkaufen durfte. Abgesprochen wurden auch die Löhne, die erlaubten Gewinne und besonders die Verbote gegen jegliche Konkurrenz von außen. Es ist verständlich, daß diese „haimliche Einung" eine große Gefahr für die Stadt darstellte, da sie die freie Wirtschaft der Stadt bedrohte und den Handwerkern ein gewaltiges politisches Machtmittel in die Hände gab.

Auch die Landesfürsten sahen bald die heraufziehende Gefahr und sie versuchten durch ein Verbot der Einungen und Freigabe des Gewerbes die Verhältnisse wieder in den Griff zu bekommen. Zwischen 1276 und 1364 waren sowohl die Einungen wie die Zechen verboten. Ihre Bestimmungen wurden vom Magistrat einfach nicht zur Kenntnis genommen.

Die Bewohner der Stadt

Aber auch diese Entwicklung war nicht ohne Gefahren. Denn nun drängten auswärtige Händler und Handwerker mit ihren Waren auf den Wiener Markt, die, da sie nicht mit der Stadt „litten", also weder Dienste leisten noch Steuern begleichen mußten, billiger produzieren und verkaufen konnten. Dies brachte natürlich wieder die Wiener Handwerker in wirtschaftliche Bedrängnis und minderte das Steueraufkommen der Stadt.

Gegen Ende des 13. Jahrhunderts kam aber eine Änderung der politischen Landschaft den Handwerkern zu Hilfe. Die Schichte der Erbbürger befand sich zu dieser Zeit im wirtschaftlichen Abstieg, zunehmende Verschuldung und eine verfehlte Politik gegenüber den Landesherren ließen ihren Einfluß schwinden. 1276 hatte ein Teil der Erbbürger für Ottokar Partei ergriffen und damit auf den falschen Fürsten gesetzt, 1309 beteiligten sich führende Familien der Stadt Wien an einer Empörung, die nach der Ermordung Albrechts I. ausgebrochen war. Auch die Freigabe des Gewerbes mit dem Verbot der Einungen und Zechen half manch tüchtigem Handwerkmeister zu Geld zu kommen, wobei auch die starke Expansion der Stadt hier eine zusätzliche Rolle spielt, da die bisher offenen Flächen innerhalb der Mauern verbaut wurden und wo gebaut wird, findet der Handwerker Arbeit und Lohn.

Vielleicht hat gerade dieser Aufstieg der Handwerker zum Aufstand

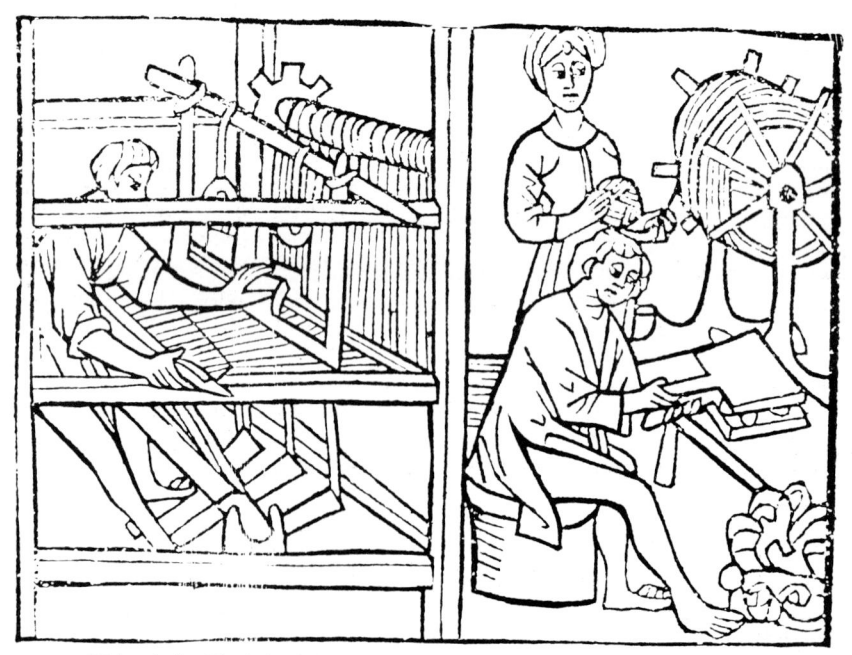

Weber beim Flachshecheln, Garnwickeln und Weben am Flachwebstuhl

Die Handwerker

der Erbbürger von 1309 geführt, der letzten Endes ihre Macht brach und ein „goldenes Jahrhundert" für den Handwerkerstand erlauben sollte. In Deutschland und Frankreich, wo die Verhältnisse ähnlich waren, kam es in dieser Phase der Entwicklung zum Kampf um die Macht, den die Handwerker am Ende verloren. In Wien war dies nicht mehr nötig, denn wo Handwerker bereits im Stadtrat Sitz und Stimme hatten und Ämter wie das des Stadtrichters und Bürgermeisters bekleideten, waren gewaltsame Auseinandersetzungen sinnlos geworden. Die im Mittelalter immer wieder auftretenden Katastrophen wie Pest und Stadtbrände dürften sowohl die Erbbürger als auch die Handwerker wirtschaftlich hart getroffen haben, so daß in ihrem Kampf um die Existenz einfach keine Zeit blieb, sich mit Standeskämpfen zu befassen. Allerdings scheinen die Handwerker um 1360 versucht zu haben, durch neue Zechen und Einungen sich politisch ein Übergewicht gegenüber den Erbbürgern zu verschaffen, da Rudolf IV. diese nochmals ausdrücklich verbieten ließ. Nach seinem Tode und zugleich in einer Phase der wirtschaftlichen Stagnation lebten diese Institutionen aber wieder auf und diesmal erfüllten sie sogar eine wichtige Funktion: Wird eine aufstrebende Wirtschaft durch solche Zusammenschlüsse nur behindert, kann eine verfallende hingegen gestützt und besonders in wirtschaftlich schweren Zeiten gegen äußere Konkurrenz geschützt werden. Zugleich hatten zu dieser Zeit die Meister stark mit der aufkommenden Macht der Gesellenverbände zu kämpfen, so daß sie ihre Positionen im Stadtrat nicht weiter ausbauen konnten, das feine Gleichgewicht zwischen Landesherr, Erbbürgern und Handwerkern blieb also weiterhin gewahrt.

Als 1525 die Macht der Zechen vernichtet wurde, waren diese schon zu einer erstarrten Institution verkommen, deren Regeln einen weiteren wirtschaftlichen Aufschwung der Stadt durch die Ansiedlung neuer Gewerbe unmöglich machten. Sie hatten zu diesem Zeitpunkt nur mehr die Funktion, jede gesunde Konkurrenz von außen fernzuhalten und bedienten sich dabei äußerst unfairer Mittel, wenn es galt, Gründe zu finden, um jemanden als „unehrlich" zu brandmarken und ihm mit diesem Vorwand die Ausübung des Handwerkes zu verbieten. So wurde jemand sofort „unehrlich", wenn er einen Hund oder eine Katze getötet hatte, mit dem Scharfrichter oder einem Angehörigen seiner Familie gesprochen, gegessen oder sie berührt hatte, wer bei der Ergreifung eines Verbrechers mitgeholfen oder einen erhängten Selbstmörder abgeschnitten hatte.

Die Lehrlinge

Die Berufsgruppe der Lehrlinge scheint in Wien erst im 14. Jahrhundert aufgekommen zu sein, als die Stadt dringend qualifizierte Handwerker benötigte. Die älteste Nachricht über Lehrlinge enthält die Ordnung für die Goldschmiedezeche aus dem Jahre 1367, die den

Die Bewohner der Stadt

Meistern verbot, den Sohn eines Pfaffen, eines Schergen oder einem Bankert (uneheliches Kind) ein Handwerk zu lehren. Der Lehrling mußte ehelicher Geburt sein und dies durch Dokumente oder Zeugen nachweisen können.

Das Mindestalter der Lehrlinge bei Beginn der Lehre ist uns nicht bekannt. 1470 sagt die Zechenordnung der Messerer, daß der Lehrling nicht älter als 14 Jahre sein darf. Da die Lehrzeit in diesem Gewerbe sieben Jahre dauerte, wurde er erst mit 21 Jahren als Geselle freigesprochen.

Bevor die „Aufdingung", der Vertrag über die Lehrzeit, geschlossen wurde, vereinbarte man noch eine Probezeit, die 1740 bei den Messerern vier Wochen, bei den Kupferschmieden sechs Wochen und bei den Lederern ein Vierteljahr dauerte.

Die Aufdingung fand im Haus der Zeche in Anwesenheit des Zechmeisters statt, wo der neue Lehrling den Mitgliedern der Zeche vorgestellt wurde. Bereits 1439 verlangte man einen Bürgen für den Lehrling, der z. B. für den Schaden aufzukommen hatte, wenn der Lehrling dem Lehrherren entlief, und außerdem hatte er für das nicht geringe Lehrgeld zu bürgen. Die Messerer verlangten 1439 rund drei Pfund Pfennige, wovon 60 Pfennige an die Zeche abzuführen waren. Hatte ein Lehrling nicht genügend Geld, konnte er sich verpflichten, nach Abschluß der Lehre beim Meister länger zu dienen.

Raufende Lehrjungen

Pflichten und Rechte von Lehrling und Meister waren streng geregelt. Der Lehrling hatte keinerlei Anspruch auf Entlohnung. 1452 wurde von den Zaumstrickern auch ausdrücklich festgestellt, daß er auf Trinkgelder erst als Geselle Anspruch hatte. Was ihm zustand, war die Verpflegung im Haus des Meisters und einmal im Jahr neue Kleidung.

An und für sich durfte der Lehrling nicht für berufsfremde Tätigkeiten herangezogen werden, wir hören aber in Beschwerden, daß die Lehrlinge auch Weingärten bearbeiteten, Schreibarbeiten verrichteten und die Kinder des Lehrherren zu beaufsichtigen hatten. Auch erzieherische Aufgaben fielen dem Lehrherren zu, besonders hatte er den Umgang des Lehrlings mit Frauen zu überwachen und zu verbieten. Verstieß ein Lehrling gegen die Gebote seines Meisters, konnte er von diesem gezüchtigt oder davongejagt werden, wobei er bei letzterem seiner gesamten Lehrzeit verlustig ging. Hielt der Meister seinen Lehrling „ze harrt", so konnte er sich, wie z. B. in der Ordnung der Bortenwirker von 1469 festgelegt war, bei der Zeche beschweren.

War die Lehrzeit vorüber, konnte er in Zeche und Bruderschaft eintreten, wobei er ein Eintrittsgeld zu entrichten hatte. Es stand ihm nun als Geselle frei, seinen Meister zu verlassen und sich auf Wanderschaft zu begeben. Friedrich III. hat in einem Privileg des Jahres 1481 allerdings festgelegt, daß der Geselle auch nach Abschluß der Lehrzeit noch zwei Jahre lang seinem Meister dienen sollte.

Die Gesellen

1401 wurden Gesellen in Wien erstmals in einer Urkunde erwähnt, die besagt, daß der Geselle nur für ein Jahr jeweils aufgenommen werden soll, er ledig sein müsse und nur für den Meister zu arbeiten habe. 1411 gründeten die Gesellen in Wien eine eigene Bruderschaft und schon bald danach, zwischen 1418 und 1438, kam es zu einer Reihe von Zerwürfnissen zwischen Meistern und Gesellen. Die Stadt erließ daraufhin 1439 eine Gesellenordnung, welche die Gesellen stark unter Druck setzte und als Machtfaktor ausschaltete, wobei man ihre Anführer aus der Stadt verbannte.

Die Gesellenverbände sahen ihre Hauptaufgabe darin, den wandernden Handwerksburschen Unterkunft und Verpflegung zu geben und mit der Zeit ging auch die Arbeitsvermittlung der wandernden Gesellen in ihre Hände über. Nach der Ordnung der Bürstenbinder und Kammacher von 1472 mußten Gesellen mindestens ein Jahr wandern, ehe sie sich auf Dauer in Wien niederlassen durften, bei den Maurern waren es zwei Jahre. Kam ein fremder Geselle auf seiner Wanderschaft nach Wien, so meldete er sich bei der Gesellenzeche, die ihn dann an einen Arbeitsplatz vermittelte. Trat er dort seine Arbeit an, erhielt er ein „Geschenk", meist in der Form, daß ihn die

Gesellen des Meisters in eine Schenke begleiteten, wo ihm anständig „eingeschenkt" wurde. Gesellen, die keine Arbeit fanden, durften sich nur wenige Tage in Wien aufhalten und mußten dann weiterziehen.

Bei der Einstellung eines Gesellen wurde ebenso wie bei den Lehrlingen eine Probezeit vereinbart, danach ein Arbeitsvertrag für eine bestimmte Zeit geschlossen, wobei sich der Geselle der Hausgewalt des Meisters zu unterwerfen hatte. Er mußte eine ganze Anzahl von Vorschriften zur Kenntnis nehmen: kein Verkehr mit Frauen, kein Ausbleiben über Nacht, er durfte nicht fluchen, schelten oder spielen und er bekam mitgeteilt, welche Arbeitsleistung man von ihm verlangte und wie viele Stunden er täglich zu arbeiten habe. Die Arbeitszeit war unterschiedlich und betrug im Sommer, solange das Licht ausreichte, bis zu 15 Stunden täglich. Der Geselle hatte Anspruch auf drei Mahlzeiten während der Arbeitszeit, die jeweils eine halbe Stunde dauern durften.

Die hohe Zahl an kirchlichen Feiertagen brachte es mit sich, daß jedoch nur an 250 Tagen im Jahr gearbeitet wurde, wobei zunächst allein der Sonntag frei war. Im Laufe der Zeit verringerte sich die Zahl der kirchlichen Feiertage um rund 80 Tage, und dies brachte eine Mehrzahl an Arbeitstagen für die Gesellen mit sich. Sie versuchten sich dagegen mit der Einführung des „Guten Montags" oder „Blauen Montags", eines zusätzlichen arbeitsfreien Tages, zu wehren, ein Brauch, der von Meistern und Magistrat energisch bekämpft wurde, sich aber im Mittelalter nie gänzlich abschaffen ließ.

Die Entlohnung war unterschiedlich. In der Mitte des 15. Jahrhunderts erhielt ein Geselle einen Wochenlohn von etwa 30 Pfennigen. Das entsprach zu dieser Zeit etwa dem Wert von einer Elle Leinwand, wobei ein Unterschied gemacht wurde, ob der Geselle vom Meister verpflegt wurde oder dies selbst tun mußte. Lohnkürzungen waren üblich, wenn sich der Geselle etwas zu Schulden kommen ließ, ebenso konnte er aber auch Vorschüsse, Trinkgelder und sogar Beteiligungen am Gewinn des Meisters erhalten.

Wollte ein Geselle kündigen, so hatte er bestimmte Fristen einzuhalten. Matthias Corvinus hat 1488 für die Gesellen der Müller eine achttägige Kündigungsfrist gesetzt, in anderen Gewerben, besonders in solchen mit starkem Saisongeschäft, durfte nur an bestimmten Tagen im Jahr gekündigt werden.

Die Gesellenverbände

Die Gesellenverbände waren eine Schutzgemeinschaft der Gesellen und jeder Geselle, der in Wien Arbeit suchte, mußte der Gesellenzeche beitreten. Der Neuankömmling mußte sich „einkaufen" und auch regelmäßige Mitgliedsbeiträge in die „Büchse" bezahlen. Sonntags fanden in den Gesellenzechen die „Umfragen", meist drei an der Zahl, statt. Bei den beiden ersten Umfragen hatte jeder zu berichten,

Die Handwerker

ob er über einen Meister, Gesellen oder Lehrling etwas Ungünstiges zu sagen hatte, bei der dritten und letzten, ob sich in der Schenke etwas zugetragen habe, was gegen die Ordnung der Zeche verstieß. Wurde gegen den Handwerksbrauch verstoßen, so war eine Bußgeldzahlung in die „Büchse" fällig. Verstöße konnten mannigfaltiger Natur sein, so der Gebrauch von Schimpfworten – das Wort „Hurensohn" wird hier ausdrücklich genannt –, das Verschütten von Wein, das Tragen von Waffen und das Versäumnis, eine Anrede nicht mit der Höflichkeitsfloskel „mit Gunst" zu beginnen. Aus den Bußgeldern erhielten kranke Gesellen Unterstützung, wurden Altäre in Kirchen gestiftet und in manchen Zechen den Gesellen ein „Badegeld" ausbezahlt, um ihnen den Besuch eines öffentlichen Bades zu ermöglichen.

Die Meister

Meister konnte man nur werden, wenn man von freigeborenen Eltern abstammte, ehelicher Geburt war, seine Lehrzeit vollendet hatte, gewandert war und seine Mutjahre abgearbeitet hatte, d. h., mehrere Jahre in Wien tätig gewesen war. Der Meister sollte verheiratet sein oder mindestens im Jahr nach der Erlangung der Meisterwürde heiraten und er mußte natürlich sein Meisterstück abgeliefert haben. Von den Meisterstücken erfahren wir erstmals im Jahre 1410 bei den Schiltern. Der Bewerber um die Meisterwürde mußte sein Meisterstück ohne Hilfe in einer bestimmten Zeit vollenden. War das Meisterstück vollendet, wurde es vom „Stückmeister" begutachtet. Lehnte dieser die Arbeit ab, so konnte der Geselle es nochmals versuchen, nachdem er seine Arbeit besser erlernt hatte. Wurde die Arbeit angenommen, war der neue Meister verpflichtet, den Gesellen, Meistern und Meisterinnen seiner Zeche ein Festmahl zu geben. Da dieser Brauch mit der Zeit ausuferte und immer teurer für den neuen Meister wurde, legte die Ordnung der Taschner von 1473 die Ausgaben für das Meistermahl mit 4 Pfennigen pro Teilnehmer fest. Die Meisterstücke blieben Eigentum der Zeche, nur bei einigen Zechen konnten sie vom Verfertiger zurückgekauft werden.
Stark begünstigt waren die Kinder von Meistern, da man bestrebt war, die Werkstatt in Händen der eigenen Familie zu belassen. Der Meistersohn hatte keine bestimmte Dauer der Lehrzeit zu erfüllen, brauchte kein Meisterstück anfertigen und war seit 1453 durch Ladislaus Posthumus vom Meistermahl befreit, denn es sollte „... ain unterschiedt in maister werden gemacht und unser khündter vor frembten ain vorczug haben...". Die ganz schlauen Gesellen gingen andere Wege, um Kosten zu sparen: sie heirateten die Töchter von Meistern, was ihnen beim Überwechseln in den Meisterstand finanzielle Vorteile brachte oder sie heirateten die Witwen verstorbener Meister und erhielten so die Meisterwürde und eine Werkstatt dazu.

Die Zeche und auch die Witwe selbst hatten dabei den Vorteil, daß man „unter sich" bleiben konnte und niemand Fremden in die Zeche hereinlassen mußte.

Von höchster Bedeutung für den Meister war seine Mitgliedschaft in der Zeche. Hier wurden nicht nur die Belange des Handwerkes besprochen, sondern auch Rechtsfälle zwischen einzelnen Mitgliedern entschieden. Ein Ausschluß aus der Zeche wegen „Unehrlichkeit" oder wegen eines Verstoßes gegen die Regeln der Zeche war existenzbedrohend für den Handwerker. In den Zechen legte man besonderen Wert auf Ehre und gute Umgangsformen, so war es verboten, nur im Hemd ohne Rock bekleidet zu erscheinen, mit der Faust auf den Tisch zu schlagen oder eine Ehrenbeleidigung unerwidert zu lassen. Besonders verboten waren der unlautere Wettbewerb und das Abwerben von tüchtigen Gesellen. Einen hohen Stellenwert hatten die religiösen Festlichkeiten der Zeche, bei denen die Teilnahme aller Meister, deren Familien und Gesinde eine unbedingte Pflicht war. Die Zechen waren auch wirtschaftliche Unternehmen. Sie kauften die Rohstoffe im Großhandel ein und verteilten diese unter den Meistern und konnten so die Preise niedrig halten. Sie versuchten auch ein gerechtes System bei der Verteilung der Verkaufsstände in den Zechenhäusern, den Warenhäusern des Mittelalters, einzuführen, indem die Meister keine festen Plätze bekamen, sondern einmal im Monat um einen Stand weiterrücken mußten, so daß die Chancengleichheit gewahrt blieb.

Die Störer

Eine besondere Art von Handwerkern waren die Störer, die Pfuscher des Mittelalters. Als Störer wurden Handwerker bezeichnet, die ins Haus kamen und dort auf eigene Rechnung arbeiteten und, da sie billiger waren, eine harte Konkurrenz zu den ansässigen Handwerksmeistern darstellten. Meist arbeiteten sie heimlich in einer Dachkammer, stets darauf bedacht, nicht von den Meistern angezeigt zu werden, da dies unweigerlich den Verlust des Handwerkszeuges, der Rohstoffe und sogar Verbannung aus der Stadt bedeutete. Die Handwerksmeister bekämpften diese Pfuscher energisch und drohten auch mit Strafe all jenen, die mit ihnen zusammenarbeiteten. 1442 mußten die Schneidergesellen in ihre Ordnung auf Druck der Meister einen Passus aufnehmen, der es ihnen verbot, mit den Störern „Gemeinschaft" zu halten. Ausrotten konnten die Handwerker und ihre Zechen das Störerwesen nie, dazu gab es zu viele arbeitslose Handwerker bei zu wenig Arbeitsplätzen und noch weniger freien Meisterstellen.

Frauen und Kinder

Die Frauen und Kinder sind eine der sprachlosen Gruppen der Bevölkerung im mittelalterlichen Wien. Sie hinterlassen so gut wie nichts Geschriebenes, und ihre Lebensumstände sind für uns daher nur schwer faßbar, so daß es notwendig ist, Belege aus anderen Gebieten heranzuziehen, wenn man untersuchen möchte, unter welchen Bedingungen sie gelebt haben.

Leben in der bürgerlichen Familie. Der Vater rechnet, der Sohn liest, Mutter und Tochter spinnen

Die Bewohner der Stadt

Die Kinder

Kinder bilden die wichtigste Grundlage der mittelalterlichen Familie. Sie sind der Zweck der Ehe, und besonders erwartet man männliche Nachkommen, um den Namen des Geschlechts nicht aussterben zu lassen. Um zu Kindern zu kommen, nahm man – das heißt die Frauen – viel auf sich. Die Ärzte, Quacksalber und „Weisen Frauen" hatten eine Menge Rezepte in ihrem Repertoire, die bei Kinderlosigkeit helfen sollten. So verbrannte man zum Beispiel einen Hasen- und einen Kitzmagen und trank das Pulver mit Wein. Oft wollte man das Geschlecht des noch ungeborenen Kindes wissen und rieb dazu das Haupt der Schwangeren mit grünem Essig ein. Sprach sie dann von einem Mann, war ein Knabe zu erwarten, sprach sie von einer Frau, so kam ein Mädchen, sprach sie von beiden, war man zwar so klug wie zuvor, prophezeite dann aber dem Kind zumindest ein langes Leben.

Die Geburt war sowohl für das Kind wie für die Mutter mit großen Gefahren verbunden. Die Kindersterblichkeit betrug bis zu 10% in den ersten Tagen nach der Geburt, und von drei Kindern erlebten im Durchschnitt zwei nicht das 15. Lebensjahr. Dafür muß man die hygienischen Verhältnisse verantwortlich machen, die dem Säugling zugemutet wurden. Nach der Geburt wurde das Kind zum Wickelkind „eingefascht". Man band es in einem Steckkissen fest und umwickelte Arme und Beine mit Binden, da man sich davon gerade Glieder für das Kind versprach. Einmal täglich wurde der Säugling in warmem Wasser gebadet, wobei man ihm die Ohren mit Baumwolle verstopfte, um kein Wasser eindringen zu lassen. Fingen die Kinder zu laufen an, gab es kleine Laufställchen, in die man die Kinder setzen konnte.

In den Bürgerfamilien war es üblich, bereits kurze Zeit nach der

Mutter und Kind mit Gehschule

Frauen und Kinder

Geburt die Kinder aus dem Haus zu geben und einer Amme zu überlassen, wobei man oft Wert darauf legte, eine Amme zu engagieren, deren Kind gestorben war, da in diesem Fall das Kind besser ernährt werden konnte. Man hat die Entfernung der Kleinkinder aus dem Familienverband den Eltern als Lieblosigkeit ausgelegt, in letzter Zeit glaubt man in dieser Maßnahme hingegen soziologische Ursachen zu erkennen. Stillen ist ein gutes Mittel, um Schwangerschaften zu verhindern, es setzt die Fruchtbarkeitsrate der Frauen herab, d. h., eine Frau, die nicht selbst stillt, kann öfter schwanger werden. Man konnte damit rechnen, daß eine Frau im Mittelalter, die selbst stillte, ab dem 20. Lebensjahr etwa 12 fruchtbare Jahre vor sich hatte und ungefähr alle 30 Monate schwanger wurde und ein gesundes Kind zur Welt brachte. Die Abstände sind deshalb so groß, weil in den Zwischenzeiten neben der Stillzeit auch mit Tot- und Fehlgeburten zu rechnen war. Damit käme man auf etwa fünf bis sechs Geburten im Fruchtbarkeitszeitraum der Frau, von denen höchstens die Hälfte überlebte. Gab man die neugeborenen Kinder an Ammen ab, so konnte man die mögliche Kinderzahl erhöhen und damit auch das Überleben von mehreren Kindern in der Familie sicherstellen.

Wie war nun solch eine Kindheit, und gab es überhaupt das, was wir als Kindheit bezeichnen, jene unbeschwerte, vergnügte Zeit, frei von Pflichten und Verantwortung und voll von Spiel und Abenteuer? Hier müssen wir von verschiedenen Lebensverhältnissen ausgehen. Die Kinder des Adels und der Bürger wuchsen sicher behütet auf. Sie besaßen Spielzeug, Puppen und Puppenkutschen, die von Mäusen gezogen wurden, Holzritter und Waffen, kleine Tiere aus gebranntem Ton, Windmühlen, Bälle, Federballschläger und -bälle, Stelzen, Wippen, Steckenpferde und Karussells. Bei den Ausgrabungen am Stubentor im Jahre 1985 haben die Archäologen ein kleines Tonhäuschen gefunden, welches wahrscheinlich als Kinderspielzeug diente, und dazu noch Töpfchen, die fast zu klein sind, um als etwas anderes zu gelten als das Inventar einer Puppenküche.

Im Sommer trugen die Kinder Röcklein aus Leinen, im Winter eines aus Wollstoff und darunter ein Hemdchen. Um den Hals hängte man ihnen Amulette aus Korallen oder geweihte Plaketten, um sie vor Krankheit zu schützen.

Hatte das Kind das siebente Lebensjahr erreicht, so konnte man damit rechnen, daß es gute Chancen hatte, auch das Erwachsenenalter zu erleben, und brachte ihm nun vermehrt Aufmerksamkeit entgegen. Bis jetzt waren die Kinder in der Obhut der Mutter gewesen, die ihnen gutes Benehmen und die Grundbegriffe des Lesens und Schreibens beibrachte. Danach begann für die Kinder die Zeit der Ausbildung. Die adeligen Knaben wurden als Pagen zu benachbarten adeligen Familien geschickt, um dort eine ritterliche Ausbildung zu erhalten. Die Kinder der Bürger und sicher auch der begüterten Handwerker besuchten die Schule, wobei man ihnen den

Die Bewohner der Stadt

Frauen in der mittelalterlichen Stadt

Schulanfang mit allerhand Brezeln, Backwerk und Süßigkeiten zu erleichtern suchte. Die Schüler erhielten auch neue Kleidung, die den Gewändern der Erwachsenen angepaßt waren, sie wurden zu „kleinen Erwachsenen".

Vordringlichstes Ziel in der Schule war die Erlernung der „Lingua franca" des Mittelalters, des Lateinischen. In den Schulen durfte nur Latein gesprochen werden, und in der Wiener Schulordnung von 1446 heißt es dazu, „item das die schuler vertig werden in der latein zu reden, so sol man in ider locatien (gemeint ist die Schulstube) haben ainen custos, der anschreib die schuler, die deutsch reden oder sonst unzuchtig sein, die sullent darumb gestraft werden". Gestraft wurde dabei mit der Rute, die nach Berthold von Regensburg in Haus und Schule jederzeit an Wand und Decke sichtbar zur Mahnung stecken sollte.

Etwa mit 14 Jahren traten die Knaben aus dem elterlichen Haushalt heraus und besuchten die Universität, lernten ein Handwerk oder begannen im väterlichen Kontor zu arbeiten. Ihre Kindheit war zu Ende, und sie galten als mündige Bürger, die allen Rechten und Pflichten der städtischen Gemeinschaft unterworfen waren.

Die Mädchen erhielten ihre Ausbildung im Hause, wobei sie nicht nur die Hauswirtschaft erlernten, sondern auch im Musizieren, in Fremdsprachen, Medizin und Krankenpflege ausgebildet wurden.

Schwerer war sicher das Los der Kinder der kleinen Handwerker und der Diener, Knechte und Mägde. Sie erhielten keine Ausbildung, sondern mußten bereits in frühester Kindheit im Haushalt mithelfen. Wasser holen, Brennholz tragen, Kinder hüten und kleine Verrichtungen in der Werkstätte werden ihre Aufgaben gewesen sein, manche lernten zur Aufbesserung des Familieneinkommens das Stricken von Hauben und Handschuhen. Von einer glücklichen und unbeschwerten Kindheit haben diese Kinder wohl nichts gespürt. Hatten sie Glück und konnten sie das Lehrgeld aufbringen, kamen die Knaben in eine Lehre, die Mädchen verdingten sich bis zu ihrer Heirat als Mägde oder gliederten sich in die Arbeitswelt ein.

Die Frauen

Die adeligen und bürgerlichen Frauen hatten nicht viele Chancen in der mittelalterlichen Gesellschaft. Ihnen waren nur zwei Möglichkeiten des Lebensweges vorgegeben: Ehe oder Kloster.

In einem Troubadourlied des Mittelalters findet sich die Strophe „„...und nichts als Entbehrung bringt das Leben dem Eheweib", sehen wir uns also den Wahrheitsgehalt dieses Satzes an.

In den adeligen Häusern kam den Frauen eine wichtige kulturelle Aufgabe zu, man hat sogar gemeint, daß sie die eigentlichen Träger der ritterlich-höfischen Kultur waren. Während sich die Männer mit Verwaltungsaufgaben, Geschäften und Kriegen abgaben, pflegten sie Literatur, Minne und Musik, sie zogen gelehrte Kleriker an die Höfe und umgaben sich mit Zirkeln friedlicher und geistiger Regsamkeit. Was hätten sie auch sonst tun sollen. Ihre Aufgaben waren die Sicherung der Nachkommenschaft für die Familie und die gesellschaftliche Repräsentation, im Haushalt hatten sie durch das Vorhandensein der Dienerschaft nur Überwachungsaufgaben, so daß ihnen genügend Zeit für schöngeistige Dinge blieb. Nur wenn hohe Gäste kamen, griffen sie selbst zum Kochlöffel, und als besondere Ehre für den Gast bedienten sie diesen persönlich in der Badestube. Im 12. Jahrhundert war die Bildung der Frau durchschnittlich umfassender und differenzierter als die des Mannes, was die adelige Frau in Zwiespalt mit ihrer Rolle als geduldige, dem Mann untertänige Frau und ihrem durch die bessere Bildung erwachendem Selbstbewußtsein brachte.

In den bürgerlichen Haushalten der Stadt lebten die Frauen sicher nicht so bequem wie ihre Geschlechtsgenossinnen in den Adelshäusern.

Nach der Hochzeit, der die Brautwerbung, das Handanhalten beim Vater der Braut, das Vereinbaren der Mitgift und oft auch ein Ehevertrag vorausgegangen waren, zog die junge Ehefrau in das Haus des Mannes und war ab diesem Zeitpunkt fast völlig rechtlos. In Wien war sie von allen öffentlichen Ämtern ausgeschlossen, durfte weder als Zeugin vor Gericht aussagen noch das aktive oder passive Wahlrecht in den Gremien der Stadtverwaltung ausüben. Selbst wenn sie eine Funktion als Äbtissin eines Kloster einnahm, besaß sie keine kirchliche, sondern nur eine organisatorische Autorität und blieb vom Dienst in der Kirche und am Altar ausgeschlossen.

Einige Rechte, die sich besonders auf das Vermögen der Frau beziehen, blieben ihr erhalten. So durfte ihr in die Ehe eingebrachter Brautschatz nicht zur Begleichung von Schulden des Ehemannes herangezogen werden.

Die Ehe

Die Ehe wurde als Institution betrachtet mit dem hauptsächlichen Zweck, Nachkommenschaft zu zeugen. Von Liebe war nicht viel die Rede, die es in den Familien, vielleicht auch durch die hohen Altersunterschiede, da viele alte verwitwete Männer gerne junge Mädchen heirateten, nicht immer gegeben hat. Ohne Ehe konnte man jedoch nicht zusammenleben, denn dadurch galt die Frau als „unehrlich" und wurde zur Ausgestoßenen der Gesellschaft.

Ursprünglich war die Ehe ein freiwilliger Vertrag zwischen den Ehepartnern oder ihren Eltern. Erst ab dem 13. Jahrhundert wird sie zur Institution, und kirchliche und weltliche Amtsträger übernehmen die Leitung der früher privaten Eheschließungszeremonie. Die Heirat wird zu einem zwingend vorgeschriebenen Akt für alle Ranggruppen und gilt als eigentlicher Beginn der Ehe.

Das Bild des Alltags in der Ehe wird in den Quellen kaum behandelt.

Frauen und Kinder

Die Frauen sind die Trägerinnen der Kultur. Zu ihrer Erziehung gehört auch die Beherrschung eines Musikinstrumentes, hier ist es eine Knickhalslaute

Meist finden sich in der Spottliteratur nur Extreme wie der Greis mit der jungen Ehefrau, die ihn betrügt und ausnutzt, und der dumme Ehemann, dem die Frau Hörner aufsetzt. Dabei wurde Ehebruch durch die Frau streng bestraft, und einer 1495 erlassenen Verordnung nach durfte der Ehemann, der seine Frau mit einem Ehebrecher auf frischer Tat ertappte, beide selbst richten. Brachte er die Angelegenheit jedoch vor Gericht, sollten die Frau und der Ehebrecher so bestraft werden, daß man sie aneinandergebunden in eine Grube warf und dann gemeinsam mit einem Pfahl durchbohrte.
Als Kriterien für eine glückliche Ehe wurden Zuneigung, Friede, Ehrlichkeit und Sauberkeit angesehen, wobei sich die Frauen besonders in Liebe und Freundlichkeit beweisen sollten. Die Praxis mag vielleicht manchmal anders ausgesehen haben, so hält 1478 ein Gerichtsprotokoll verschiedene Fälle fest, wo eine Ehefrau einen Holzschuh auf ihrem Manne entzweigeschlagen habe, ein Ehemann von seiner Frau aus dem Bett geworfen wurde, und einem dritten ist „...sein lieb frouw (!) in das antlitz gefallen und hat ihm die backen zerrissen".
Dem Mann war das Züchtigungsrecht über seine Frau gegeben, allenfalls hatte er auf die Angemessenheit der Schläge bezüglich des Vergehens zu achten.
Geschlechtsverkehr gestattete die Kirche nur zur Zeugung der Nachkommenschaft, und die Prediger bemühten sich, den Menschen von den Kanzeln herunter mitzuteilen, wann man seine Frau „erkennen" durfte und wann nicht. Verboten war Geschlechtsverkehr bei fünf Anlässen: in der Fastenzeit, am Markustag und in den drei

Tagen vor Pfingsten, bei Schwangerschaft und im Wochenbett der Frau, bei Krankheit der Frau, an gebotenen Feiertagen und in den Nächten davor. Verstieß man gegen diese Gebote, galt es Buße zu tun, die aber für den Mann gemildert wurde, wenn er zum Zeitpunkt der „Tat" betrunken war.

Die Kirche verbot auch jegliche Verhütungspraktiken und Verhütungsmittel. Zur Empfängnisverhütung verwendete man allerlei Zaubermittel, so sollten die in Eselshaut gewickelten Hoden eines Wiesels, die der Frau umgebunden wurden, eine Schwangerschaft verhindern. Nutzte diese Methode nichts, so griff man zu einem Trank aus Sade, Selleriewurzel, Fenchel, Liebstöckel und Petersilie, die in Wein gekocht wurden. Man hat herausgefunden, daß besonders in den Samen von Petersilie, Fenchel und Sellerie ätherische Öle enthalten sind, die, in hoher Konzentration zu sich genommen, eine Abtreibung herbeiführen.

Neuere Untersuchungen lassen vermuten, daß auch das Aufkommen des Hexenwahns im Spätmittelalter mit dem Wissen der Frauen um Empfängnis- und Geburtenregelung zusammenhängen. Danach soll die Hexenverfolgung die Antwort der Kirche auf diese Maßnahmen gewesen sein, die sich gegen jene „weisen" Frauen richteten, die über solche Kenntnisse verfügten.

Die Lebenszeit der Frauen und damit auch die Dauer der Ehe war kurz. Die Mehrzahl der Frauen starb zwischen dem 20. und 40. Lebensjahr, ausgelaugt von den rasch aufeinanderfolgenden Geburten und den Mühen des Haushaltlebens. Sie wurden von Ehemännern betrauert, die sich jedoch schnell wieder verheirateten und es im Laufe ihres Lebens bis auf vier Ehen brachten, natürlich mit der dazugehörigen Mitgift. Das Zusammenleben von alten Ehemännern mit jungen Mädchen brachte ebenfalls Probleme mit sich. So ist uns aus Wien ein Fall überliefert, wo eine junge Ehefrau mit Hilfe ihres Liebhabers den alten Ehemann vergiftete. Genauso gab es Probleme, wenn die verwitwete Meisterin einen jungen Gesellen heiratete, der sich seine sexuellen Vergnügungen dann oft genug außer Haus suchen mußte.

War der Ehemann in Geschäften tätig und viel unterwegs, so kam der Ehefrau sicher eine ganze Anzahl von Aufgaben im Haus zu. Sie hatte das Gesinde zu beaufsichtigen, Geld und Gut zusammenzuhalten, Brot zu backen, Bier zu brauen, Butter und Käse zu gewinnen und Obst einzukochen. Fleisch wurde selbst geräuchert und die benötigten Kerzen selbst gegossen. Denn zufrieden konnte im Mittelalter nur der Ehemann sein, dessen Frau den Haushalt möglichst selbständig organisierte und somit autark machte, so daß möglichst viel Geld gespart werden konnte. Zudem kam der Frau im Wirtschaftsleben der Stadt eine große Bedeutung zu. Antonio Bonfini, der Geschichtsschreiber des Ungarnkönigs Matthias Corvinus, bezeichnete die Wiener Frauen um 1477 als arbeitsam, ohne Erröten besuchten sie die Märkte, betreuten häusliche und öffentliche

Frauen und Kinder

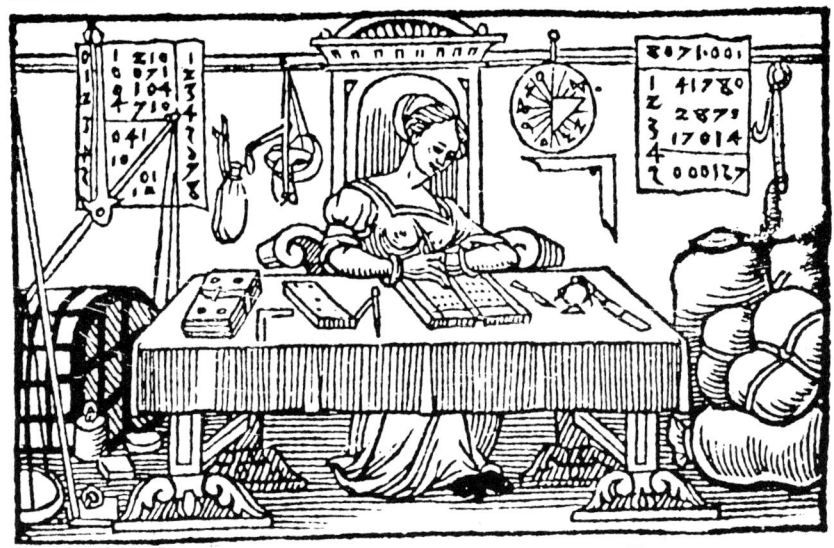

Frauen sind berufstätig und leiten Geschäfte von ihrem Kontor aus

Geschäfte und nahmen auch an den Geschäften des Mannes Anteil. Sie halfen ihm im Gewerbe und führten es auch als Witwen fort.
Als Meisterin stand die Frau an der Seite des Handwerkers, und hier wurde ihr besonderer Respekt entgegengebracht. Für das Zusammenleben im Handwerkerhaushalt war sie vielleicht noch wichtiger als der Meister selbst, denn sie sorgte für die Unterbringung und Verköstigung der Lehrlinge, Gesellen und Mägde und in vielen Fällen auch für deren Wäsche und Bekleidung. Bedeutsam wurde ihre Rolle in dem Moment, in dem der Meister starb und die Witwe die Werkstätte übernahm. Sie hatte dann nicht mehr viel Zeit, um die Werkstätte in eigenem Besitz zu halten und tat gut daran, sich schnell um einen neuen Mann umzusehen. Bevorzugt heirateten Witwen von Handwerksmeistern die älteren Gesellen, und dies möglichst innerhalb eines Jahres. In manchen Gewerben mußten sie aber die Werkstätte dennoch schließen, in anderen, wie es bei den Irher 1428 festgelegt wurde, durften sie sich nicht mehr verheiraten, in manchen Gewerben mußten sie „auf das hantwerk" heiraten und einen Mann nehmen, der eine Gewerbeberechtigung besaß.

Ab dem 14. Jahrhundert wurden in Wien ausdrücklich weibliche Arbeitskräfte erwähnt. Sie arbeiteten als „naterin" (Näherin) und vor allem als Verkäuferinnen. Wir kennen Krenhändlerinnen auf dem Petersplatz, Blumenverkäuferinnen vor St. Stephan, „Sweblerinen", die Schwefel verkauften, genauso wie „Kerzlsitzerinnen", die Kerzen, Öl und Unschlitt feilboten.
Besondere Bedeutung hatten die Frauen als Verkäuferinnen von

Lebensmitteln. Die Brotsitzerinnen verkauften Brot und Backwerk auf sogenannten Brotbänken, und die Obstlerinnen, die sogar eine eigene Innung mit Fahne hatten, ihr Obst auf öffentlichen Ständen. Ebenfalls Obst verkauften die Fratschlerinnen, die allerdings keine Stände hatten, sondern von Haus zu Haus zogen. Auch die Küchen und Schenken beschäftigten Frauen, so wurde 1500 eine Witwe namens Haas als „Bratlerin" bezeichnet. Besonders im Textil- und Bekleidungsgewerbe fanden zahlreiche Frauen Beschäftigung als Näherinnen, Bortenwirkerinnen und Handschuhstrickerinnen, dazu kamen noch die Hersteller von Hemden (phaitlerin) und von Schleiern (slaierin, slairreicherin, slairmesserin). Ein eigenes Gewerbe war das der Puppen- oder Tockenmacherinnen. Bereits im Mittelalter war das Waschen eine Domäne der Frauen, und die Wiener Wäscherinnen haben sich bis ins 19. Jahrhundert ihren Ruf bewahrt. Auch als Hebammen, Ammen und in der Krankenpflege fanden Frauen Verwendung.

In den Unterschichten hatten es alleinstehende Frauen sicher schwer, sich durchzubringen, sei es als Hökerinnen, Wäscherinnen oder Mägde. In den Aufzeichnungen sind die Frauenlöhne stets niedriger als die der Knechte. Viele Frauen brachte dies in Existenznot, und ihr Lebensweg endete dann oft genug in den Frauenhäusern, wo sie als Dirnen dem ältesten Gewerbe der Welt nachgingen.

Die Juden

Die Anfänge der jüdischen Siedlung in Wien sind unbekannt. Nach der jüdischen Überlieferung soll der Jude Abraham 859 Jahre nach der Sintflut aus dem Lande Theomanaria nach Österreich gekommen sein, hier das Reich Judeisaptan gegründet haben und der Stammvater einer ausgedehnten Dynastie gewesen sein, deren Mitglieder in Tulln, Korneuburg und Wien zu finden waren. In dieser mythologischen Erzählung steckte ein praktischer Kern, denn es sollte zu Zeiten grausamer Judenverfolgungen bewiesen werden, daß die jeweiligen jüdischen Bewohner eines Landes die Nachkommen eines in Urzeiten eingewanderten Stammes und damit am Kreuzestod Jesu unschuldig waren.
Wahrscheinlicher ist, daß die ersten Juden bereits in der Römerzeit mit der römischen Armee aus Palästina gekommen sind, urkundliche Belege fehlen aber.
Die erste urkundliche Erwähnung der Juden in Österreich stammt aus der Zollordnung von Raffelstätten (904–905), der erste urkundlich feststellbare Jude in Wien war der jüdische Münzmeister Schlom (Salomon), der unter der Herrschaft Leopolds V. das Recht eingeräumt bekam, christliche Dienstboten zu halten und Grund und Boden zu erwerben. Allein aus diesen Privilegien ist ersichtlich, daß es zu dieser Zeit bereits Juden in Wien gegeben haben muß, für die diese Rechte nicht bestanden. Schlom, der in Wien vier neben der „Judenschule" befindliche Hofstätten besaß, die bereits in der Nähe des späteren Ghettos am Judenplatz lokalisiert wurden, fand ein gewaltsames Ende. 1196 wurden er und dreizehn andere Juden von Kreuzfahrern in Wien erschlagen, ob aus religiösen oder privaten Gründen, ist nicht bekannt.
Bereits 1156 hatte Kaiser Friedrich Barbarossa den Herzögen von Österreich ein Privilegium bewilligt, das die Juden dem jeweiligen Landesherren unterstellte und diesen auch die Möglichkeit einräumte, jederzeit jüdische Schuldbriefe zu „tödten", d. h. ungültig zu erklären, wodurch sie die Möglichkeit in die Hand bekamen, auf die Juden wirtschaftlichen Druck auszuüben.
Eine seltsame Steuer, die den Juden jener Zeit auferlegt wurde, war

Die Bewohner der Stadt

Darstellung des Juden „Meister Lesyer" mit Judenhut. Das Beil symbolisiert die Strafe des Händeabhackens, die an meineidigen Juden vollzogen wurde. Aus dem Judenbuch der Wiener Scheffstraße

die Verpflichtung, den Herzögen die Betten zu liefern, wie überhaupt die Herzöge das Recht hatten, nach ihrem Belieben Steuern den Juden aufzuerlegen und über ihr Vermögen zu verfügen.
1204 gab es in Wien bereits eine Synagoge, und aus dem Jahre 1214 ist uns ein jüdischer Friedhof in Wien bekannt, der sich vor dem damaligen Kärntnertor, etwa in der heutigen Goethegasse und vor dem Haus Opernring 10, befand.

Im Wiener Stadtrecht von 1221 erhielten die Wiener Juden zahlreiche Privilegien, wie überhaupt die Babenberger die Ansiedlung jüdischer Händler und Kaufleute begünstigten und sich von ihnen einen positiven Einfluß auf den Handel in Österreich erwarteten. Allerdings wurden die Juden bereits ab 1221 als eigene Klasse gewertet und von allen öffentlichen Ämtern ausgeschlossen. 1238 gab Friedrich II. ein eigenes Privileg für die Juden bekannt, das so judenfreundlich war, daß der Kaiser am Konzil von Lyon verdächtigt wurde, Jude oder Moslem werden zu wollen. In der Urkunde wird kundgetan, daß „Wir unsere jüdischen Untertanen in Wien in Unseren kaiserlichen Schutz und Unsere Gunst aufnehmen". Gleichfalls judenfreundlich eingestellt war der letzte Babenberger, Friedrich der Streitbare, in dessen Judenstatut von 1244 sich folgender Passus findet: „Ein Christ der einen Juden tötet, soll getötet werden, der einen verwundet, soll einer großen Geldstrafe verfallen oder seine Hand verlieren. Schwere Anklagen gegen Person oder Eigentum eines Juden sollen nicht durch christliche Zeugen allein entschieden werden, wenn nicht ein jüdischer Mitzeuge das Verbrechen bestätigt. Ein Christ der ein jüdisches Kind zur Taufe entführt, ist wie ein Dieb zu bestrafen." Weiters wurden die Judenhäuser vom Einquartierungszwang befreit, den Juden Schutz gegen religiöse Nötigung zugesichert, ihnen der freie Zugang zum Handel gewährt und die Aufnahme als kaiserliche Kammerknechte zugesichert. 1239 wurde ein neues Privileg bewilligt, das den Juden das Recht auf eine eigene Gerichtsbarkeit einräumte und sie in Rechtsstreitigkeiten mit Christen einem eigenen Judenrichter, der vom Landesfürsten bestellt war, unterstellte. Die jüdischen Friedhöfe wurden bei Todesstrafe unter Schutz gestellt.

1267 wurde zu Wien eine Kirchenversammlung unter einem direkten Beauftragten des Papstes Clemens IV. (1265-1268) abgehalten, die unter anderem ausführliche Beschlüsse über die Behandlung der Juden verfaßte. So mußten Juden an der Kleidung erkennbar sein und einen „gehörnten Hut" tragen, sie durften keine christlichen Dienstboten halten, nicht fleischlich mit einer Christin verkehren, nicht mit Christen zur Tafel sitzen oder über Glaubensfragen diskutieren und weiters eine ganze Reihe von Bestimmungen einhalten, die z. B. die Behandlung von Christen durch jüdische Ärzte und den Bau von Synagogen betrafen.

Mögen manche der erteilten Privilegien auch vorteilhaft scheinen, so zeigen diese Bestimmungen doch deutlich, daß es nicht leicht gewesen sein kann, im mittelalterlichen Wien Jude gewesen zu sein. Wenn man etwas ausdrücklich unter Schutz stellt oder regelt, so beweist dies, daß es auf diesem Gebiet Übergriffe oder zumindest Probleme gegeben haben muß. Es ist deshalb nicht verwunderlich, daß sich die Juden Wiens schon frühzeitig in einem eigenen Wohnbezirk, dem Ghetto, zusammengeschlossen haben.

Das Ghetto

Das Ghetto lag rund um den heutigen Judenplatz und erstreckte sich nach Norden bis zu den Kirchen Maria am Gestade und der Karmeliterkirche, die Westseite wurde vom Tiefen Graben, die Ostseite von der Tuchlauben begrenzt. Die Südseite bildete der Platz Am Hof. In seiner höchsten Blüte zählte das Ghetto etwa 70 Häuser, die sich alle nach den im Ghetto liegenden Straßen hin öffneten, so daß ihre Rückwände eine geschlossene Begrenzungsmauer bildeten. Nur durch vier Tore konnte das Ghetto betreten werden, die beiden Haupttore lagen jeweils an der Wipplingerstraße, ein Tor schloß das Ghetto zum Platz Am Hof hin ab und ein weiteres lag an der Stadtmauer zum Donaukanal. Dieses „Judentor" wurde von einem alten, vielleicht noch aus römischer Zeit stammenden Turm flankiert, der auf Grund einer an seiner Außenseite angebrachten hebräischen Inschrift als Judenturm bezeichnet wurde. Geht man nach Grund- und Hausbesitz vor, können nur wenige jüdische Familien in Wien

Die Bewohner der Stadt

als reich bezeichnet werden. Die meisten Familien besaßen nur ein Haus, manchmal teilten sich auch zwei Familien ein solches, nur von der reichen Familie Steuss ist bekannt, daß sie etwa ein Dutzend Häuser in ihrem Besitz hatte und vermietete.

Den Mittelpunkt des Judenviertels bildete das erstmals 1205 erwähnte Schul- oder Bethaus, das sich am heutigen Schulhof befand. 1406 wurde nach einem großen Stadtbrand eine neue Synagoge errichtet, die aber nach der Vertreibung der Juden 1421 demoliert wurde. Wichtig für die jüdische Gemeinschaft war auch das Spital, das sich 1379 am Grundstück Judenplatz 9/Wipplingerstraße 13 feststellen läßt und neben der Krankenbetreuung auch der Versorgung der Alten diente. Die jüdischen Speisegesetze führten bald auch zur Einrichtung eines eigenen Fleischhofes, und der spezielle jüdische Baderitus machte auch die Einrichtung eigener Badehäuser notwendig.

Dem Landesfürsten gegenüber wurde die Judengemeinde von einem Judenmeister vertreten, der auch Verwaltungsaufgaben versah, Steuern und Abgaben eintrieb und in Rechtssachen unter den Juden zu entscheiden hatte. Unterstützt wurde er dabei vom Judenmesner, der gleichzeitig als „Schames" (Synagogendiener) fungierte und den Verkehr mit Behörden, die Übersetzung der hebräischen Kauf- und Satzbriefe, die Beweisführung vor dem Judenrichter und vor dem Grundbuch und das Berufen von Brief und Siegel besorgte.

Die geistige und religiöse Betreuung oblag den Rabbinern, die zugleich auch in der Religionsschule, der „Jeschiwa", zu unterrichten hatten. Während des Mittelalters dürften die jüdischen Schulen in Wien einen ausgezeichneten Ruf genossen haben, da ihre Schüler sich in den verschiedensten Städten in hohen Positionen wiederfinden. Leider wissen wir nur wenig über die Tätigkeit und literarische Produktion der jüdischen Schulen, da der Großteil der Unterlagen, Bücher und Schriftrollen in der Judenverfolgung von 1421 zugrunde gegangen sein dürfte.

Die wirtschaftliche Grundlage der Wiener Juden verlagerte sich im Laufe der Jahre. Der wirtschaftliche Aufstieg der Stadt im 12. Jahrhundert sah sie nicht mehr als Händler, sondern als herzogliche Beamte und Geldgeber. Es ist eine weitverbreitete, jedoch falsche Meinung, daß die Judenverfolgungen des Spätmittelalters dadurch ausgelöst wurden, daß die Juden als Gläubiger zunehmend eine Verelendung ihrer Schuldner betrieben und man durch Pogrome versuchte, sich von diesen Gläubigern zu befreien. Untersucht man die Kreditgeschäfte jener Zeit, zeigt sich, daß etwa 20% der Kredite von Wiener Erbbürgern und 30% von deren politischen Erben gewährt wurden. Kirche, Adel und Stadt traten zwar selten als Geldgeber auf, doch machten diese Gruppen zusammen mehr als zwei Drittel des gesamten Kreditvolumens aus. Rechnet man die Kredite nicht bezüglich ihrer Anzahl, sondern bezüglich des Finanzvolumens,

Juden bei der Disputation mit dem Jesuknaben. Der Jude rechts vorne trägt den „pileus cornutus", den „Judenhut"

so sinkt der Anteil der jüdischen Kreditgeber sogar auf nur 25%.
Die Zinsen, welche Juden für die Verleihung von Geldern verlangten, dürften dennoch recht beachtlich gewesen sein. So wurde in der Judenordnung Friedrich des Streitbaren von 1244 geregelt, „daß die Juden vom Pfunde in jeder Woche nicht mehr als 8 Pfennige Interesses (Zinsen) nehmen". Da das Zählpfund 240 Pfennige betrug, war also nach nur einem Jahr bereits der dreifache Betrag fällig. Dieser hohe Zinssatz ist damit erklärbar, daß das Kreditgeschäft für die Juden hohe Risken barg, der Landesherr konnte eine Schuld durch Spruch jederzeit tilgen, die Judensteuern waren beträchtlich,

Die Bewohner der Stadt

und manchmal kam es auch vor, daß ein Jude von zahlungsunwilligen Schuldnern erschlagen wurde.

Pogrome

Mit den Habsburgern, die zunächst die judenfreundliche Politik der Babenberger und Ottokars von Böhmen fortsetzten, kamen aber auch zum ersten Mal Judenhaß und Judenverfolgungen nach Österreich.
Das Jahr 1293 sah die ersten Pogrome in Krems, die sich jedoch nicht weiter ausbreiteten. Unter Albrecht II. und Rudolf IV. ist noch einmal eine positive Haltung der Landesherren gegenüber der Judenschaft festzustellen. So auch im Jahre 1349, als die Pest erstmals Wien heimsuchte und man angeblich 1200 Tote am Tag in der Stadt zählte. Die Schuld an der Pest wurde den Juden angelastet, die beschuldigt wurden, die Brunnen vergiftet zu haben, obwohl auch ihre Gemeinde von der Pest hart getroffen wurde. In einer Klosterneuburger Handschrift heißt es dazu: „... Und daz der sterb so groz war, des gab man den juden scholt, daz die hieten pulver und gift vernät in kleinen sacklein oder pälglein und hätten die gewurfen in die prun..."
In Deutschland, in der Schweiz und auch in Krems, Stein und Mautern kam es zu grausamen Pogromen, bei denen die Juden lebendigen Leibes in ihren Häusern verbrannt wurden. Albrecht II. stellte darauf die Wiener Juden unter seinen Schutz und versuchte auch die Juden in den Pogromgebieten zu schützen, der erste Keim zur späteren Austreibung der Juden aus Österreich war aber hiermit gelegt.
1406 traf die Wiener Judengemeinde ein schwerer Schicksalsschlag. In der Nacht von Freitag auf Samstag brach am 5. November 1406 in der Synagoge ein Brand aus, dem in der Folge das gesamte Ghetto zum Opfer fiel. Die Wiener Bevölkerung nutzte die Gelegenheit zu ausgiebigen Plünderungen im Ghetto, woran sich besonders die Studenten beteiligten. Geschädigt waren aber auch jene Wiener, die bei den Juden Pfänder für Kredite hinterlegt hatten und die nun, da die Juden bei unverschuldetem Verlust nicht ersatzpflichtig waren, ihre Wertobjekte verloren hatten.
Herzog Albrecht V. nahm den Brand zum willkommenen Anlaß eines sich kontinuierlich steigernden Druckes auf die Wiener Juden. Als er 1411 aus der Vormundschaft entlassen und für volljährig erklärt wurde, begann er die Kosten seines neuen Hofes unbedenklich durch neu eingeführte Judensteuern zu decken, ohne sich um die alten Privilegien zu kümmern. Dies führte in der Folge zu einer zunehmenden Verarmung der Juden, so daß sie ihren Wert als Geldquelle verloren und man trachtete, sie aus Wien zu entfernen. Es kamen dem Herzog hierbei die im Volk umgehenden Greuelgeschichten über Hostienschändungen, Ermordung von Christenknaben und Unter-

Die Juden

stützung der Hussiten durch die Juden zustatten. Am 23. Mai 1420 erließ er den Befehl, sämtliche Juden des Landes gefangenzusetzen. In Wien wurden die Juden im „Schergenhaus bei der Himmelspforten" eingesperrt und der Folter unterworfen, um ihnen die Lage ihrer angeblich versteckten Schätze zu entlocken. Ein zweiter Teil der Wiener Juden wurde in der Synagoge gefangengehalten und verübte kollektiven Selbstmord, als bekannt wurde, daß der Herzog den Plan hatte, alle Kinder unter 15 Jahren der Obsorge der Eltern zu entreißen und gewaltsam taufen zu lassen.

Am 12. März 1421 waren von der ehemals großen Wiener Judengemeinde nur noch 92 Männer und 120 Frauen am Leben. Am Morgen dieses Tages wurden die Juden auf 86 Wagen aufgeladen und durch die Stadt nach Erdberg gebracht, wobei an sieben Orten in Wien die bevorstehende Hinrichtung mit den Worten „daß unser gnädiger Herr (d. h. Albrecht) alle Judischait in seinem lanndt, auf den heutigen tag geschafft zu richten mit dem prannt" verkündet wurde. Im Angesicht der Scheiterhaufen versprach man den Juden die Schonung ihres Lebens, wenn sie sich taufen ließen. Die jüdischen Männer und Frauen stimmten aber fröhliche Gesänge an und begannen zu tanzen, um ihrer Hoffnung auf ein glücklicheres Jenseits Ausdruck zu geben.

Nach der Hinrichtung wurde selbst die Asche vom Pöbel auf der Suche nach Gold und Geschmeiden durchsucht, wobei sich auch wieder die Studentenschaft anschloß. Synagoge und Friedhof der Juden wurden im selben Jahr noch zerstört und das Steinmaterial zum Neubau eines Teiles der Wiener Universität verwendet. Den hinterlassenen Besitz konfiszierte der Herzog und verkaufte oder vergab ihn an die Wiener Bürger, und wie ein Hohn mutet die Bestimmung des Herzogs im Jahre 1423 an, daß die Juden das ihnen gschuldete Geld in Wien bis Lichtmeß geltend zu machen haben, da dieses sonst verfallen würde.

Bis gegen das Ende des Mittelalters finden wir kaum eine jüdische Gemeinde in „Erez Hadamim", dem Blutland, wie die Juden nach 1421 Österreich nannten. Erst ab 1451 durften sich Juden wieder in Österreich niederlassen, dennoch aber widersetzten sich die Wiener Stände energisch diesem Erlaß des Kaisers Friedrich III., und als Matthias Corvinus die Stadt 1458 unterwarf, wurde das Verbot der Ansiedlung von Juden in Wien ausdrücklich festgelegt. Unter Kaiser Maximilian I. durften Juden zu Geschäftszwecken Wien zwar wieder betreten, mußten durch einen gelben Stoffflecken an der Kleidung ausgewiesen sein und in bestimmten Herbergen übernachten.

Das Leben der Juden im mittelalterlichen Wien war eine Existenz zwischen zwei Spannungspunkten, zwischen Wohlstand und persönlicher Katastrophe. In nur zweihundert Jahren haben die Juden aber im Wirtschaftsleben der Stadt und auch in ihrem baulichen Erscheinungsbild tiefe Spuren hinterlassen, die bis heute sichtbar sind.

Die Bewohner der Stadt

Die Studenten

Wir wissen nicht genau, wann die ersten Schulen in Wien entstanden sind. Sicher haben in der Frühzeit des Mittelalters in Wien die Kirchen und Klöster die Aufgabe übernommen, die heranwachsende Jugend mit dem Lesen, Schreiben und Rechnen vertraut zu machen, und viel mehr werden die meisten Eltern, die ihren Kindern ein wenig Bildung angedeihen lassen wollten, wohl auch nicht verlangt haben. Für das Seelenheil und das Geschäft genügte es, wenn man die Bibel lesen und vielleicht im väterlichen Kontor die Rechnungsbücher führen konnte, mehr war nicht notwendig, dies umsomehr, als es ja noch keine weite Verbreitung von Büchern und Druckschriften gab. Der Großteil der Bevölkerung bestand aus Analphabeten. Hatte man ein wichtiges Schriftstück abzufassen, sei es einen Vertrag oder ein Testament, so tat dies der Schreiber des Notars oder Rechtsgelehrten oder man bediente sich eines Mönches oder Priesters, welche die Kirchen und Klöster bevölkerten und die zumeist lesen und schreiben konnten.
Dennoch bedarf ein organisiertes Staatswesen auch einer Schichte höhergebildeter Bürger in Verwaltung, Rechtsprechung und Medizin, um das Funktionieren der Gemeinschaft sicherzustellen. Die Heranbildung dieser Personen oblag den Universitäten, so daß es stets ein Anliegen der Herrschenden war, eine Anzahl von Universitäten in ihrem Land zu betreiben, um den Nachwuchs an „Führungskräften" sicherzustellen.

Gründung der Universität

Die Gründung der Wiener Universität geht auf den jungen und tatkräftigen Herzog Rudolf IV. zurück, der zur Erhöhung des Glanzes seiner Residenzstadt, ähnlich wie es siebzehn Jahre zuvor sein Schwiegervater Kaiser Karl IV. in Prag getan hatte, die Gründung einer Universität in Wien ins Auge faßte.
Es war diese neue Universität aber nicht die erste Schule in Wien, auf der man höhere Bildung erwerben konnte. So wird für das Jahr 1237 in Wien erstmalig urkundlich eine „Schule bei St. Stephan" erwähnt,

Die Studenten

die zuerst unter kirchlicher Leitung stand und ab 1296 als „Bürgerschule" unter die Aufsicht der Stadt Wien gestellt wurde, wobei man sich ab Beginn des 14. Jahrhunderts als Rektoren der Schule gelehrte Magister aus Paris, der damals berühmtesten Universität Europas, kommen ließ. Auch später sollte der Rektor der Stephansschule stets eine bevorzugte Stellung unter den Rektoren der Wiener Schulen einnehmen, dies auch deshalb, da diese Schule auch nach der Errichtung der Universität für lange Jahre die einzige Stelle blieb, in der in Wien Theologie gelehrt werden konnte.

Der ursprüngliche Standort dieser Schule ist nicht bekannt, doch könnte der Name der Schulerstraße (Schulstraße) vielleicht ein Hinweis auf die Lage sein. Im Jahre 1370 bestand der Schulkomplex bereits aus einem Schulgebäude und dem Haus des Lehrers, 1385 kaufte die Stadt um 60 Pfund Pfennige ein angrenzendes Gebäude zur Erweiterung. Später übersiedelte die Schule an die Stelle des heutigen Churhauses am Stephansplatz.

Der Lehrplan der Bürgerschule bot von Anfang an mehr als der einer einfachen Trivialschule und schloß Teile eines artistischen und juridischen Studiums ein. Der Schulmeister wurde von der Stadt Wien besoldet, und wie aus der ersten Wiener Schulordnung des

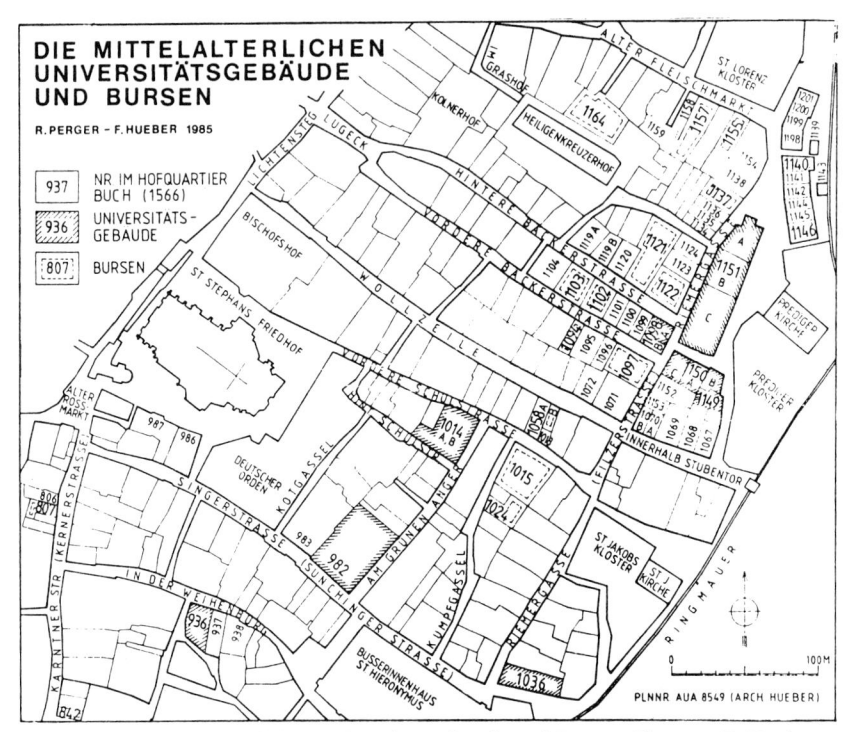

Lageplan der mittelalterlichen Universitätsgebäude und Bursen, Plan von F. Hueber

Die Bewohner der Stadt

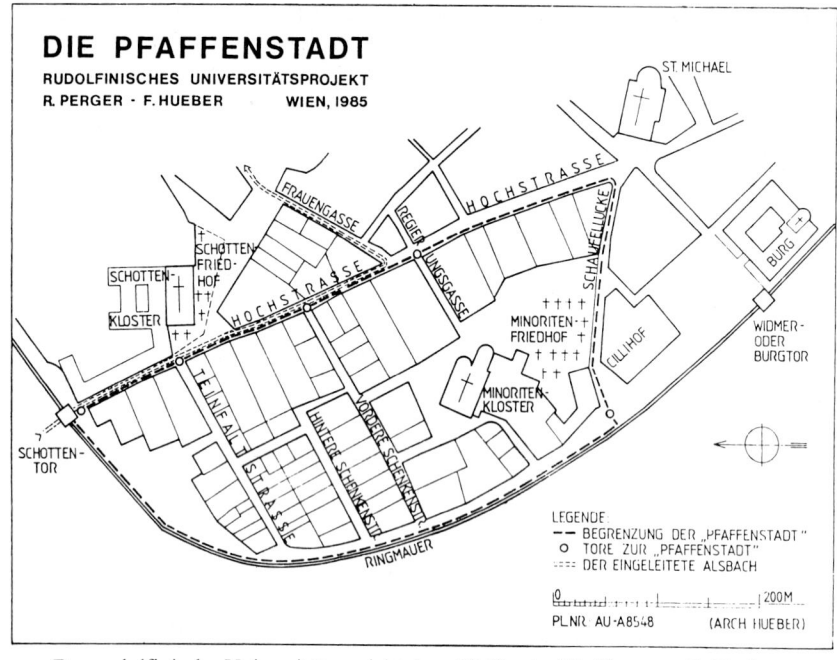

Das rudolfinische Universitätsprojekt der „Pfaffenstadt", Plan von F. Hueber

Jahres 1446 hervorgeht, unterstanden ihm auch die Trivialschulen von St. Michael, des Schottenklosters und des Bürgerspitals.
Es ist uns nicht bekannt, wie viele Schüler die Schule in der Mitte des 14. Jahrhunderts besuchten, aber es werden wohl schon so viele gewesen sein, daß die Gründung einer eigenen Wiener Universität als notwendig erschien und von Herzog Rudolf IV. verwirklicht wurde.

Die „Pfaffenstadt"

Herzog Rudolf IV. hatte ehrgeizige Pläne mit seiner Wiener Universität. Im Stiftungsbrief vom 12. März 1365 bestimmte er einen ganzen Stadtteil als Universitätsviertel, dessen Begrenzung vom Schottentor entlang der Hochstraße (Schotten- und Herrengasse) bis zur Schaufellucke (Schauflergasse) und diese entlang bis zur Stadtmauer verlaufen sollte. Diese „Pfaffenstadt" sollte durch eine eigene Mauer abgeschirmt und nur durch eigene Tore betreten werden, damit jede Lärmerregung, welche den Studienbetrieb stören konnte, vermieden werde. Auf alle Häuser innerhalb dieser Begrenzung, die zum Kauf oder zur Miete angeboten wurden, sollte die Universität eine Option besitzen, wobei eine eigene Kommission die Angemessenheit des Kaufpreises oder der Miete feststellte.

Die Studenten

Der frühe Tod des Herzogs vereitelte all diese hochfliegenden Pläne, und auch der Umstand, daß der damalige Papst Urban V. die Abhaltung theologischer Vorlesungen nicht gestattete, erschwerte den Beginn des Universitätsbetriebes. Erst als ein neuer Papst, Urban VI., eine theologische Fakultät in Wien zuließ und die Universität mit einigen Privilegien ausstattete, verstärkte sich der Zustrom von Studenten.

Ende 1384 erließ Herzog Albrecht III. eine Bestätigung und Erweiterung des Rudolfschen Stiftungsbriefes, indem er die Rechte und Pflichten der Universität und ihrer Angehörigen genau regelte, die immatrikulierten Studenten je nach ihrer geographischen Herkunft in Nationen einteilte und vor allem der Universität ein neues Gebäude beim Dominikanerkloster zur Verfügung stellte. Geregelt wurden die Bezahlung der Rektoren und Magister und das Rechtswesen, welches die Universität und die Studenten außerhalb der städtischen Rechtsprechung stellte. Weiters erhielt die Universität das Recht, sich selbständig Statuten zu verleihen.

Diese Statuten wurden 1385 beschlossen und enthielten Anordnungen über Bekleidungsvorschriften, verschiedene Disziplinarvorschriften, die den Studierenden einmal im Jahr, am 14. Oktober, öffentlich vorgelesen werden mußten, Vorschriften über die Inspektion der Studentenhäuser, über die Begehung der kirchlichen Festtage und über die Wahl der Notabeln der Universität und deren Pflichten.

Auch die Finanzen der Universität wurden in diesem Jahr auf eine gefestigte Basis gestellt, indem Herzog Albrecht der Universität bestimmte Mauteinkünfte überschrieb, die pro Jahr 680 Pfund Pfennige betrugen, eine recht beachtliche Summe, wenn man bedenkt, daß ein einfacher Magister für seinen Unterricht an der Universität jährlich die Summe von 20 Pfund Pfennigen erhielt.

1385 wurden für die Universität auch Häuser in der Schönlaterngasse und in der Schulerstraße angekauft, in denen Hörsäle für Theologen, Juristen und Mediziner eingerichtet wurden, wobei letztere bis 1419 warten mußten, um ein eigenes Collegium beziehen zu können.

Mit der Zeit sollte die Universität auch ein eigenes Gefängnis erwerben. Sie kaufte am 31. März 1455 von einer Wiener Bürgersfrau ein Haus auf dem Steig bei den Predigern für ein „behältnuss und venknuss der studenten, die zu zeiten verhandeln oder sich vergessen", in dem nur Leute festgehalten werden durften, „die der schul freihait niessen und prauchen und darin kain handel treiben". Das Haus stand auf einem Teil der heutigen Parzelle Wien I., Bäckerstraße 22/Postgasse 3/Wollzeile 33 und diente bis 1628 als Karzer, dann wurde es zu Studienzwecken benutzt.

1512 wurden ein weiteres Gebäude, ein Garten und zwei Weingärten angekauft und auf diesem Areal, das heute etwa im Bereich der Häuser Parkring 10 und 12 zu lokalisieren ist, ein Spital für die Studenten erbaut.

Der Platzbedarf der mittelalterlichen Universität wuchs beständig,

Die Bewohner der Stadt

und die Universitätsbehörden waren gezwungen, sich nach Häusern umzusehen, die zum Verkauf standen. Der Großteil der erworbenen Bauten lag im Stubenviertel, das mit der Zeit zum eigentlichen Universitätsviertel des Mittelalters in Wien wurde und es auch bis zur Errichtung der neuen Universität am Ring geblieben ist.

Studenten und Bursen

Wie lebten nun die 19.526 Hörer, die zwischen 1377 und 1450 die Wiener Universität besuchten? Da die Gründung der Pfaffenstadt, die den Studierenden und auch den Bürgern Ruhe hätte geben sollen, nicht zustande gekommen war, entfaltete sich das studentische Leben mitten in der Stadt rund um das herzogliche Kolleg und nicht immer zur Freude der Bürger. Die Eintragungen in den Universitätsakten zeugen von so manchen Reibereien zwischen Studenten und Bürgern, so daß sich 1387 die Universität wegen der Verfolgung der Studenten durch die Wiener Schuster an den Kanzler wenden mußte, der dann auch einen „Waffenstillstand" vermittelte. Zwar hatte die Universität ihre eigene Jurisdiktion, doch wurden immer wieder Studenten durch den Magistrat aufgegriffen und verurteilt, sehr zum Ärger der auf strikte Unabhängigkeit bedachten Universitätsbehörden.

Das Verhältnis der Studenten zu den Bürgern war nie ohne Konflikte. In der Erntezeit plünderten die angehenden Akademiker die Weingärten der Bürger und stahlen das Obst von den Bäumen, sie bewarfen den Bürgermeister mit Kot und Steinen und griffen die Bürger mit dem Schwert an.

Die Studenten, die in der Regel oft erst 14–15 Jahre alt waren, lebten in Studentenhäusern, den „Bursen", wobei sich dieser Name von der „bursa", dem Geldbetrag, den der Student für Kost und Quartier zu erlegen hatte, ableitet. Es gab auch Stiftungen, die Studenten mit der nötigen „Bursa" aushalfen. Der Empfänger wurde als „bursarius" bezeichnet, wovon sich das heute noch gebräuchliche Wort Bursch ableiten läßt. Es gab aber auch eine Gruppe wohlhabender Studenten, die zumeist von vornehmer Herkunft waren und die vom Rektor die Erlaubnis erbitten konnten, außerhalb der Bursen zu wohnen, allerdings wurde diese Ausnahme nur vom Rektor selbst und zumeist höchst unwillig gestattet.

Die Entwicklung der Bursen zeigt auch die Ausweitung der Universität. Im Jahre 1399 gab es erst zwei Bursen, 1413 außer den Kollegien bereits 29 Häuser, in denen Studenten wohnten.

Völlig mittellose Studenten konnten sich als Sekretäre in den Dienst einer Privatperson stellen und so ihren Lebensunterhalt und die Studiengebühren verdienen, oder sie wurden im „domus pauperium", dem Armenhaus, untergebracht. Dort lebte auch die unterste Schichte von Studenten, die durch Betteln ältere Kommilitonen unterstützten und als Gegenleistung unterrichtet wurden. Das Leben

Die Studenten

in den Armenhäusern war zwar einfach und wurde von einem Magister überwacht, aber viel freier und ungezwungener als in den Bursen, so daß sich mit der Zeit auch begüterte Studenten hier einmieteten. Dieses flotte Leben in den Armenhäusern führte jedenfalls für die Universitätsbehörden zu so großem Ärgernis, daß sie 1455 in Bursen umgewandelt wurden.

Die Wiener Universität gehörte im Mittelalter zu den billigsten Universitäten Europas und wurde daher von vielen armen Studenten frequentiert, so wurden zwischen 1416 und 1430 rund 20% der Studenten als Arme eingestuft, ein Satz, der in Zeiten der Teuerung wie zwischen 1421 und 1425 bis auf 40% steigen konnte und erst nach 1465 auf rund 5–10% fiel, dies aber wohl hauptsächlich deshalb, da ab dieser Zeit die Universität strengere Maßstäbe bei der Gebührenzahlung anlegte.

Immerhin erreichten in Wien bis zum Jahre 1500 etwa 260 als Arme eingestufte Studenten den Magistergrad, d. h., etwa ein Achtel der Magister entstammte der untersten Schicht der Scholaren.

Dennoch geht aus den Universitätsmatrikeln hervor, daß rund zwei Drittel bis drei Viertel aller immatrikulierten Studenten nicht einmal den niedrigsten akademischen Grad erreichten, ob dies auf eine besonders hohe „Drop-out"-Rate oder auf Abwanderung der Studenten nach anderen Universitäten zurückgeht, kann nicht gesagt werden.

Das Leben in den Bursen wurde vom Bursenverwalter und von einem vom Rektor eingesetzten Conventor überwacht. Der Hausverwalter war zumeist ein älterer Student und wurde Provisor genannt. Er hatte sich um das Gebäude zu kümmern, mußte Einkünfte in Empfang nehmen, Streit schlichten und seine jüngeren Kollegen beaufsichtigen. Er mußte weiters Bücher gegen Pfand verleihen, zweimal jährlich die Statuten der Burse den Studenten vorlesen und dafür sorgen, daß seine Burse nach Möglichkeit bis zum letzten Platz ausgelastet war. Unter den Conventoren gab es aber auch manch schwarzes Schaf, so den Magister Bernhard Schleicher, der 1480 in der Lammburse Wein einlagerte, so daß das Studentenheim bald einer Taverne glich und die Studenten an den Türen die grünen Buschen, die heute in Wien noch das Zeichen für den „Heurigen" sind, anbrachten.

Der Tagesablauf der Studenten in den Bursen war streng eingeteilt. Im Morgengrauen wurde die Primglocke geläutet, um die Studenten aus dem Bett zu holen, darauf folgte das Morgengebet, das den Stifter der Burse mit einschloß und dessen Versäumen mit dem Entzug der Fleischration bestraft wurde, anschließend besuchte man die Frühmesse, und bereits um sechs Uhr morgens war die erste Vorlesung des Tages angesetzt. Disziplinäre Verfehlungen wurden zumeist mit Geldstrafen, manchmal aber auch mit Karzer oder der Verweigerung eines akademischen Grades bestraft. So kostete es drei Groschen, wenn man sich mit einer Frau in der Burse erwischen ließ und bei Wiederholung des Vorfalles das Doppelte. In der Rosenburse

137

hingegen war den Studenten der Umgang mit Frauen überhaupt verboten. Ertappte ein Stipendiat einen anderen mit einer Frau in einer eindeutigen Situation, so sollte er dies beim ersten Male übersehen, beim zweiten Male den Übeltäter ermahnen und ihn beim dritten Male dem Provisor anzeigen.

Um neun oder zehn Uhr vormittag wurde die erste Mahlzeit des Tages, das „prandium", gehalten, die Hauptmahlzeit, das „Coena", gab es erst um 17 Uhr. Die Studenten saßen dabei um einen gemeinsamen Tisch, dürften aber öfters versucht haben, den eher einfachen Mahlzeiten in der Burse zu entfliehen und an den Tisch eines Wiener Bürgers geladen zu werden, da die Bursen sich mit der Zeit gezwungen sahen, auch in diesem Falle den vollen Kostenbeitrag für das Essen einzufordern.

Studium

Jeder Student hatte täglich wenigstens eine Vorlesung zu besuchen, am Abend sollten im Idealfalle alle Studenten in den Bursen Exerzitien abhalten, die Hausübungen entsprochen haben dürften. An Feiertagen sollte ein Student den übrigen vorlesen, daran schloß sich eine Diskussion in Latein, wie überhaupt die Sprache der Vorlesungen und Disputationen Latein war. War ein Student in einem Fach schwach, konnte er Nachhilfeunterricht nehmen.

Im Sommer um neun Uhr, im Winter um sieben Uhr abends wurde die Burse geschlossen, danach war nächtliches Herumtreiben nicht mehr gestattet, eine höchst theoretische Bestimmung, da zur gleichen Zeit Bestimmungen erlassen wurden, die besonders darauf hinwiesen, daß sich nachts kein Student auf den Straßen ohne Licht, in Waffen oder mit Musikinstrumenten herumtreiben durfte. Verboten und deshalb wahrscheinlich besonders beliebt waren die Besuche in Gastwirtschaften und Kampfschulen, und auch das Glücksspiel war nur bis zu einer bestimmten Höhe erlaubt. Daß aber auch tagsüber die Professoren in den Vorlesungen ihre liebe Not mit den Studenten hatten, dürfte schon daraus hervorgehen, daß in den Statuten der Artistenfakultät das Lachen, Murren, Pfeifen und Schreien während der Vorlesung verboten war, und bereits 1389 mußte den Studenten untersagt werden, die Wände mit Schriften und Zeichnungen zu beschmieren.

Betrachten wir die Studienzeiten, so wird deutlich, daß diese durchaus den heutigen entsprochen haben. Ein Theologiestudent hatte zunächst ein sechsjähriges Studium zu absolvieren, um zum Titel eines „Baccalaureus" zu gelangen. Wollte er dann weiter Karriere an der Universität machen, hatte er zunächst über je ein Buch des Alten und Neuen Testamentes eine Vorlesung zu halten, danach folgte eine Vorlesung über das dogmatische Lehrbuch der Sentenzen des Petrus Lombardus, wodurch der Grad eines „Baccalaureus formatus" erworben wurde. Nach weiteren drei Jahren und

Die Studenten

Disputation von Universitätsprofessoren im Beisein des Landesherren und der Bürgerschaft

nach bestandenen Prüfungen erfolgte die Verleihung der „Licentia", und erst dann konnte der Doktorgrad in den Disputationen und einer Ansprache zum Lob der Heiligen Schrift erworben werden.
An der Artistenfakultät wurden vor allem Grammatik und Dialektik

(Logik) gelehrt, Rhetorik und Stilkunst wurden in Wien hingegen völlig vernachlässigt, was auch öfters Anlaß zu Klagen gegeben hat. Dagegen widmete man sich mit besonderem Eifer den Studien der naturwissenschaftlichen Fächer auf der Grundlage der Schriften des Aristoteles, und auch die mathematisch-astronomischen Fächer oder die Philosophie wurden eifrig betrieben.
Die Unterweisungen bestanden in Vorlesungen, Wiederholungen, Übungen und Zusammenfassungen in Form von Disputationen zur Vertiefung des Gelernten. An manchen Festtagen gab es auch öffentliche Disputationen, an denen sich auch die Kandidaten für einen akademischen Grad zu beteiligen hatten. Nach Beendigung des Studiums waren die an der Artistenfakultät promovierten Magister verpflichtet, zwei Jahre lang Vorlesungen an der Universität zu halten, allerdings konnten sie, falls es ein Überangebot an qualifizierten Absolventen gab, von dieser Pflicht dispensiert werden.
Ein teures Studium war die Medizin, vor allem deshalb, da der Absolvent bei der Promotion hohe Gebühren zu entrichten hatte. Die Lektoren kamen besonders in der Anfangszeit der Fakultät aus Italien. Gehalten wurden Vorlesungen über Anatomie und Arzneimittelkunde, wobei die Unterweisungen eher theoretischer Natur waren. Es wurden aber auch bereits erste Sektionen menschlicher Leichen durchgeführt. Im Jahre 1404 fand die erste Sektion nördlich der Alpen im Wiener Heiligengeistspital statt, 1452 wurde die erste Frauenleiche seziert.
Bei den Juristen wurde kanonisches und Zivilrecht gelesen, Vorlesungen aus römischem Recht wurden nur gelegentlich erwähnt. Wer dieses studieren wollte, ging in der Regel an die berühmte Juristenschule von Padua. Dieser Abwanderung versuchte man im 15. Jahrhundert durch die Heranziehung italienischer Lehrer an die Wiener Universität zu begegnen.

Bücher

Ein eigenes Kapitel ist die Behandlung der Bücher und Bibliotheken an der mittelalterlichen Universität. Da es vor der Erfindung des Buchdruckes nur handgeschriebene Codices und Manuskripte gab, die nicht beliebig vervielfältigt werden konnten, stellten solche Unterlagen einen gewaltigen Wert dar, der auch erkannt und gewürdigt wurde. So wird im Stiftungsbrief der Wiener Universität von 1365 das Buch als wertvollstes Gut noch vor Gold und Silber angeführt und dafür volle Steuerfreiheit, sicheres Geleit und Schadenersatz bei Verlust oder Raub zugesichert. Diese ersten Bücher und Handschriften waren nicht allen Angehörigen der Universität zugänglich, nur der engste Kreis der Doktoren, Professoren und Magister hatte unter strengen Sicherheitsvorkehrungen Zugang zu den Bibliotheken, die zunächst nur für die jeweilige Fakultät vorhanden waren, eine Gesamtbibliothek gab es am Beginn der Universität Wien nicht.

Die Studenten

Unterricht im Chorgesang

Erst als Herzog Albrecht für die Universität das Collegium Ducale einrichtete, konnte die Artistenfakultät in einem Raum ihre Bücher gesammelt aufbewahren, die Bücher der anderen Fakultäten verstreuten sich aber weiterhin über den gesamten Universitätsbereich. Erst zu Beginn des 15. Jahrhunderts wurde eine erste Bibliotheksordnung erlassen, und ab 1415 findet sich ein „librarius", ein Bibliothekar, im Dienst der Universität. Als in der zweiten Hälfte des 15. Jahrhunderts ein Zubau zum Collegium Ducale errichtet wurde, konnten dort alle Bücher der Artistenfakultät untergebracht werden, zu der sich dann auch die kostbare Bibliothek der Mediziner gesellte.
1474 kaufte die Wiener Universität ihr erstes gedrucktes Buch, ein auf Pergament gedrucktes Decretale, für die ungeheure Summe von 34 rheinischen Gulden, was einem Gegenwert von 300 Gänsen oder 25.000 Eiern entsprach.
Ab 1492 standen der Universität geeignete Räumlichkeiten zur Verfügung, aus denen sich in der Folge die Universitätsbibliothek entwickeln sollte, obwohl sie bis ins 18. Jahrhundert nie als solche bezeichnet wurde.
Für die Benützung der Bibliothek mußten bestimmte Taxen bezahlt werden, je nachdem, ob man die Bücher nach Hause mitnahm oder in der Bibliothek studierte. Besonders wertvolle Bücher waren mit Ketten an den Lesepulten befestigt. Auch diese Bücher konnte man ausleihen, doch mußte dafür ein Eid geleistet, ein Pfand deponiert und die Erlaubnis der Fakultät eingeholt werden. Für die Büchersammlungen gab es noch keinen Katalog, sondern nur ein Bücherverzeichnis, das an der Wand der Bibliothek befestigt war.

Die Bewohner der Stadt

Die Außenseiter

Die Dirnen

Die Prostitution war im Mittelalter weit verbreitet. Die Ursachen dafür lagen teilweise in dem Umstand, daß der Großteil der Bevölkerung den armen und ärmsten Schichten angehörte, für die eine Ehe aus finanziellen Gründen nicht in Frage kam, anderseits verzeichnete das Mittelalter einen erheblichen Frauenüberschuß.
Kirche und Obrigkeit standen der Prostitution im Früh- und Hochmittelalter durchaus positiv gegenüber, da sie darin ein Mittel sahen, die ehrbaren Jungfrauen vor der Gefahr der Schändung und Vergewaltigung zu bewahren.
Seyfried Helbling hat uns die Dirnen von Wien beschrieben und sie mit dem Namen „vensterhennen" bedacht, oft werden sie aber auch als „die gemainen frauen" und besonders in Wien als „hübschlerinnen" bezeichnet. Die früheste Nachricht über die Wiener Dirnen verdanken wir dem Stadtrecht Rudolfs von Habsburg, der die Dirnen der Aufsicht des Scharfrichters unterstellte. Schon bald kam die Stadt Wien aber auch auf den Gedanken, mit dem Lohn der Dirnen die Stadtkasse aufzubessern und schuf die Institution der „Frauenhäuser", die als Bordelle einerseits die Prostituierten von den Straßen wegbringen sollten und gleichzeitig ihrer Überwachung und damit auch der Überwachung ihrer Einkünfte dienten.
Die Dirnen wurden aber nicht nur bei der Berufsausübung überwacht, sondern mußten auch auf der Straße für jedermann kenntlich sein. Zu diesem Zwecke wurde ihnen verordnet, ein gelbes Tüchlein an der Achsel zu tragen, eine Hand breit und eine Spanne lang.
Obwohl sicher Außenseiter der Gesellschaft, waren die Dirnen aber weder geächtet noch in das soziale Abseits gedrängt. Besonders bei Festen und Umzügen reihte man sie gerne in den Zug ein, und selbst bei festlichen Empfängen ausländischer Fürsten war es Brauch, daß ihnen die geschmückten Dirnen entgegenzogen und sie feierlich in die Stadt geleiteten. Ebenso hatten sie ihre Auftritte bei der Sonnwendfeier und beim Scharlachrennen und erhielten dafür sogar Zuwendungen aus der Stadtkasse. So bekamen die Bewohnerinnen der beiden Frauenhäuser vor dem Widmertor im Jahre 1435 beim Einzug Kaiser

Die Außenseiter

Siegmunds 10 Ellen Samt für ihre Einkleidung. Es war auch üblich, bedeutende Persönlichkeiten bei ihren Besuchen in der Stadt in den Frauenhäusern unterzubringen oder in diesen Feste zu veranstalten, wobei auch die „Bürgerinnen", wie sich die „ehrbaren" Frauen bezeichneten, anwesend waren.

Das erste Frauenhaus in Wien dürfte im 13. Jahrhundert außerhalb der Stadt im Bereich des heutigen Theaters an der Wien entstanden sein. Jedenfalls erscheint es in den Urkunden von Albrecht III. und Albrecht VI. als „gemeines" Frauenhaus, und die Nutzung der Einkünfte daraus wurde an verdiente Lehensmänner der Herzöge verliehen. Bald darauf tauchten aber noch die Bezeichnungen „Frauenhäuser" vor dem Widmertor auf, welche 1415 um die bedeutende Summe von 240 Pfund Pfennigen den Besitzer wechselten. Eines der beiden Frauenhäuser wurde 1422 sogar von der Stadt Wien erworben, um aus den Einkünften die Schergen und Henker der Stadt zu bezahlen. 1501 wurde eines der beiden Frauenhäuser neu erbaut und um ein Geschoß erweitert, es mußte also ein gesteigerter Bedarf für die Dienste der Dirnen vorhanden gewesen sein. Die Dankbarkeit der Stadt Wien äußerte sich auch in einer Spende von 75.000 großen und 500 kleinen Ziegeln im Wert von 500 Pfund Pfennigen. Bald danach hielt aber die Syphilis ihren Einzug in Wien, und Maximilian I. mußte ein Spital für Syphilitiker vor dem Stubentor einrichten. Die Verbreitung dieser Krankheit scheint das Ende der Institution der Frauenhäuser gebracht zu haben, jedenfalls finden wir nach 1530 keine weitere Erwähnung der Frauenhäuser.

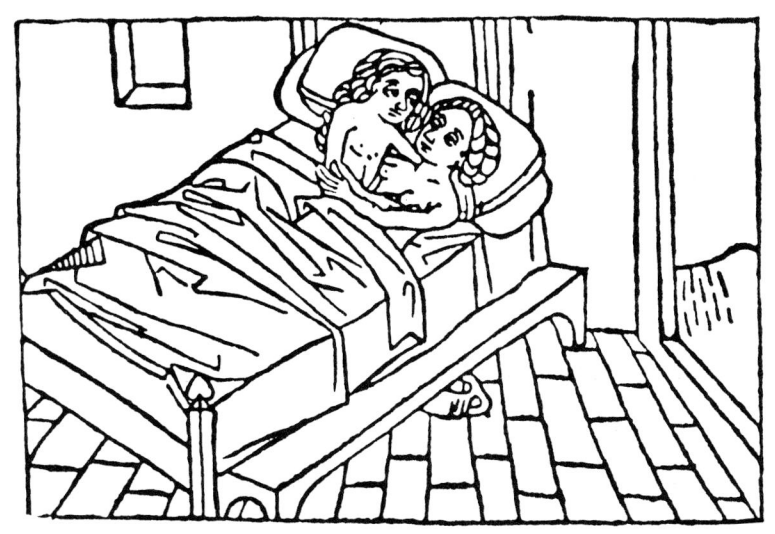

Die Prostitution stellt einen Wirtschaftsfaktor in der mittelalterlichen Stadt dar. Die Dirnen sind zwar Außenseiter der Gesellschaft, aber nicht Ausgestoßene

Die Bewohner der Stadt

Die Organisation der Frauenhäuser lag in Händen der „Frauenmeisterin", die in wirtschaftlichen Belangen von der „Frauenwirtin" vertreten wurde und die beide vom Hofmarschall bestellt wurden. Die Dirnen hatten für ihre Zimmer pro Tag und Kunden abzurechnen und bestimmte Summen zu bezahlen, ausländische Gesandtschaften genossen dabei Kredit, der auf einem „rabisch", einem Holzstab, eingekerbt und nachträglich abgerechnet wurde. Geistlichen, Juden und Ehemännern war der Zutritt zu den Frauenhäusern versagt, von letzteren wissen wir aber, daß sie sich nicht sonderlich an dieses Gebot hielten, da uns aus einem Gesuch bekannt ist, daß die Strafgelder von erwischten Ehemännern im spätmittelalterlichen Wien pro Jahr 500 Pfund Pfennige ausmachten.

Aber auch Dirnen werden älter, und so manche der „vensterhennen" mag irgendwann besorgt in die Zukunft geblickt haben, wenn die Schönheit verschwand und die Kunden langsam ausblieben. Bereute sie dann ihren Lebenswandel, konnte sie Aufnahme im Büßerinnenhaus des Klosters St. Hieronymus finden, welches Heinrich von Pottendorf der Ältere 1382 eingerichtet hatte. Der Ausstieg der Dirnen aus ihrem Gewerbe wurde vorher durch die Stadtrechte von 1305 und 1340 erschwert, da ihnen darin die Heiratsfähigkeit abgesprochen wurde. Später durften sich bekehrte Dirnen verheiraten, dem Bräutigam blieben auch alle Ehrenrechte erhalten, und es war sogar bei Strafe verboten, diese Paare zu verspotten. Allerdings verbot noch 1429 die Bäckerzunft ihren Mitgliedern, ehemalige Dirnen zu ehelichen.
Strenge Strafen gab es für Frauen, die das Büßerinnenhaus unerlaubt verließen oder sogar ihre frühere Tätigkeit wieder aufnahmen. Sie wurden aus der Stadt vertrieben oder hingerichtet wie jene Frau, die 1501 von Margott dem Züchtiger in einen Sack gesteckt und in der Donau ertränkt wurde, nachdem man sich vorher vergewissert hatte, daß die Sünderin nicht schwanger war. Wäre sie es gewesen, hätte man sie bis zur Geburt geschont, da die Kirche verbot, das „unschuldige" Leben des ungeborenen Kindes zu vernichten. 1544 erlebte das Büßerinnenhaus, in dem zu diesem Zeitpunkt nur noch acht bekehrte Dirnen Buße taten, einen unerfreulichen Skandal, als bekannt wurde, daß die Vorsteherin, auch „Meisterin" genannt, ein Verhältnis mit dem Hauspfarrer hatte.

Die Armen

Die Armut war ein schwerwiegendes soziales Problem im Mittelalter. Für französische Städte hat man berechnet, daß zeitweise bis zu 80% der Einwohner zu den Armen zu rechnen waren, die in irgendeiner Form von Bettelei oder wohltätiger Unterstützung leben mußten, und ähnlich werden die Verhältnisse auch in Wien gewesen sein. Nun ist es aber so, daß die Armen kaum schriftliche Zeugnisse ihres Lebens

Die Außenseiter

Die Unterstützung von Armen gehört zur Christenpflicht des mittelalterlichen Bürgers

hinterlassen haben, so daß sie für uns heute nur schwer faßbar sind. Wir hören von ihnen höchstens in den Vermächtnissen der Reichen, die ihnen Stiftungen und Legate aussetzten, um sich eine gute Aufnahme im Jenseits zu sichern. Die Armen erfüllten in der mittelalterlichen Gesellschaft dadurch eine wichtige soziale Funktion, indem sie den Reichen erlaubten, sich durch Almosen auf ihre Kosten in das Himmelreich einzukaufen.

Bis an das Ende des Mittelalters gab es von seiten der Stadtverwaltung keine Versuche, das Problem der Armut in den Griff zu bekommen. Es gehörte zum guten Ton, die Armen zu verköstigen und ihnen etwas zu vererben. Wer es sich leisten konnte, trug zur Verteilung von Geld unter die Armen eine eigene Almosentasche mit sich, die durch ihre kostbare Verarbeitung in krassem Gegensatz zum Verwendungszweck stand.

Die einzigen Stätten, die sich regelmäßig um die Armen kümmerten, waren Klöster und Krankenhäuser, die dafür einen Teil ihrer Einkünfte aufzuwenden hatten. Zeitweise versuchte man auch, die Armen der Stadt loszuwerden, indem man sie kurzerhand zusammentrieb und aufs Land verfrachtete oder zu Zwangsarbeit einteilte.

Die Bewohner der Stadt

Die Armen waren auf das Betteln als einzigen Broterwerb angewiesen, und wir müssen uns die mittelalterlichen Straßen und Gassen Wiens voll von Bettlern vorstellen. Sie umlagerten die Kirchentüren in der Hoffnung, nach der Messe Almosen zu bekommen und lungerten an allen Ecken der Stadt herum und zeigten unter Lumpen ihre Gebrechen und Wunden. Betteln wurde als Beruf betrachtet, und im Jahre 1443 nahm das Bettlerwesen in Wien so überhand, daß sich der Magistrat genötigt sah, eine Ordnung „von eines Sterzenmeisters und der Petler wegen" zu erlassen, welche genau zwischen den Armen unterschied. Es gab dabei verschiedene Klassen von Armen: Stadtarme, die Almosen vom Magistrat bekamen, und Hausarme, die bestimmten Häusern zugeteilt waren und von dort aus versorgt wurden. Um sie vom fahrenden Volk, welches landauf, landab bettelte, zu unterscheiden, mußten die Armen in Wien registriert sein und ein eigenes Bettlerzeichen, ein gelbes, um den Hals geschlungenes Tuch, tragen. Damit war ihnen das Betteln obrigkeitshalber erlaubt, vorausgesetzt, sie konnten nachweisen, die christlichen Gebete zu kennen, mindestens einmal im Jahr zur Beichte gegangen zu sein und kommuniziert zu haben. Ein eigener Bettlervogt überwachte diese Anordnung und ernannte den Sterzenmeister, der über die Bettlerzunft gebot und von dem wir wissen, daß 1443 ein Hans Weidenberger diese Stelle innehatte.

Die Armen und Bettler hatten auch ihren eigenen Versammlungsort, eine mehrstöckige Stiegengasse, Bettlerstiege genannt, die sich von der Laimgrubenhauptstraße (heute Mariahilfer Straße) hinab zur Kothgasse (heute Gumpendorfer Straße) führte und die schon als „Bettlerbühel" in der Mitte des 14. Jahrhunderts erwähnt wurde. Bekannt waren auch die „Wunderburgen", in denen sich jeden Abend echte Wunder ereigneten. Hier konnten am Abend nach einem Tag voll des Bettelns Lahme plötzlich wieder gehen, Blinde wieder sehen, und hier hatte auch die Bettlerzunft ihr Hauptquartier. Victor Hugo hat in seinem „Glöckner von Notre Dame" einen solchen „Cour des miracles" eindrucksvoll beschrieben, und ähnlich wie in Paris mögen auch die Verhältnisse in Wien gewesen sein.

Dennoch kann kein Zweifel darüber bestehen, daß Armut eine soziale Konstante in der mittelalterlichen Stadt Wien war und das Überleben von einem Tag zum anderen ein Problem für einen nicht unbeträchtlichen Teil der Einwohner war.

Der Henker

Eine eigentümliche Rolle spielte der Freimann oder Henker in der mittelalterlichen Stadt, der in Wien auch als Züchtiger oder „heher" bezeichnet wurde. Er wurde von der Bevölkerung in eine abseitige Stellung gedrängt, die mit dem abergläubischen Grauen vor seiner blutigen Tätigkeit wie auch mit der Angst vor seinen geheimen Künsten zusammenhängen dürfte.

Die Außenseiter

Erst im 13. Jahrhundert dürfte ein Henker in Wien fest benannt worden sein, vorher übten der jüngste Schöffe, der Fronbote oder einer der Schergen das Amt aus. Der Henker galt als ehrlos, weshalb man ihm auch in Wien die Aufsicht über die anderen ehrlosen Personen, die Dirnen, übertrug, von deren Abgaben er später auch bezahlt wurde. Davor stand es ihm frei, seinen offenbar geringen Lohn durch die Sammlung von Spenden auf Straßen und Plätzen aufzubessern, bis ihm dies 1428 untersagt wurde. Für jede Hinrichtung erhielt er ebenfalls ein bestimmtes „Blutgeld". Seine Wohnung nahm der Henker anfangs außerhalb der Stadt oder in ihrem entlegensten Winkel, denn so notwendig seine Dienste auch waren, so verachtet war er dafür, und seine „Unehrlichkeit" ging bis über den Tod hinaus auf seine Nachkommen über, was dazu führte, daß das Scharfrichteramt oft für lange Zeit in einer Familie blieb. Nur nachts schlich so mancher ehrsame Bürger zu seiner Hütte, um sich hier ein zauberkräftiges Mittel zu besorgen, da man den Henker auch stets mit dunklen Mächten in Verbindung brachte.

Im Spätmittelalter erhielt der Henker in Wien in der Rauhensteingasse sein Quartier zugewiesen. Dieses „Schergenhaus" benannte Gebäude diente auch als Gefängnis und Folterkammer und manchmal sogar als Hinrichtungsstätte, so wurde hier 1485 der frühere Bürgermeister Lorenz Haiden wegen angeblicher Unterschlagungen gehenkt.

Zu den Aufgaben des Henkers gehörten auch Arbeiten, die nicht einmal die ärmsten Bürger übernehmen wollten wie die Wasenmeisterei (das Beseitigen der Schlachterabfälle) und das Reinigen der Aborte und Abtritte.

Hinrichtungen waren aber auch für den Henker manchmal nicht ungefährlich. Besonders bei politischen Verbrechen wurde mit dem Schwert gerichtet, und es war nicht immer einfach, mit dem großen Richtschwert den Hals des „Malefizianten" zu treffen. So lynchte 1501 die Wiener Bevölkerung einen Henker, der bei einer Hinrichtung am Hohen Markt mehrere Hiebe gebraucht hatte, um ein Haupt abzuschlagen, was dem Magistrat Anlaß gab, einen „Freimansfrieden" zu verkünden, der festlegte, daß in Zukunft solche „Kunstfehler" nur durch den Magistrat zu ahnden waren. Da eine mißlungene Hinrichtung nach altem Volksbrauch die Freilassung des Opfers bedeutete, versuchte man sich dies ebenfalls zunutze zu machen. Als 1485 der ehemalige Geheimschreiber von Matthias Corvinus, Jaroslaw von Czernahor und Boskowitz, wegen Hochverrates enthauptet werden sollte, bestachen seine Freunde den Scharfrichter, der den Streich auf seine Schulter abgleiten ließ. Die empörte Menge entriß ihm darauf das Opfer und brachte es in ein nahegelegenes Haus, wo es dennoch wenige Stunden später verblutete.

Es hat lange gedauert, bis der Beruf des Henkers seinen Makel verlor, und erst ein Reichsgesetz von 1731 erklärte alle Ehrlosen und Ausgeschlossenen für zunftfähig. 1772 verfügte Maria Theresia in einem Patent zusätzlich die Ehrlichmachung des Henkers und seiner Familienmitglieder.

Die Spielleute

Es gab zwei Sorten von Spielleuten im mittelalterlichen Wien. Einmal die hochgeschätzten Sänger und Dichter am landesfürstlichen Hof und dann die Masse der armen Spielleute, die in den Schenken und auf der Straße für das gemeine Volk ihre Kunst zum Besten gaben.
Das „Helblingbuch", entstanden zwischen 1292 und 1294, beschreibt, wie es in den Schenken zuging. Die Spielleute traten paarweise an den Tisch der Bürger, statt zu singen, brüllten sie wie die Kälber nach den Kühen. Kaum waren die einen mit einer Münze zufriedengestellt, kamen schon die nächsten, sich ungefragt für ihr Zuspätkommen damit entschuldigten, daß sie eben dem Herzog hätten aufspielen müssen.
Die Spielleute verwendeten die verschiedensten Musikinstrumente, der Dudelsack kam ebenso vor wie die Fiedel, Pfeifen oder die Leier.
Es waren aber nicht nur Musikanten unter den Spielleuten, sondern auch Puppenspieler, die mit ihren Marionetten, „tatermannen" genannt, kleinere Stücke zur Aufführung brachten.
Die Spielleute waren ebenso wie die Schausteller oder Akrobaten völlig rechtlos. Verletzte jemand einen Spielmann, bekam dieser als „Wergeld" nur den Schatten des Mannes, der ihn verletzte, das heißt, sein Peiniger stellte sich in die Sonne an eine Wand, und der Spielmann durfte den Schatten an der Wand schlagen. Vor Gericht konnten sie nicht als Zeugen auftreten, und es stand ihnen keine Berufung gegen Urteile zu, auch ihre Eide wurden als wertlos betrachtet. Die Kirche verweigerte ihnen den Zugang zum Altar, und wurden sie eines Verbrechens bezichtigt, konnten sie sich nur durch die Feuer- oder Wasserprobe retten. Fühlte sich ein Bürger von einem Spielmann beleidigt, so durfte er diesen ungestraft verprügeln.
Es verwundert nicht, daß die Spielleute schon bald begannen, sich zu organisieren, um den Schutz des Landesfürsten zu erhalten. Unter Albrecht I. fanden sie sich in Wien 1288 in der Nikolausbruderschaft zusammen. 1354 erwählten sie Peter von Ebersdorf als ihren Vogt, und damit soll das oberste Spielgrafenamt entstanden sein, das von den Familien der Eitzinger und der Grafen von Breuner ausgeübt wurde. Diesem obersten Spielgrafenamt unterstanden 1459 sieben untergeordnete Spielgrafenämter, die der Nikolauszeche bei den Michaelern in Wien einen jährlichen Anerkennungszins zu entrichten hatten. Die Bedeutung des Spielgrafenamtes lag im Umstand, daß damit die Spielleute bei kleineren Vergehen der Rechtsprechung des Magistrates entzogen waren. Die „Hochkultur" am Hofe unterstand dem Schutz des Landesherrn, die Masse der kleinen Künstler war auf ihr Talent zum Überleben angewiesen.

DAS LEBEN IN DER STADT

Die Mode

Mode und Bekleidung hatten für den mittelalterlichen Menschen mehr Bedeutung als nur die Funktion von Schutz und Schmuckbedürfnis. Die Kleidung ist das erste, das man an einem Menschen sieht, wenn man ihm begegnet, und dieser erste Eindruck sollte im Mittelalter sofort Aussagen über den Menschen, der in dieser Kleidung steckte, machen. Daher diente die Kleidung im Mittelalter der sozialen Unterscheidung, jeder Gesellschaftsschicht war ihre

Frauentracht mit Hauben und enganliegenden Gewändern

Kleiderform und Art und Möglichkeiten des Schmuckes und des Aufwandes zugewiesen.

Von Mode kann man in diesem Zusammenhang erst ab dem Spätmittelalter sprechen. Vorher war die Alltagskleidung der Festkleidung gleich, und erst allmählich differenzierte sich die Kleidung bei verschiedenen Anlässen und in eine deutlich getrennte Männer- und Frauenkleidung. Das Modekarussell begann sich ab dem Hochmittelalter zu drehen, die Moden wechselten in immer schnellerem Rhythmus, und wer mithalten wollte, war gezwungen, sich in immer kürzeren Abständen neue Kleidung anzuschaffen.

Schöne Kleidung zu besitzen, war im Mittelalter an sich nicht verwerflich. Kleiderluxus aber konnte die Familie in den Ruin treiben, sei es, weil die Männer jeder Modetorheit nacheiferten oder die Frauen auf neue Kleider nicht verzichten konnten. Familienzwiste entstanden, weil die jungen Frauen ihren alten Männern neue Kleider abzupressen versuchten, und schöne Kleidung konnte so begehrt sein, daß man sie mitunter stahl. Nicht einmal der Klerus war immun gegen die Versuchungen der Mode, und auf den Synoden mußten ihm immer wieder die Gold- und Silberverzierungen am geistlichen Gewand verboten werden.

Ganze Dörfer wurden verkauft, damit sich die Frau einen Rock im neuesten Schnitt und in der Farbe der Saison leisten konnte, und am Ende des Mittelalters mußten sich die Magistrate der Städte und selbst der Reichstag mit der Mode beschäftigen, um den überhandnehmenden Kleiderluxus einzudämmen.

Die Mode der Männer

Was trug nun der modebewußte Wiener im Mittelalter? Bis zum 13. Jahrhundert war die Mode durch die Kreuzzüge stark vom Osten, von den Byzantinern und Arabern, beeinflußt. Der Mann trug über der „phayt", dem Unterhemd, lange wallende Röcke, deren Stoffe man aus Gent, Brügge und Ypern bezog. Herzog Friedrich II. hatte sogar einen Hofschneider aus Flandern namens Meister Ulricus von Arras in seinen Diensten.

Im 14. Jahrhundert wurde der Rock kürzer und zur enganliegenden, kurzen „Schecke", eine Joppe, die bis zu den Knien reichte. Am unteren Rand war sie eingeschnitten, um das Ausschreiten zu erleichtern, die dadurch entstandenen Zipfel, „Zaddeln" genannt, wurden bunt geschmückt und bald auch an anderen Gewandteilen verwendet. Da der Rock nun enger geschnitten war, konnte er mit der Zeit nicht mehr über den Kopf gezogen werden und mußte daher vorne zu öffnen sein. Ursprünglich dürfte diese Mode von Frankreich nach Wien gekommen sein, zunächst blieb sie dem Hof vorbehalten. Heinrich der Teichner, ein mittelalterlicher Reimchronist, der stets seine Zeit und besonders die Sitten, Moral und auch die Mode kommentierte, meinte dazu, daß die Menschen nun wie die Faschingsnarren aussähen, und er tadelte den Hof, der hier mit schlechtem Beispiel vorangehe. Mit dem Versuch, die Kleidung immer enger an den Körper anliegen zu lassen, wollte man auch die Körperform selbst verändern. Erstrebenswert war die möglichst schlanke Taille mit einem mächtigen Oberkörper. Dazu schnürte man sich mit Miedern die Mitte zusammen und polsterte mit Baumwolle den Brustkorb aus. Die Röcke wurden immer kürzer und endeten knapp unter der Taille und wurden in dieser Form oft als so anstößig empfunden, daß man versuchte, sie vom Magistrat verbieten zu lassen.

So eng auch das Wams war, so weit wurden die Ärmel, so weit, daß man auch Gegenstände in ihnen aufbewahren konnte. Sie waren in der Farbe vom Wams abgesetzt und mit Bändern und Zaddeln verziert. Manchmal waren sie vom Gewand extra abknöpfbar, so daß Ulrich von Liechtenstein auf seine Venusfahrt insgesamt 30 Paar Ärmel zu 12 Röcken mitnehmen konnte.

Zum Schließen des Rockes kamen die Knöpfe auf, gefertigt aus Glas, funkelnden Steinen, Metall oder Horn. Die Taille wurde mit einem Gürtel betont, der aber keine haltende Funktion hatte, sondern nur der Zierde diente und kostbar mit Edelsteinen und Metallplatten geschmückt war.

Verschiedene Stände, besonders aber die Studenten, trugen besonders gefertigte Gürtel, die Aufschluß über Ämter und Würden des Trägers gaben. Der Gürtel diente aber auch der Befestigung von Dingen des täglichen Gebrauchs, man schnallte Geldbeutel und Schlüsselbund daran fest und hatte hier den Dolch oder das Schwert stets griffbereit hängen.

Eine der seltsamsten Launen der mittelalterlichen Mode war die Schellentracht. Man trug möglichst viele Schellen am Gewand und war stolz, wenn man lärmender einherschritt als sein Nachbar. 1402 vererbte in Wien Katrey Wachsgiesser einen „prawnen seidl mit 33 silbrein schellen" ihren Nachkommen, andere Wiener nannten Gewänder mit einem Besatz von acht bis zwanzig Schellen ihr eigen. Diese Mode schien aber bald wieder abgekommen zu sein, da sich ab 1500 keine Schellengewänder mehr in den Testamenten erwähnt finden. Vermutlich kam diese Mode aus dem Orient und wurde über die Juden und Kleriker, die seit alters her Schellen trugen, an den gehobenen Bürgerstand weitergereicht.

Da das Wams nur kurz war, kamen darunter die Beinlinge zum Vorschein, und da alle sichtbare Kleidung auffällig sein sollte, wurden auch diese „Strumpfhosen" zum Objekt der Mode. Sie wurden oft aus feinstem Leder gefertigt und so eng geschnitten, daß sich die Attribute der Männlichkeit deutlich abzeichneten. Möglichst viele Nesteln dienten der Verzierung, und in den Farben wurden sie oft „halb und halb" gehalten, das heißt, jedes Hosenbein hatte eine andere Farbe, die wieder mit den Farben des Wamses kontrastieren sollte.

Die Mode

Unter den Hosen wurde die „Bruch" oder „Bruoch" getragen, eine Unterhose, die zuerst weit geschnitten, durch die engen Hosen aber immer knapper gehalten werden mußte, bis sie einem modernen Tanga ähnlich wurde. An ihr wurden die Beinlinge mit Nesteln befestigt.

An die Beinlinge schlossen sich die „Füßlinge" an, Strümpfe, die an der Unterseite mit einer Ledersohle versehen waren und so zu Schuhen wurden. Die Spitzen der Beinlinge wurden verlängert und aufgebogen und erreichten im 13. Jahrhundert als „Schnabelschuhe" solche Dimensionen, daß sie mit Kettchen am Unterschenkel befestigt werden mußten. Möglichst lange „Schnäbel" waren ein Statussymbol und daher versuchte man, die Länge der Schnabelschuhe oftmals durch Kleiderordnungen zu regeln, doch stets vergebens.

Zu Beginn des 15. Jahrhunderts wurden halbhohe Stiefel modern, vielfach als Stulpenstiefel oder mit seitlicher Schnürung. Ab der Mitte des Jahrhunderts trug man die „Trippen", zweihackige Holzschuhe, die, mit Lederriemen am Fuß befestigt, als Überschuhe gegen den Straßenschmutz verwendet wurden. Gegen Ende des 15. Jahrhunderts wurden die Schnabelschuhe endgültig von den breiten „Kuhmäulern" und auch von eng anliegenden Schlüpfschuhen abgelöst. Daneben wurden im Haus auch schon Pantoffeln getragen.

Über die Kleidung wurde beim Ausgang ein Mantel, die „Schaube", angelegt, die möglichst prunkvoll geschmückt sein sollte. Sie war in der Anschaffung so teuer, daß sich Ehepaare oft nur ein Stück leisten konnten, welches dann abwechselnd getragen wurde. In der Form war die Schaube vorne offen und nur mit einer Spange geschlossen, die Rückseite war reich in Falten gelegt. Die Schaube hat sich als Prunkmantel bis heute erhalten und dient in Form des „Talar" als Festmantel und Rangabzeichen an der Universität.

Der Alltagsmantel des Bürgers war im Mittelalter die „Heuke", ein weiter Glockenmantel, der auf der Schulter oder vorne mit Knöpfen geschlossen wurde, wobei die Länge der Heuke stark der Mode unterworfen war. Je stutzerhafter der Träger, um so kürzer war sie, bis sie schließlich zum „Gollier" verkam, das nur mehr ein vom Hals abstehender, steifer farbiger Kragen mit einem kurzen Mäntelchen war.

Das „modernste" und beliebteste Kleidungsstück im Mittelalter war die „Gugel" als Mantel und Kopfbedeckung. Sie ging aus dem weiten, alles verhüllenden Reisemantel hervor, mit der Zeit wurde sie immer kürzer und endete in ihrer Entwicklung als Kapuze mit einem kleinen Kragen, dessen Rand gezackt und mit Borten, Knöpfen oder Glöckchen besetzt sein konnte. Die Kapuze endete mit der Zeit in einem langen Zipfel, der länger als das eigentliche Gewand war. Mit geflochtenen, gedrehten, geknüpften oder mit Glöckchen besetzten Gugelschwänzen stolzierten die Herren durch die Straßen, im Aussehen den modernen Schalknarren durchaus ähnlich. Im 15. Jahrhundert kam zur Gugel noch eine Gesichtsmaske dazu; zuerst nur von den Frauen getragen, verbreitete sich diese Sitte auch unter den Männern. Das Vermummen wurde von den Zeitkritikern stets auf das heftigste bekämpft, denn es galt nicht nur als unschön, sondern es rüttelte auch an den gesellschaftlichen Eckpfeilern des Mittelalters, da der sich Verhüllende nicht sofort in seinem Stand und Reichtum erkennbar zeigte. Neben der Gugel wurde als Kopfbedeckung auch der Hut getragen, meist breitrandig, mit hohen spitzen Formen, aber auch Hauben und Beutelmützen, die oft mit Federn verziert waren.

Die Kleidung der Frauen

Die Frau trug zunächst ein einfaches Untergewand, aus Leinen gefertigt und gerade von den Schultern abwärts geschnitten, darüber kam das Unterkleid mit eng anliegenden, geknöpften Ärmeln und darüber wiederum das Kleid, die „Sukkenie", die an der Taille mit einem Gürtel gehalten wurde. Dieser Gürtel lag im Laufe der Zeit an verschiedenen Stellen des weiblichen Körpers, einmal hing er lässig von den Hüften herab, dann wieder stieg er hoch hinauf bis unter die Brüste und stützte diese.
Am aus kostbaren Materialien gefertigten Gürtel wurden wie beim Mann verschiedene Dinge befestigt. Neben dem Rosenkranz schimmerten hier besonders Spiegel und bei Edelfrauen auch kleine Dolche.
Die schmale Taille war für Frauen schon damals erstrebenswert, und so entwickelte sich der Gürtel mit der Zeit zum Mieder, welches die begehrte Wespentaille hervorbringen sollte. Das Kleid war zeitweise sehr eng anliegend geschnitten, die mäßige Weite galt jedoch als vornehmer, und als besonderer Anziehungspunkt der Augen diente der möglichst großzügige Ausschnitt. Was dem Kleid oben an Stoff fehlte, wurde unten und hinten in Form einer langen Schleppe angesetzt, die als „Schwänzlein" verspottet und angefeindet wurde. Den Predigern war die aus mehreren Lagen bestehende Schleppe stets ein Dorn im Auge, denn nicht nur, daß sie den Staub aufwirbelte, galt sie auch als „des Teufels Kutsche", auf welcher der Satan den putzsüchtigen Frauen auf Schritt und Tritt folgen konnte.
Die Kleider der Frauen im Mittelalter waren Modellkleider, angefertigt nach den persönlichen Vorstellungen und dem jeweiligen Verwendungszweck angepaßt. Der Wert der Gewänder hing von der Schwere der Stoffe ab, und deshalb wog die vorsichtige Bürgersfrau den Stoff ab, bevor sie ihn dem Schneider übergab, waren diese doch bekannt dafür, ab und zu ein Stück „unter den Tisch fallen zu lassen".
Die Kleider waren bunt und oft aus verschiedenfarbigen Stücken zusammengesetzt, was zuweilen als „unzüchtig" gelten konnte. Nur Büßerinnen und Nonnen trugen graue oder braune Gewebe, und Schwarz diente allein als Trauerfarbe. Auch von den Witwen forderte

Die Mode

Frau in der Kleidung des späten 15. Jahrhunderts, mit engem Mieder und reicher Haube

man einfarbige düstere Gewänder, allerdings schienen die Frauen diesem Gebot nicht oder nur sehr widerwillig nachgekommen zu sein. Verpönt war die Farbe Gelb als die Farbe der Juden, Dirnen und Bettler, Scharlachrot galt dagegen als besonders vornehm und wurde von den Reichen und den Würdenträgern der Stadt getragen.

Über dem Kleid wurde ein Mantel getragen, und zwar bis um 1350 ausschließlich von Frauen. In Wien trug man eine besondere Art von Mantel, den „Seydl", ein kurzer Mantel mit Ärmelansätzen, die Flügel oder Stumpfen genannt wurden. Blau war die Lieblingsfarbe, die man beim Seydl verwendete, daneben gab es auch braune, rote, „gemengte" und solche von der „neuen art", das vielleicht eine besondere Nuance von Grau darstellte. Auch die Gugel wurde von den Frauen getragen, allerdings scheinen hier die Zipfel nicht die gleiche Länge wie bei den Männern erreicht zu haben.

Das Prunkstück der Kleidung war der „Chursen", der teure, bodenlange Pelzmantel, der aus allen Arten von Pelz angefertigt und

Das Leben in der Stadt

oft zusätzlich mit Bändern und Borten verziert werden konnte. Nach dem Ausweis der Wiener Bürgertestamente war der Hermelin das beliebteste Pelztier, aber auch Marder, Kaninchen, Iltis, Luchs, Fuchs und Eichhörnchen fanden Verwendung.

Als Kopfbedeckung trug die elegante Wienerin bis um 1300 einen breitkrempigen Hut, der das Antlitz beschattete. Ein heute bizarr anmutender Kopfputz war die „hennin", eine hohe, zuckerhutartige Kopfbedeckung, von deren Spitze ein langer Schleier flatterte und hauptsächlich den adeligen Fräulein vorbehalten war. Ab der zweiten Hälfte des 14. Jahrhunderts kamen „Kruseler" und „Hulle" in Gebrauch, beides Hauben, die reihenweise mit Zacken und Rüschen besetzt waren. Besonders beliebt war der „Slayer", ein Kopfputz, der manchmal lang herabfiel und dann wieder turbanartig gewunden wurde. Möglichst aus kostbarem Material, sollte er mit feiner Lochstickerei oder Durchbruchsarbeit geziert und manchmal auch mit Goldfäden durchwirkt sein. Am Kopf wurde der Schleier durch das „Umgepend", ein Stirnband aus Seide oder anderen kostbaren Materialien, festgehalten und mit dem „gebende", einem Kinnriemen, befestigt.

War der Schleier die kostbare Kopfbedeckung, so trug die Wienerin im Alltag das „Drum", einen kurzen Schleier, der nur bis zum Kragen reichte. Wem der Schleier zu wenig war, trug den „Sturz", eine zunächst flache Haube, die später durch ein Drahtgestell gehoben wurde und aus der sich die sogenannten „Reichen Hauben", turbanartige Gebilde aus kostbaren Stoffen und Verzierungen mit oft weit ausladenden Flügeln, entwickelten.

Der am häufigsten verwendete Stoff war die einfache Leinwand, wobei als beste Gattung die „welsche", die italienische Leinwand, genannt wird, die auch wesentlich teurer war als die im Inland erzeugte. Wollstoff wurde direkt im Land erzeugt und unter den verschiedensten Namen gehandelt, wobei die Bezeichnung „Harrass" am häufigsten vorkam.

Seidenstoffe waren teuer und kostbar und wurden aus Italien gebracht. Verwendet wurden sie höchstens als Besatz und bei Drum und Schleier. Gesponnen dürfte Seide auch in Wien worden sein, findet sich doch 1406 und 1430 in den Testamenten „Seidenspinnerin" als Berufsbezeichnung für Erblasserinnen.

Bereits im Mittelalter sahen sich sowohl Herren wie Damen genötigt, dem, was die Natur manchem versagt hatte, mit künstlichen Mitteln nachzuhelfen. Beliebt war es, die Haare gewellt zu tragen, und hier mußte oft mit der Brennschere nachgeholfen werden. Trug man zunächst die Haare eher kurz und unterhalb der Ohren geschnitten, so wurden sie im Laufe des Mittelalters zunehmend länger getragen. Nur Büßer und Beginen trugen ursprünglich die Haare lang, aber bald wurde diese Haartracht von den Rittern übernommen und so modern, daß die Männer auch Zöpfe trugen und Albrecht III. eine

Die Mode

eigene Zopfgesellschaft gründen konnte. Im Krieg trugen die Herren ihren Zopf in einer metallenen Zopfkapsel. Hatte jemand keinen Zopf, wollte er sein Haar wenigstens möglichst voll erscheinen lassen und legte es breit um den Kopf, wo es mit Spangen befestigt wurde.

Auch fremdländische Sitten wurden in der Haartracht übernommen. Die sächsisch-thüringische Mode zum Beispiel, bei der das Haar vorne zu einem Schopf ausgebildet, rückwärts aber kurz geschoren war, oder polnische und tatarische Sitten mit einem kahlgeschorenen Kopf, aus dem ein einzelner Haarbuschen emporstand. Die Bauern mußten zunächst kurze Haare tragen, eiferten aber bald den großen Herren nach.

Die modernste Haarfarbe war blond, und wer immer konnte, färbte sein Haar in dieser beliebten Farbe. Die Wiener Männer legten soviel Wert auf ihre gepflegten Haare, daß sie, wie Johannes Capestrano tadelte, zu deren Pflege bis zu zwölf Eier, Wein, Quecksilber und verschiedene Spezereien benötigten.

Die Bartmode unterlag am stärksten dem Wandel der Zeit. In der Regel gingen die Wiener bis zu Beginn des 14. Jahrhunderts bartlos, nur alten Männern und Trauernden stand man den Bart zu, und am Hof scheint der blonde, schön gewellte Bart ein Statussymbol gewesen zu sein.

Im Spätmittelalter ließ man wieder den Bart wachsen, und zwar ausgesprochene Kinnbärte, die meist zweiteilig, kurz oder breit und in späterer Folge lang und spitz waren. Ab 1430 kamen Bärte aus der Mode, die nun wieder den alten Männern vorbehalten blieben.

Die übliche Haartracht der Frauen im Mittelalter war das lange Haar, das offen oder in Form von Zöpfen getragen wurde. Die Zöpfe wurden gerne hochgesteckt oder in Haarnetzen getragen, um das Genick zu entblößen und den Hals länger erscheinen zu lassen. Beliebt war möglichst dichtes und reiches Haar, und natürlich sollte es blond und gewellt sein, so daß man das Haar färbte und zusätzlich Haare einflocht. Allerdings sollte beim Tragen einer Haube kein Haar darunter hervorschauen, so daß man sich den Haaransatz rasierte und das Haar hochsteckte.

Die moderne Frau des Mittelalters schminkte sich gerne mit der „roten Anleg", welche die Wiener Bürgerin Katherina von der Ygla 1413 in ihrem Testament vermachte. Die Frau von Welt putzte sich auch regelmäßig die Zähne mit einem Gemisch aus Salz und Alaun und träufelte Belladonna in ihre Augen, um ihnen besonderen Glanz zu verleihen. Selbst Konrad von Megenberg, der Rektor der Bürgerschule von St. Stephan, kannte allerlei Rezepturen und Mixturen zur Schönheitspflege. Französische Seife und Kleienwasser wurden empfohlen, Weinsteinöl angepriesen und auch eine Wachsmaske gegen Hautunreinheiten beschrieben. Die rote Schminke wurde aus Brasilholz hergestellt und die weiße aus zerriebenen Zyklamenknollen. Für das Gesicht gab es Pomade, und selbst eine Art von Lippenstift zur Glättung rauher Lippen wurde verwendet.

Das Leben in der Stadt

Vergnügungen

Wenn es eine Zeit gab, in der es die Menschen verstanden, Feste zu feiern, dann war es das Mittelalter. So grau und schwer auch der Alltag des mittelalterlichen Menschen war, so sehr lebte er sich an den Festtagen aus, vergaß Standesunterschiede, Not und Krankheit. Untertags arbeitete man für den Lebensunterhalt oder für das Prestige, abends konnte man alle Widerwärtigkeiten vergessen und das Spiel nahm den Platz der heutigen Fernsehmanie ein. Aus dem Alltag gab es nur zwei Möglichkeiten der Flucht: Feste und Spiele. Gefeiert wurde mit prachtvollen Umzügen, dem Abbrennen von Freudenfeuern, mit herrlichen kirchlichen Prozessionen und dem Umzug von Trompetern und Lautenspielern. Wahrscheinlich wurden an Festtagen auch Schauspiele auf öffentlichen Plätzen aufgeführt, teils mit historischem, kirchlich-moralischem Inhalt. Gaukler, Taschenspieler, Bärenführer und Tänzer bevölkerten die Straßen, Buden mit Eß- und Haushaltswaren waren an allen Ecken aufgestellt und wer immer konnte, zog seine buntesten Kleider an und warf sich ins festliche Getümmel.

Feste

Bereits im Jahre 1296 erhielten die Wiener das Recht, im Jahr zwei Jahrmärkte abzuhalten. Als Herzog Albrecht III. 1382 dieses Recht bestätigte, gab er ihnen auch, nach Vorbild des Palio in Siena und um an diesen Tagen möglichst viele Menschen nach Wien zu locken, das Recht, „auch soll man auf jeden derselben jarmark zu ainem Scharlach rennen, also wer der erst dartzu ist, das deß der Scharlach sey". Dazu kam noch die Bestimmung, daß man die Pferde, die zum Rennen geführt wurden, auch ohne Maut nach Wien bringen durfte. Renntage waren der Himmelfahrtstag und der Katharinentag am 26. November, ausgenommen waren Zeiten, in denen sich die Stadt an Kriegszügen beteiligte oder selbst in Bedrängnis war. Das Rennen war so beliebt, daß König Albrecht II. im Jahre 1438 den Magistrat der Stadt Wien tadelte, weil er das Rennen ausfallen hatte lassen. Bereits am Vortag fand das Ausrufen des Scharlach statt. Vom Altan der Schranne am Hohen Markt kündete ein Trompeter die Abhal-

Vergnügungen

tung des Rennens an und verlautbarte auch die dabei zu gewinnenden Preise. Wer teilnehmen wollte, mußte sich und das Pferd mit einer Nenngebühr von einem ungarischen Gulden im Rathaus einschreiben lassen.
Am nächsten Tag setzte sich bereits am Morgen der Zug der Bürger, Wettstreiter und Notabeln der Stadt in Bewegung. Der Zug begab sich über den Rennweg nach Sankt Marx, wo man inzwischen eine Stange errichtet hatte, auf welcher das Scharlachtuch hochgezogen und öffentlich ausgestellt wurde. Quer über die Laufbahn wurden Stricke gespannt, hinter denen sich Reiter und Läufer versammelten und auf das Startzeichen warteten.
Der Bürgermeister und seine Ratsherren nahmen an einer Tafel Platz, die Bürgerschaft stellte sich entlang der Strecke auf, ein Ausrufer verkündete nochmals die Wettregeln und dann wurde endlich das Startzeichen gegeben.
Das Rennen begann an der heutigen Kreuzung des Rennweges mit der Ungargasse, ging durch die Weingärten zunächst den Rennweg entlang, bog dann scharf in den Bereich der heutigen Beatrixgasse ein und kehrte wieder durch die heutige Ungargasse zum Ausgangspunkt zurück. Die Strecke war dicht mit Zuschauern gesäumt, wer immer sich in der Stadt freimachen konnte, eilte zu diesem Ereignis.
Zuerst kamen die Reiter auf ihren keuchenden, staubbedeckten Pferden, dann die Läufer mit nacktem Oberkörper und dahinter die „leichten Mädchen", welche die Röcke zum Gaudium des Pöbels schürzten, um schneller laufen zu können und die als einzige „Weibspersonen" das Recht hatten, an diesem Rennen teilzunehmen.
Im Ziel wurden die Preise verteilt, wonach der Zug in geschlossener Ordnung wieder zurück in die Stadt zog, wo der Bürgermeister die Aufgabe hatte, die hohen Gäste in seiner Wohnung zu bewirten, während sich das gemeine Volk auf den Gassen und Plätzen und in den Schenken der Stadt vergnügte.
1534 fand das letzte Rennen dieser Art statt, denn nach den Verwüstungen der ersten Türkenbelagerung im Jahre 1529 hatten die Menschen nun andere Sorgen, als sich zu belustigen.
Ritterliche Turniere mit Lanzenstechen waren im Mittelalter ein Vorrecht des Adels und dienten diesem neben der ritterlichen Ertüchtigung auch zur Selbstdarstellung, der Erlangung von Gottesurteilen und dem Ausschmücken festlicher Ereignisse.
Aber auch die Wiener Bürger hatten ihre Stechen in Nachahmung des Adels und es ist dem eher lustigen Charakter dieses Festes zuzuschreiben, daß es am „Vaschanytag", am Faschingsdienstag, stattfand. Durchgeführt wurde das Bürgerstechen auf der Brandstätte oder auf der „Kampflucken", wie es dabei zugegangen ist, wissen wir leider nicht genau. Die Plätze wurden dabei abgeschrankt und der Boden wurde mit Sand, Mist oder Streu beschüttet, um Verletzungen von stürzenden Kämpfern zu vermeiden. Vermutlich wurde das Bürgerstechen mit Stechschild und Stechlanze durchgeführt und die

Das Leben in der Stadt

Ritterliches Turnier

Sieger wurden mit Preisen bedacht. 1436 bekam der Sieger ein „Kleinod" im Wert von rund 6 Pfund Pfennigen. 1438 wurde den Teilnehmern Brot und Wein gereicht und 1444 erhielt der Sieger „zwey Hefftel" im Wert von rund 5 Pfund Pfennigen zugesprochen. Nach diesem Jahr findet sich keine Erwähnung des Bürgerstechens mehr in Wien.

Urkundlich wird die Feier des Johannes- oder Sonnwendfeuers in Wien zum ersten Male im Jahre 1481 erwähnt, die Sitte ist aber sicher älter. An der Feier, die am Platz Am Hof abgehalten wurde, nahmen nicht nur die Bürger, sondern auch der Bürgermeister und die Ratsherren, die auf ihren Pferden in feierlichem Zug das Feuer umritten, teil. Das Holz wurde durch eine Sammlung aufgebracht, wobei jeder Haushalt in Wien ein wenig Brennmaterial für den Holzstoß beizusteuern hatte. Eine besondere Rolle bei der Feier spielten die „gemainen frauen", die Prostituierten, denen, während sie mit dem Volk um das Feuer tanzten, auf Kosten der Stadt Bier gereicht wurde. Die Ratsherren zogen sich nach der Feier in das Bierhaus, der städtisch bevorrechteten Bierausschank neben der Schranne am Hohen Markt, oder in das Haus des Bürgermeisters zurück, um bei einem Trunk, natürlich wieder auf Kosten der Stadt, den Tag ausklingen zu lassen. Zu Zeiten des Matthias Corvinus, der stets versuchte, durch besonders glanzvolle Feste die Wiener für sich einzunehmen, gab es für das Volk nicht nur Bier, sondern auch Wein, Semmeln, Kirschen und Weichseln. Nach 1500 scheinen die Notabeln nicht mehr an der Sonnwendfeier teilgenommen zu haben, dafür mußte der Magistrat gegen die Unsitte des Raketenschießens und des Abbrennens von Feuerwerken einschreiten.

In den letzten Tagen des Faschings vor der Fastenzeit ging es im mittelalterlichen Wien hoch her. Das Volk tummelte sich in Kostümen und mit Masken vermummt auf den verschneiten Straßen oder ließ sich in Schlitten durch die Stadt kutschieren. Es ist uns leider keine Beschreibung dieser Festtage erhalten, nur aus den Verordnungen und Verboten des stets auf Zucht und Sittsamkeit bedachten Magistrates lassen sich diese Tage rekonstruieren. So wurde 1465 im Stadtbuch vermerkt, daß „nyemand in pawernkleid, in Gugeln noch sonst verpunden (maskiert) in den vaschang gee". Ein besonderes Vergnügen für die Wiener im Fasching soll es gewesen sein, mit verbundenen Augen auf der Straße zu gehen. Daß alle Erlässe die Volkslust nur wenig beeinflußten, geht aus der Tatsache hervor, daß viele gleich oder ähnlich lautende Verordnungen bis weit in das 18. Jahrhundert hinein veröffentlicht wurden.

In den ältesten Zeiten Wiens war der Graben durch seine zentrale Lage und durch den Umstand, daß er vom Marktleben nicht allzu stark beansprucht wurde, der Hauptschauplatz kirchlicher Feste. Die Fronleichnamsprozession am Donnerstag nach der Pfingstoktav wurde von Papst Urban IV. im Jahre 1264 vorgeschrieben und dürfte bald danach auch Einzug in Wien gehalten haben. 1363 erließ Rudolf IV. als Herzog von Österreich dafür eine detaillierte Gottesdienstordnung. 1463 wurde eine strenge Prozessionsordnung eingeführt, um die Reihenfolge der Zünfte im Zug festzulegen, da es in diesem Zusammenhang immer wieder zu Streitigkeiten gekommen war.

Spiele

Nicht nur öffentliche Feste dienten den Wienern zur Belustigung. In den Schenken und Wirtshäusern wurde mit Leidenschaft gespielt und gekegelt und selbst in der Türmerstube von St. Stephan soll sich eine Kegelbahn befunden haben. Man würfelte, pflegte das „Truckspiel", eine Art von Billard, und vergnügte sich mit Spielkarten beim „Kobern", das eine Form des Hasardspiels darstellte. Besonders die Wirtshäuser in der Nähe der Friedhöfe und auch die Friedhöfe selbst waren, da sie außerhalb der Rechtssprechung des Magistrates standen, beliebte Orte für die von der Spielleidenschaft Besessenen und schon 1267 versuchte die Stadt das Würfelspiel auf dem Stephansfreithof untersagen zu lassen. Dies aber mit geringem Erfolg,

Das Leben in der Stadt

da Albrecht I. 1296 erneut ein Verbot aussprach, in dem alle Würfelspieler und Lotterbuben von den Friedhöfen Wiens verbannt wurden. 1435 sah man endlich ein, daß man den Menschen das Spielen nicht verbieten konnte und versuchte, die Spielleidenschaft wenigstens zu kanalisieren, indem man alle Würfel- und Brettspiele unter die Aufsicht eines Vertrauensmannes stellte, der die Einsätze verwahren und die Gewinne verteilen sollte. Gegen Entgelt konnte man vom jeweiligen Wirt Spielbretter, Karten, Würfel und Licht ausleihen.

Das Kartenspiel, bei dem es um viel Geld geht, erfreut Männer wie Frauen

Überfluß und Hungersnot

„Die Freßsucht hat die Oberhand gewonnen am allermeisten im Osterlande; trunken, voll und übersatt ist mancher Mann in der Wienerstadt und etliche Frau auch allda. Wie und wo immer sie es erwerbe, gilt ihr gleich, wenn sie nur immer genug hat, um schon in aller früh eine Herzstärkung zu sich zu nehmen. Bevor sie in die Kirche geht trinkt sie ein Kännlein und ißt dazu etwa ein Huhn, damit ihr in Kopf und Magen wohl wird. Sie macht ihren Kragen feist so daß sie pfnaust wie ein Schwein, damit will sie dann heilig sein." Derjenige, der so beredt am Beginn des 14. Jahrhunderts diese Klage führt, mußte es wohl wissen, war doch der berühmte Arzt und Dichter Heinrich von Neustadt sicher auch mit jenen Krankheiten befaßt, die auf diese Völlerei zurückzuführen sind.
Wieviel jeder Wiener im Jahr verzehrte, ist schwer festzustellen, hing dies doch neben der körperlichen Verfassung auch von seinem Stand und Vermögen ab. Jedenfalls rechnete man im Spätmittelalter für einen Spitalsinsassen pro Jahr mit 170-180 kg Roggenbrot, 52 kg Fleisch, 100 Maß Bier, 16 kg Butter und Schmalz und 11 kg Käse, ferner noch Mus, Kraut, Rüben, Milchgerichte und Fisch in nicht genau feststellbaren Mengen.
Aber nicht nur üppige Mahlzeiten standen in Wien im Mittelalter bereits in hohem Ansehen, auch dem Wein wurde gerne zugesprochen. Aeneas Silvius berichtete, daß die Weinlese in Wien 40 Tage dauerte und man in der gesamten Lesezeit 600 bis 900 Wagen mit Trauben zum Pressen in die Stadt brachte.

Man kann heute oft noch die Meinung hören, die Menschen des Mittelalters hätten unmäßig viel getrunken und gegessen. Essen war aber im Mittelalter mehr als nur reine Nahrungsaufnahme, es war zugleich der Ausdruck des sozialen Status, bei dem es im reinsten Sinne des Wortes „um die Wurst" ging. Reichtum bedeutete damals nicht nur das Anhäufen von Luxusgütern, sondern auch den Umstand, sich täglich mindestens einmal sattessen zu können. Es mag unter den Bürgern der Stadt viele gegeben haben, die sich diesen Luxus leisten konnten, es mag aber auch eine Unzahl von Leuten gegeben haben, für die auch Nahrung zu den Luxusgütern zählte.

Das Leben in der Stadt

Nahrung bedeutete im Mittelalter eines der ausdrucksstärksten Statussymbole, wobei jeder gesellschaftlichen Schicht bestimmte Speisen zugewiesen waren. Seifried Helbling unterschied am Ende des 13. Jahrhunderts genau zwischen der Kost für die gewöhnlichen Leute und dem „Herrenessen", die Nahrung diente also auch der sozialen Unterscheidung. Der Ordnungsgedanke des Mittelalters kommt hier klar zum Vorschein, niemand soll sich für etwas besseres halten als er ist und die Nahrungsvorschriften untermauern auch den Standesgedanken.

Wie konnte der Speisezettel eines begüterten Bürgers im Mittelalter aussehen? Leider haben wir besonders aus Wien keinen solchen überliefert, aber er könnte ungefähr so zusammengestellt worden sein:

Gekochtes und gebratenes Fleisch mit Fisch aller Art und Salat
Weichseln und Kirschen
Ein mit Brot gefüllter Kapaun
Eier auf hölzernen Spießen
Hasen- und Wildschweinfleisch in schwarzer Sauce
Brezel in Öl gekocht
Weichselmus
Fische und gekochtes Fleisch
Trockener Braten
Eine Mixtur aus Milch und Eiern
Konfekt

Es ist dies sicher ein Essen für bessere Gelegenheiten, ein Festessen, einzelne Elemente daraus werden aber auch für die tägliche Tafel gebraucht worden sein.

Fleisch wurde in Wien in großen Mengen verbraucht und schon Aeneas Silvius staunte über die Fleischmengen, „die Wien jeden Tag zugeführt wurden und von denen schon vor der Vesperzeit nichts mehr zu sehen ist". Rudolf IV. stellte in seiner Zechen- und Fleischhackerordnung für Wien von 1364 fest, daß „die maiste narung der leut gemainklich aus fleisch und prot bestehe".

Die einfachen Leute deckten ihren täglichen Kalorienbedarf eher aus Hülsenfrüchten wie Erbsen, Wicken und Saubohnen, Fleisch brachte man nur zu Festtagen auf den Tisch oder im Herbst, wenn geschlachtet wurde und das Fleisch billig war. Leopold V. soll bestimmt haben, daß das einfache Volk an Wochentagen Selchfleisch und Kraut und Gerstenbrei esse, an Fasttagen hingegen Hanf, Linsen und Bohnen.

Das Brot war in der Regel aus Roggen- oder Hafermehl gebacken, Gerstenbrot galt als Herrenspeise ebenso wie das „semel" genannte Weizenbrot, das nur für den Adel gebacken wurde.

Ebenso wurden in Adelskreisen besonders Fische, Wildpret und Geflügel als standesgemäß empfunden, wobei fast alle Fisch- und

Überfluß und Hungersnot

Der reich gedeckte Tisch – Statussymbol des Mittelalters

Wildvogelarten als eßbar galten und nicht nur die uns heute bekannten Edelfischarten, sondern auch Grundeln und Koppen zubereitet wurden.
Typisch für die mittelalterliche Küche war die reichliche Verwendung von Gewürzen, die oftmals in solchem Umfang verwendet wurden, daß der Eigengeschmack der Speisen völlig überdeckt wurde. Gewürze erfüllten aber auch als Statussymbol der Wohlhabenheit der Bürger einen gesellschaftlich bedeutsamen Zweck. Man verwendete orientalische Gewürze wie Pfeffer, Ingwer, Galgant, Muskatnuß und Muskatblüte, Nelken und Kardamon sowie die einheimischen Küchenkräuter und Safran. Gewürze waren so kostbar, daß sie auch in Testamenten aufschienen. So vermachte im Jahre 1404 Stephan Kurcz, Domherr von St. Stephan, dem dortigen Propst ein Pfund Safran, und 1429 hinterließ Lienhart der Maczinger einem Kürschner in Wien 17 Pfund Pfeffer. Die einfachen Leute begnügten sich mit Zwiebeln als Gewürz.
In den Bürgerhäusern wurde viermal am Tag gegessen. Zum Frühstück, das man um die Zeit des Sonnenaufganges einnahm, begnügte man sich oft nur mit einen Schluck Wein, dagegen entsprach das Prandium um 9 Uhr Vormittag unserem Mittagessen. Zur Merenda in der Mittagszeit wurde ein Imbiß eingenommen, und das Nachtmahl, die eigentliche Hauptmahlzeit des Tages, wurde ab drei Uhr nachmittags eingenommen.
Bemängelt wurde oft auch die schlechte Qualität der verkauften Lebensmittel und die Sitte, diese so zu verfälschen, daß selbst schlechter Wein, stinkendes Fleisch und fauler Fisch noch angeboten werden konnten. Die Wiener Lebensmittelhändler mußten scharf kontrolliert werden, da wir mehrere Klagen über falsche Gewichte

Das Leben in der Stadt

und verschiedene Zuwaagen von minderwertigen Lebensmitteln zum Verlangten kennen.
Man hatte aber nicht nur Angst vor verdorbenen Speisen. Besonders bei plötzlichen Todesfällen am Hof oder in den höheren Ständen entstand schnell das Gerücht von vergiftetem Essen. Man versuchte sich dagegen auf verschiedene Weise zu schützen. Am Hof hatte der Koch eine besondere Vertrauensstellung inne und mußte auch oft die Speisen vorkosten. Manche vertrauten lieber auf die sogenannten „Natternzungen", einen Giftanzeiger, der, auf die Tafel gestellt, vergiftete Speisen anzeigen sollte. Das erste Exemplar dieser Art, von dem wir Kenntnis haben, brachte die Braut Friedrichs des Schönen Isabella von Aragonien 1314 an den Wiener Hof, sie scheint also keine allzu hohe Meinung von der Wiener Küche gehabt zu haben.
Eine Menge an Nahrungsmitteln, die uns heute selbstverständlich erscheinen, fehlten in der mittelalterlichen Küche, da sie erst Jahrhunderte später nach Europa gebracht wurden. Kartoffeln, Mais, Tomaten, Gurken sowie eine Vielzahl an Gemüsen waren unbekannt ebenso wie all jene Gewürze, die aus der Neuen Welt stammen. Statt Zucker wurde Honig verwendet, und auch Tee und Kaffee fehlten am Speisezettel.

Über die Liebe der Wiener zum Wein im Mittelalter haben wir bereits berichtet. Der Wein war aber nicht nur Genuß- und Nahrungsmittel, sondern ein bedeutsamer Handelsfaktor für die Stadt. So kam es im Jahre 1358 zu einem Streit zwischen den Wienern und Wiener Neustädtern um das alleinige Recht der Wiener, in der Stadt Wein ausschenken und verkaufen zu dürfen, wobei dieses Recht von Herzog Rudolf IV. bestätigt wurde. Nur zwischen Michaeli und Martini (29. September bis 11. November) durften die Wiener Neustädter ihren Wein in Wien verkaufen.
Ein großer Teil des bürgerlichen Vermögens im mittelalterlichen Wien war in Weingärten fest angelegt und ganze Bevölkerungsschichten fanden bei der Arbeit im Weingarten Lohn und Brot.

Die Qualität des Weines war recht unterschiedlich. Für das Jahr 1321 wurde berichtet, daß es zwar ungeheuer viel Wein gab, dieser jedoch „faul, rötlich und unrein" war. 1442 hieß es: Die Leute mußten in diesem Jahr bis Martini weinlesen und es gab so viel Most, daß für einen leeren Krug vier Schilling und für ein leeres Dreilingfaß gar fünf Pfund bezahlt wurden. Die Güte der Weine war aber in diesem Jahr recht verschieden. Einen Jahrhundertwein scheint es 1499 gegeben zu haben, als es heißt: „Die wunderbar gesunden Reben schenkten heuer solchen Überfluß an Most, daß die Gebinde zur Aufnahme des Segens nicht mehr ausreichten... ein Eimer Wein wurde im neuen Jahr für zwei Pfennige verkauft... viele starben, die sich zu Tode gesoffen hatten."
Während die Wiener Bürger ihren eigenen, zugegebenermaßen

Überfluß und Hungersnot

Festmahl in einem bürgerlichen Haus, mit Tanz und Musik

manchmal sauren Wein tranken, zeigten der Adel und der hohe Klerus dabei seinen eigenen Geschmack, wobei es besonders um die Süße des Weines ging. Man bemühte sich daher, besonders Weine aus dem Süden wie Malvasier, Reinfal und Romanier zu importieren. Das Angebot schien aber eher gering gewesen zu sein, da man die „walschen Weine" nur zu besonderen Gelegenheiten und in besonderen Gläsern zu kredenzen pflegte.

Wein wurde aber nicht nur getrunken, sondern auch zu Kochzwecken verwendet und findet sich des öfteren in mittelalterlichen Kochrezepten. Man schrieb dem Wein medizinische und diätische Wirkung zu, weshalb er besonders in der Fastenkost Verwendung fand, da zu dieser Zeit die Nahrung durch den Verzicht von Fleisch, Geflügel, Schmalz, Eiern und Milchprodukten arm an Nährstoffen war.

Wein spielte besonders im gesellschaftlichen Leben eine große Rolle. Er wurde bei Festen und Empfängen und bei besonderen Anlässen in eigens dafür gestalteten Gefäßen, wie Zunftbechern, gereicht. Im Rechtsleben wurde Wein zur Bekräftigung von Verträgen getrunken. Auch die Wiener Institution der Buschenschenken, der „Heurige", kam schon im Mittelalter auf. Die ersten urkundlichen Erwähnungen finden sich 1314 und 1347, ab dem 15. Jahrhundert waren diese Schenken mit einem Buschen aus Tannenreisig gekennzeichnet.

Das Leben in der Stadt

Für den medizinischen Gebrauch wurde der Wein mit Kräutern versetzt und als Stärkungsmittel Kranken und Wöchnerinnen gereicht, der heutige Glühwein ist eine letzte Erinnerung an die mittelalterlichen Würzweine. Auch zur Essig- und Branntweinherstellung wurden im Mittelalter große Mengen an Wein verbraucht.

Das volkstümlichste Getränk neben dem Wein war das Bier. Bereits die Germanen hatten ein ähnliches Getränk aus Wasser, Gerste, Honig und Hefe gekannt, aber erst mit der Einführung des Hopfens im 11. Jahrhundert erhält das Bier den Geschmack und das Aussehen, wie wir es heute kennen. Ein Problem war, Bier längere Zeit aufzubewahren. Zuerst versuchte man, es mit den Früchten des Lagelstrauches haltbar zu machen, aber erst als man es mit Hopfen versetzte, wurde es lagerfähig und damit zum Handelsobjekt.

Bierbrauen war in jedem Haushalt erlaubt, die öffentliche Ausschank und damit der Verkauf aber ein Privileg des Heiligengeistspitals, das recht eifersüchtig über dieses Privileg wachte und mehrere Anzeigen beim Magistrat wegen Übertretung dieses Gebotes einbrachte. Frei verkauft werden durfte Met – Honig mit Wasser vermischt und gegoren – und im späten 14. Jahrhundert sind für Wien auch noch Metschenken belegt.

Fasten

Die regelmäßige Enthaltsamkeit von Speise und Trank gehörte zu den Grundregeln im mittelalterlichen Leben. Franz von Retz hat genaue Regeln für das Fasten aufgestellt, in denen er auch auf den Sinn des vierzigtägigen Fastens von Aschermittwoch bis Ostern eingeht. Weitere Fasttage waren die drei Bittage vor Christi Himmelfahrt, die vier Quatember und die Vorabende der wichtigsten Heiligenfeste, dazu allwöchentlich die Freitage und Samstage, letztere aber nur für Fleischspeisen bindend. Erlaubt war nur eine einmalige Nahrungsaufnahme in 24 Stunden, ausgenommen waren diejenigen Lebensmittel, die man in Apotheken zur Verdauungshilfe kaufen konnte sowie bestimmte Gewürze. Ausnahmen von den Fastenvorschriften gibt Nikolaus von Dinkelsbühl für Kranke, Bettler, Reisende, Pilger und Botengänger an. Es scheint, als wären hier die Fastenvorschriften des Koran, der ähnliche Ausnahmen für denselben Personenkreis vorsieht, beispielgebend gewesen. Kurios mutet das Gebot für diejenigen Menschen an, die schwere körperliche Arbeit zu leisten hatten. Man gab ihnen den Rat, während der Fastenzeit eben weniger zu arbeiten, um den Vorschriften zu genügen, um dann im übrigen Jahr mehr zu leisten und weniger zu verschwenden.

Verbote sind aber stets dazu da, um umgangen zu werden, und bei den Fastengeboten konnte dies recht einfach getan werden. Besonders das Fleischverbot war leicht mit Fischgerichten zu umgehen und die Wiener schienen dabei so auf den Geschmack gekommen zu sein, daß

Überfluß und Hungersnot

Herzog Albrecht V. am 7. Mai 1412, also nach der Fastenzeit, feststellen mußte, daß die Gewässer in seinem Land „vast geödet und fischlos sind" und er Gebote zum Schutz der Fische erließ.
Allerdings konnten nur die Reichen auf geeignete Ersatzmittel ausweichen, für die ärmere Bevölkerung mag die Einhaltung der Fastengebote und die Notwendigkeit einer ausreichenden Ernährung durchaus zu Gewissenskonflikten geführt haben.
Wie eine mittelalterliche Fastenmahlzeit der gehobenen Stände ausgesehen hat, überliefert der italienische Jurist Paolo Santonino für das Jahr 1485, als er in Kärnten zu Gast war. Es gab:

Mandelmus mit Weißbrotkügelchen
gesottene frische Fische
gebratene Forellen mit Kraut
Mus aus Krebsen mit Gewürznelken
Feigen in Wein gekocht
Milchreis mit Mandelkernen
Forellen in Wein gesotten
Krebse in Wein gekocht
Birnen, Äpfel und Nüsse

Ähnlich dürften auch die Fastenspeisen im mittelalterlichen Wien ausgesehen haben, man sieht, auch in der Fastenzeit brauchte man auf den gewohnten Speiseluxus nicht zu verzichten, wenn man die nötigen Geldmittel besaß.

Nahrung ist nur schwer zu konservieren. Heringe werden eingesalzen und halten sich länger als andere Nahrungsmittel

Das Leben in der Stadt

Die mittelalterliche Nahrungsproduktion war in viel stärkerem Maße als die moderne von den natürlichen Gegebenheiten abhängig und eine einzige schlechte Ernte konnte die Nahrungsversorgung des kommenden Jahres gefährden.
Konservierungsmöglichkeiten gab es nur in bescheidenem Maße. Fisch und Fleisch konnten eingesalzen und eingepökelt werden, Kraut wurde eingesäuert, Früchte eingemacht, zu Saft verarbeitet, durch Dörren haltbar gemacht oder in Kellern gelagert.

Hungersnot

Die Versorgung wurde aber auch durch kriegerische Ereignisse beeinträchtigt. Die Fehden unter den Adeligen wurden zwar meist in ritterlicher Art ausgetragen, was aber nichts anderes bedeutete, als daß man sich zwar untereinander jede Achtung im Kampf erwies, der eigentliche Zweck jedes Feldzuges es aber war, möglichst viele Felder, Weingärten, Mühlen und Speicher des Feindes zu zerstören, seine Bauern gefangen zu nehmen und damit dem Einkommen des Gegners zu schaden, was natürlich bei längeren Kriegen auch den Nahrungsmittellieferungen der Städte schadete. Auch Belagerungen konnten der Stadt durch die Abschneidung der Lebensmittelzufuhr schweren Schaden zufügen. Als Matthias Corvinus 1485 Wien belagerte, schloß er die Stadt so gut ein, daß bald darauf eine Kuh, die zuvor um 12 Pfund Pfennige gekauft worden war, während der Belagerung 12 bis 14 Gulden kostete. Ähnlich verhielt es sich natürlich auch mit allen anderen Lebensmitteln. Der Hunger der Bevölkerung soll dermaßen gewesen sein, daß nicht nur Kleie und Baumrinde gegessen wurden, sondern auch die Katzen und Hunde aus dem Bild der Stadt verschwanden. An die sechshundert Menschen sollen in diesem Jahr in Wien den Hungertod gestorben sein.

Zu Beginn des 14. Jahrhunderts verschlechterte sich das Klima in Mitteleuropa in Folge einer kleinen Eiszeit, die bis in das 17. Jahrhundert andauerte. 1315 suchten das ganze Jahr über schwere Regenfälle Europa heim, die zu einer kontinentalen Hungersnot führte und auch Wien nicht verschonte, wenngleich sie hier nicht so arg war wie in Polen, wo es hieß, daß sich manche Menschen von den Gehenkten ernährten, die sie vom Galgen schnitten.

Auch das Pestjahr 1348/49, welches zu gewaltige Verlusten unter der Bauernschaft führte, gefährdete die Versorgung Wiens, allerdings nutzte Wien hier den Vorteil seiner Lage und war besser als die Orte im Landesinneren gegen den Hunger geschützt, da über die Donau genügend Lebensmittel herbeigeschafft werden konnten. Dennoch war dieses Jahr wie auch die Jahre 1145, 1150, 1196 bis 1198, 1206, 1216/17, 1231, 1234, 1252 bis 1254, 1312 und 1315 ein ausgesprochenes Hungerjahr.

Körperpflege, Krankheit und Tod

Das Bad

Als der Gesandte des Kalifen Al-Hakim 973 das Frankenland besuchte, war er entsetzt über die hygienischen Verhältnisse und den Schmutz des Abendlandes. Voll Empörung schrieb er dem Kalifen über die hohen Herren der Franken: „Aber du siehst nichts Schmutzigeres als sie! Sie reinigen und waschen sich nur ein- oder zweimal im Jahr mit kaltem Wasser. Ihre Kleider aber waschen sie nicht, nachdem sie sie angezogen haben, bis daß sie in Lumpen zerfallen."

Tatsächlich scheint es bis in das 13. Jahrhundert mit der Sauberkeit nicht zum besten gestanden zu haben. Man verwendete zwar Waschschüsseln und vorgewärmtes Wasser in den Häusern, das Bad, die Reinigung des gesamten Körpers, blieb aber lange Zeit ein Vorrecht der Reichen, die es sich leisten konnten, in ihren Häusern und Burgen eigene Räume dafür einzurichten. Die früheste Erwähnung einer Badestube in Österreich findet sich auf Schloß Persenbeug, wo es sowohl eine Badestube wie auch eine Badewanne gab. Erst als die Ritter des Abendlandes auf ihren Kreuzzügen die Badesitten des Orients kennengelernt hatten, immerhin muß sich der gläubige Moslem fünfmal am Tage wenigstens teilweise waschen, scheint hier ein vermehrtes Bedürfnis zu Sauberkeit und Hygiene feststellbar.

Die Hofburg in Wien hatte ein eigenes Badehaus, welches dem Adel zur Verfügung stand. In den Stadthäusern der Adeligen gab es sicher auch schon private Badestuben und es war durchaus nichts besonderes, wenn der Gastfreund im Bade von der Hausfrau persönlich bedient wurde, da der mittelalterlichen Gesellschaft unsere Nacktheittabus weitgehend fremd waren.

Der Großteil der Bürger Wiens war auf öffentliche Bäder angewiesen. Das älteste uns bekannte Bad dieser Art wird für das Jahr 1288 erwähnt, ein weiteres befand sich 1292 vor dem Schottentor beim Neuburgerhof. Bald darauf wurden weitere Badestuben genannt, so

Das Leben in der Stadt

1314 das Herzogsbad hinter der Kapelle des St. Pankraz am Platz Am Hof, ein Bad des Schottenklosters in der „Im Elend gelegenen Wunderburg", das 1340 erstmals erwähnte Hafnerbad am Hafnersteig, zwei große Bäder vor dem Stubentor (1368), das Schilcherbad am Roßmarkt, das Bad der Perliebin am Haarmarkt (1309) und das Röhrenbad.

Den Armen blieb vermutlich nichts anderes übrig, als sich an einem der Bäche, die durch Wien flossen, oder an der Donau selbst zu waschen. Vielleicht gab es aber auch Bäder im Freien, wie es von Ulrich von Liechtenstein im Jahre 1227 zwischen Traiskirchen und Neunkirchen beschrieben wird.

Nehmen wir nun einmal an, es ist Samstag abend, und ein Wiener Bürger plant, ins Bad zu gehen. Zuerst wartet er, bis der Bader mit einer Trompete den Badebeginn kundmacht. Dann wird die „Badephayt", das Badehemd, eingepackt und man begibt sich zur nächsten öffentlichen Badestube. Am Eingang empfängt er einen Badewedel aus Laub und entledigt sich seiner Kleidung, wobei er sie in einem bewachten Raum unterbringt. Dann betritt er bereits nackt die eigentliche Badestube, und hier. läßt er sich vom „Badewibel", bevorzugt wurden hierbei junge Mädchen, am ganzen Körper waschen. Sie verwendet dazu die „saive", die seit 1277 in Österreich bekannt ist und bevorzugt aus Venedig, Frankreich und den Niederlanden importiert wird und so teuer ist, daß ein „Lagel" (45 Liter) im Jahre 1464 etwa 16 ungarische Gulden kostet. Ist der Körper gereinigt, läßt sich unser Bürger nun kräftig durchmassieren, ehe er sich in das Schwitzbad (swaysspad), die mittelalterliche Sauna, begibt, in welcher der Dampf durch das Begießen heißer Steine mit Wasser erzeugt wird. Hat er genug geschwitzt und sich mit dem

Badende tafeln in einer großen Kufe

Badewedel gut abgerieben, wird der Schweiß mit Wasser und Seife abgewaschen und unser Bürger begibt sich nun gereinigt in den zweiten Teil des Bades, wo große Kufen, hölzerne Badewannen, bereitstehen, und setzt sich in eine hinein. Das Wasser duftet angenehm, da es mit Rosenblättern bestreut ist. Er hat nichts dagegen, daß sich schon eine weitere Person darin befindet und auch nicht, daß diese weiblichen Geschlechts ist und so wie er selbst keinen Faden am Leib trägt. Unser Bürger läßt ein Brett quer über die Kufe legen und bestellt zu essen und zu trinken. Unter munteren Scherzen wird getafelt, ein Lautenspieler hat sich eingefunden und unterhält die Gäste mit seinen Liedern. Unserem Bürger sind aber schon die längste Zeit die nur leicht bekleideten Bademägde ins Auge gestochen und da er weiß, daß sich der Bader gerne etwas dazuverdient, macht er diesem ein entsprechendes Angebot, und dann verschwindet unser Bürger für einige Zeit mit einer Bademaid in einem kleinen Zimmerchen. Er weiß zwar, daß die hohe Geistlichkeit seit Jahren das sittenlose Treiben in den Badestuben energisch bekämpft, aber...! Zu guter Letzt läßt sich der nun bereits in seine „Badephayt" gehüllte wackere Bürger vom Bader noch das Haar und den Bart scheren und die Fingernägel maniküren. Und weil er sich nun doch etwas erhitzt fühlt, auch noch einen Aderlaß mit kleinen Schröpfköpfen setzten. Am Schluß wird für den angenehm verbrachten Nachmittag bezahlt und vielleicht hat er ebenso wie der Dichter der „Wiener Meerfahrt" geklagt, daß es in Wien Bäder gebe, deren Kosten unerschwinglich seien.

Gegen Ende des Mittelalters nahm das unmoralische Treiben in den öffentlichen Badestuben solche Ausmaße an, daß sich die Kirche zu härteren Maßnahmen genötigt sah. Sie konzentrierte ihren Zorn auf die Schwächsten, auf die Bademädchen, die sie mit den Dirnen gleichstellte. Die Baderzunft wurde mit der Zeit eine solch verachtete Gruppe, daß sich kein ehrbarer Bürger mehr erlauben konnte, in eine öffentliche Badestube zu gehen. Gab es am Ende des 14. Jahrhunderts noch 27 öffentliche Badestuben in Wien, sank die Zahl bis in die Mitte des 16. Jahrhunderts auf elf. Vermutlich trug die zu dieser Zeit grassierende Syphilis ebenfalls zur Verminderung der Badelust bei. Das „saubere" Mittelalter wandelte sich und es kamen Zeiten, in denen man den Gebrauch von Parfum dem von Wasser vorzog und zu häufiges Baden für gesundheitsschädlich hielt.

Die Ärzte

Die Krankheitslehre baute auf der Lehre von den vier Säften des Menschen auf. Nach Galen, dem berühmtesten Arzt des Altertums, dessen Lehre die Grundlage der mittelalterlichen Medizin bildete, bestand der Mensch aus Blut, Schleim, roter und schwarzer Galle. Das Blut galt als feucht und warm, der Schleim war kalt und feucht, die rote Galle warm und trocken und die schwarze trocken und kalt.

Je nach Lebensalter und Jahreszeit dominierte einer der Säfte den Menschen, bei den Kindern herrschte die rote Galle mit Blut vor, bei den Jugendlichen die schwarze Galle, im reifen Alter das Blut und im Greisenalter der Schleim. Im Frühjahr war das Blut im Menschen im Überschuß vorhanden, im Sommer die rote, im Herbst die schwarze Galle und im Winter der Schleim.

Jeder Mensch hatte, bei einem Vorhandensein aller Säfte, einen davon im Übermaß, der auch seinen Charakter bestimmte. Standen die Säfte in einem ausgewogenen Verhältnis zueinander, so war der Mensch gesund, war die Mischung gestört, war er krank, wobei die Krankheit durch den Überfluß eines Saftes oder durch die Verdorbenheit der Säfte ausgelöst werden konnte. Die Aufgabe des Arztes war, das „schädliche Etwas", das die Krankheit hervorgerufen hatte, aus dem Körper des Patienten zu entfernen.

Diese Lehre bildete auch die Grundlage der Medizin im mittelalterlichen Wien. Über die ersten Ärzte in Wien wissen wir recht wenig. Bis in das 13. Jahrhundert dürfte die Heilkunde in Händen von Priesterärzten gelegen sein, eine Doppelfunktion, die anfangs von der Kirche durchaus gerne gesehen und erst im 13. Jahrhundert von den Päpsten verboten wurde, da ein Kleriker, der den Tod eines Menschen durch einen chirurgischen Eingriff herbeigeführt hatte, als untauglich für das Priesteramt galt. Allerdings durften die Inhaber von Pfarrkirchen, an die keine übermäßigen Tätigkeiten als Seelsorger gestellt wurde, weiter medizinische Kenntnisse erwerben und zum Wohle ihrer Gemeinde einsetzen.

Der erste Arzt in Wien, von dem wir Kenntnis haben, dürfte ein gewisser Gerhard, ein „physicus plebani" gewesen sein, der um 1208 in Diensten der Babenbergerherzöge stand. Sein Titel „physicus" hob ihn bereits vom „minutor", dem Wundarzt, ab und weist darauf hin, daß Gerhard auch ein Arzt für innere Medizin gewesen sein muß.

Für die Zeit der Babenberger kennen wir nur Ärzte in herzoglichen Diensten, die stets dem klerikalen Stand entstammten. Der erste Laie als Arzt dürfte Heinrich von Neustadt gewesen sein, ein auch theologisch geschulter Mediziner, der den Magistertitel vermutlich in Padua erworben hatte. Er wurde um 1312 als „buchartzt" bezeichnet, ein Titel, der sich unter den Laienärzten immer wieder findet und diese gegen die empirisch arbeitenden Bader und Quacksalber abgrenzte, aber auch ihre Eigenständigkeit gegenüber den Priesterärzten betonte. Der Titel des Bucharztes blieb lange Zeit gebräuchlich, erst zwischen 1413 und 1418 tauchte die Bezeichnung „doctor medicinae" in den Akten auf, wobei es seit 1302 daneben noch Leute gab, die einfach als „Artzt" bezeichnet wurden.

Wie wurde man nun Arzt – wir werden diesen Terminus für alle Arten von Heilkundigen hier verwenden – im mittelalterlichen Wien? Zur Zeit der Priesterärzte, indem man von einem älteren „Kollegen"

Körperpflege, Krankheit und Tod

Arzt (links) am Krankenbett bei der Urinbeschau

zu Krankenbesuchen mitgenommen wurde und an Ort und Stelle die Krankheiten kennenlernen konnte. Die Buchärzte hingegen studierten an ausländischen Universitäten, meist in Oberitalien. Seit 1365 wurden auch Mediziner aus Padua und Paris an die Universität Wien berufen, obwohl durch die fehlenden Statuten bis 1389 kein Lehrbetrieb an der Universität stattfand.

Die Medizinstudenten in Wien mußten, um den Grad eines Baccalaureus zu erwerben, mindestens 22 Jahre alt sein und drei Jahre lang medizinische Vorlesungen gehört haben. Wollte man den Grad eines Lizentiaten erwerben oder gar zum Doktor der Medizin promovieren, mußten über ein Jahr lang mit einem Arzt Krankenbesuche gemacht werden, um praktische Kenntnisse zu erwerben, das Studium dauerte in diesem Falle sechs Jahre. Nur wer mindestens 26 Jahre alt war, konnte den Doktorgrad erwerben. Bei der Promotion mußte der Absolvent einen Doktor einkleiden oder 14 Ellen guten Tuches zur Verfügung stellen. Am Tage der Promotion hatte er jedem Doktor seiner Fakultät ein Birett und ein Paar gewirkter Handschuhe und jedem Lizentiaten und Baccalaureus gewöhnliche Handschuhe zu schenken.

Die ersten Medizinstudenten, Jacobus Wankus und Nicolaus Fran-

Das Leben in der Stadt

cisci de Wratislavia, inskribierten im Oktober 1389 in Wien und erst ab dieser Zeit kann von einer medizinischen Fakultät in Wien gesprochen werden.

Krankheiten

Welches waren nun die Krankheiten und Gebrechen der Menschen, mit denen sich der Arzt im Wien des Mittelalters auseinanderzusetzen hatte? Zunächst war es der Kreislauf von Geburt und Tod, der das Aufgabengebiet begrenzte. Die Geburt wurde als natürlicher Vorgang betrachtet und nur selten mag man einen Arzt hinzu gerufen haben. Hebammen und Nachbarinnen konnten zumeist sehr gut mit den Problemen einer normalen Geburt fertigwerden. Ähnlich war auch der Tod als das natürliche Ende des Lebens mehr das Aufgabengebiet des Geistlichen als das des Arztes. Aufgabe des Arztes war die Behandlung von Krankheiten, da sie „anteambulationes mortis" sind, also dem Tode vorausgehen, den man möglichst lange aufzuschieben trachtete.

Im frühen Mittelalter hatte der Tod keinen Schrecken, wartete doch auf den Verstorbenen eine Stätte der Herrlichkeit. Im späteren Mittelalter wandelte sich die Vorstellung des Jenseits aber zu einem Ort des Grauens und man bemühte den Arzt, um die Begegnung mit diesem möglichst lange hinauszuschieben.

Die mittelalterlichen Ärzte haben die von ihnen behandelten Krankheiten deutlich beschrieben. Einen großen Raum nehmen dabei Augenkrankheiten ein, gefolgt von verschiedensten Hauterkrankungen. Frauenleiden wurden ebenso beschrieben wie Erkrankungen des Brustraumes und Magen-Darmtraktes. Bei den Krankheiten des Bewegungsapparates überwog die Gicht, die besonders durch die Ernährungsumstände und die ungenügende Beheizung der Räumlichkeiten weit verbreitet war. Vor allem aber scheint die Welt des Mittelalters durch die großen Volksseuchen wie Aussatz, Pest, Antoniusfeuer, aber auch von psychischen Epidemien geprägt gewesen zu sein.

Epidemien

Die schrecklichste dieser Epidemien war die Pest oder auch „der Schwarze Tod" genannt, die, ausgehend von Genua, im Jahre 1348 Wien erreichte. In der engen und schmutzigen Stadt breitete sich die Krankheit, die durch direkte Infektion oder den Stich des Rattenflohes übertragen wurde, in Windeseile aus und hielt den ganzen Sommer des Jahres über an. An einem Tag sollen allein 1200 Menschen gestorben sein, die in großen Gruben bestattet wurden. Die Ärzte standen der Krankheit hilflos gegenüber und versuchten sich durch das Tragen von mit Kräutern und Gewürzen gefüllten Masken und durch das Mitführen von Räucherkesseln zu schützen, der einzig wahre Schutz war aber die Flucht aus der Stadt und wer konnte, verließ Wien und floh aufs Land. Da viele Tote heimlich bestattet wurden, erließ der selbst nach Perchtoldsdorf geflohene

Körperpflege, Krankheit und Tod

Die Pest in Wien im Jahre 1348

Herzog den Erlaß, daß in den Friedhöfen der Stadt niemand mehr bestattet werden durfte. Als die Pest im Herbst des Jahres abklang, war die Stadt verödet, da manche Häuser zur Gänze entvölkert waren. Insgesamt sollen in Wien und Umgebung in diesem Jahr 40.000 Menschen an der Pest gestorben sein.
Zu weiteren Pestepidemien kam es 1410 und 1428 und im Jahre 1436 geriet die Wiener Bevölkerung durch eine Pestepidemie in panikartige Stimmung, da die Totenglocken von Sankt Stephan und Sankt Michael ständig läuteten, bis Herzog Albrecht V. dies kurzerhand untersagte, um die Situation zu beruhigen.
Eine ständige Gefahr war die Ansteckung durch die Lepra. Stand ein Wiener Bürger unter Verdacht, Lepra oder „den Aussatz" zu haben, so konnte er vor eine medizinische Kommission gerufen werden, die über sein Schicksal zu entscheiden hatte. Wurde eine Diagnose auf Lepra gestellt, wurde von dieser Stunde an der Kranke wie ein Toter behandelt. Er verlor, war er vorher auch noch so reich und angesehen, seine bürgerlichen Rechte, sein Hab und Gut wurde wie ein Erbe an seine Nachkommen verteilt, er bekam ein Totenhemd, eine Totenmesse wurde gelesen und wenn er danach die Kirche verließ, wurden ihm drei Hände voll Erde nachgeworfen. Der Kranke wurde in das bereits 1266 vom Pfarrer von Sankt Stephan, Magister Gerhard, gegründete Siechenhaus bei dem Klagbaum auf der Wieden gebracht und verblieb dort bis zu seinem Ende. Ein zweites Siechenhaus stand an der Landstraße und war dem 1048 gegründeten Orden des heiligen Lazarus, dessen Aufgabe die Pflege der Aussätzigen war, unterstellt (daher unser heutiges Wort Lazarett). Ein drittes Siechenhaus wird ab 1298 in Sankt Johann in Siechenals erwähnt.

177

Verließen die Aussätzigen für Bettelgänge das Siechenhaus, hatten sie auf der Kleidung ein großes rotes Kreuz in einem roten Kreis zu tragen und die Gesunden durch ein Horn oder eine Holzklapper zu warnen. Heilmittel kannten die Ärzte gegen die Seuche keines, allerdings kursierten im Volk Geheimtips, wie man die Krankheit wieder loswerden könne: mit Bädern im Blut kleiner Kinder oder junger Hunde, besser noch durch den Beischlaf mit einer gesunden Jungfrau.

Eine weitere Krankheit war der Brand oder das „Antoniusfeuer", das durch den Genuß von mit Mutterkornpilz befallenem Roggenmehl hervorgerufen wurde. Folge davon waren Nerven- und Gefäßschädigungen, die zu einem Absterben der Gliedmaßen führten.

Das mittelalterliche Begräbniswesen dürfte für weitere Epidemien ein auslösender Faktor gewesen sein. Die Friedhöfe lagen in Wien mitten in der Stadt und die Grüfte und Katakomben bei Sankt Stephan standen, bis sie voll belegt waren, oft längere Zeit offen. Da die Stadt über keine Kanalisation verfügte und die gesamten Fäkalien in Senkgruben, die nur zeitweilig geräumt wurden, deponiert waren und man das Wasser aus oft nur wenig davon entfernten Brunnen holte, kam es wiederholt zu Choleraepidemien.

Behandlungsmethoden

Die spätmittelalterlichen Ärzte in Wien hatten sich bereits auf ein jeweiliges Fachgebiet spezialisiert. So war Heinrich Walch, Besitzer eines Hauses in der Kärntnerstraße, vorwiegend als Aderlasser tätig. Der Aderlaß, bei dem eine Vene geöffnet wurde, war eine gebräuchliche Behandlungsform, um die schlechten Säfte abfließen zu lassen und dürfte bei Bluthochdruck vielleicht auch Erfolge erzielt haben. Die Wundärzte und Chirurgen behandelten Brüche und Verletzungen und sollen sogar Trepanationen, Öffnungen der Schädeldecke, durchgeführt haben. Die Wundärzte in Wien waren vor allem italienischer Herkunft wie der Magister Anton von Ala, der Chirurg Herzog Leopolds III. war. Der erste in Wien nachweisbare Augenarzt war Kunrat Odenbelder, der 1420 in Wien starb und sicher schon mit den neuen, um 1300 in Italien erfundenen Brillen umgehen konnte und wohl auch in der Kunst des „Starstechens", der Entfernung der trüben Augenlinse beim grauen Star, bewandert war.

Eine eigenständige Berufsgruppe waren die Steinschneider, welche Blasen-, Nieren- und Gallensteine zu entfernen verstanden, wobei man auch Katheter in die Blase einführte.

Innere Krankheiten wurden durch die Harnschau diagnostiziert und mit Diäten und Heilmitteln behandelt. Eine Wiener Handschrift aus dem 13. Jahrhundert (Codex latinus 93) zeigt uns die bis in Einzelheiten gehenden Vorschriften der Zubereitung und Anwendung. So heißt es vom Weinberglauch, einer Knoblauchart, die bei Schlangenbissen angewendet wurde: „Zuerst wird die Pflanze abgekocht, die Brühe reiche man dann mit Wein als Getränk; die zerriebene Pflanze lege man auf die Wunde auf. Auch nimmt die um den Körper gewundene Pflanze das tägliche und das dreitägige Fieber." Pflanzliche Heilmittel gab es für alle Arten von Krankheiten, ebenso verwendete man schwere Schmerzmittel, die auf Opium aufbauten. Heilwirkung wurde aber auch tierischen Produkten wie Bärenfett und Mineralien in Form von Edelsteinen, wenn man sie als Amulett trug, zugeschrieben.

Spitäler
Die ersten Spitäler waren in Wien den Klöstern angeschlossen. Jedes wohlbestallte Kloster hatte ein Armenspital, war doch die christliche „hospitalitas", wie sie in den Benediktinerregeln festgelegt war, eine der obersten christlichen Pflichten. Da die Klosterspitäler aber stets nur eine geringe Aufnahmefähigkeit hatten, traten sie im Verlaufe des Mittelalters gegenüber den selbständig-bruderschaftlichen Spitälern und den Anstalten der Spitalsorden in den Hintergrund.
In Wien ist die älteste urkundlich beglaubigte Stiftung eines Spitals vom 27. Mai 1211 bekannt, dieses „Heiligen-Geist-Spital" hatte aber vom Anbeginn seiner Gründung mit finanziellen Schwierigkeiten zu kämpfen und im Jahre 1345 mußte die Zahl der Insassen auf drei Priester, zwei Laien und fünf Pfründner beschränkt werden.
Das Wiener Bürgerspital, das erste Spital, das der Stadt unterstand, wurde 1264 gegründet und entwickelte sich im 13. Jahrhundert zum bedeutendsten Spital der Stadt. Obwohl von der Bürgerschaft gegründet, übertrugen die Wiener Bürger ihr Spital dem Orden der Kreuzherren mit dem roten Stern von Prag, behielten sich aber ein Mitbestimmungsrecht in allen wichtigen Angelegenheiten vor.
Die Kranken erhielten im Spital Unterkunft und Verpflegung für die Zeit ihrer Krankheit, bei Hilfsbedürftigkeit auch über längere Zeiträume. Ursprünglich war die Aufnahme und Pflege kostenlos. In den bürgerlichen Spitälern wie dem Spital Sankt Johann vor dem Werdertor (gegründet 1327) und dem Martinsspital (gegründet um 1330) mußte aber bald für die Behandlung bezahlt werden, in den kirchlichen Spitälern konnte man sich einen Platz (Pfründe) erkaufen und bei Krankheit oder Siechtum bis an sein Lebensende nutzen. Aber auch die Bürger sorgten für die Finanzierung der Spitäler und zahlreiche Widmungen in Form von Mahlzeiten und Bädern zeigen die karitative Gesinnung der Stadtbürger.

Apotheken
Die Anfänge des Wiener Apothekenwesens liegen noch im Dunkeln. Zuerst werden wohl die Klöster die Menschen mit Heilkräutern, Salben und Pulvern versorgt haben, erst im Jahre 1320 hören wir von einem „Albertus aputhecarius" in Wien, der seine Apotheke in der Nähe des Stephansplatzes hatte. Dieser Bereich der Stadt entwickelte sich in der Folge zu einem ganzen Apothekerviertel und am Ende des Mittelalters siedelten rund um den Platz und in den angrenzenden Straßen nicht weniger als elf Apotheker. 1405 wurde von der

Das Leben in der Stadt

medizinischen Fakultät der Unversität Wien ein Apothekerstatut beschlossen, um das um sich greifende Kurpfuscherwesen einzudämmen, das aber von den Apothekern, die um ihre Einnahmen fürchteten, nicht angenommen wurde. Die Apotheker bewegten sich weiterhin in einem Raum, der zwischen Händler, Quacksalber, Apotheker und Kurpfuscher lag, was den Ärzten und der Bevölkerung oftmals Anlaß zur Klage gab, sei es nun wegen der hohen Taxen, der Verwendung verbotener Arzneien oder Behandlung Kranker durch den Apotheker alleine. Ebenso verlangten die Ärzte, daß nur der in Wien Apotheker sein konnte, der wenigstens ein Grundstudium der Arzneimittelkunde und eine Prüfung abgelegt hatte, die vielen Dekrete des Magistrats zeigen aber, daß dies oftmals nicht eingehalten wurde.

Dabei verfügten die Wiener Apotheker sicher über ein großes Fachwissen in der Zubereitung der Arzneien. Es gab Pillen, die aus Pflanzensäften mit Honig gemacht wurden und eine bestimmte Form und Größe aufweisen mußten, es gab Leckmittel und Sirupe, die in kleine Leinensäckchen eingebunden waren und in Wasser ausgekocht werden mußten sowie Pflaster, Salben und Öle. Daneben gab es feuchte und trockene Umschläge, Gurgelmittel, Zäpfchen für Hämorrhoiden und Vagina und eine Unzahl von Klistieren, von denen sich die Menschen bei möglichst oftmaliger Anwendung Gesundheit versprachen.

Liest man aber das Testament der Wiener Bürgerin Anna von Waldersperg aus dem Jahre 1416, in dem sie ihren Erben einen Krötenstein, jenen sich angeblich im Kopf gewisser Kröten befindlichen Stein, vermachte, der vor Krankheit, Zauber und Unheil schützen soll, so kann man daraus herauslesen, daß die Apotheker wohl nicht nur mit den von den Ärzten verschriebenen Mitteln gearbeitet haben und die Beschwerden der Ärzte über manche Apotheker wohl berechtigt gewesen sein müssen. Daneben waren die Apotheker auch die einzigen, die den Handel mit Konfekt betreiben durften.

Apotheker bei der Zubereitung von Arzneien

Körperpflege, Krankheit und Tod

Tod und Begräbnis

Tod

Der mittelalterliche Mensch war auch mitten im Leben vom Tode umgeben. Der Anblick von Leichen war ihm, anders als dem modernen Menschen, vertraut. Er sah die Gerichteten am Galgen, die sterbenden Bettler auf den Straßen und die herumliegenden Knochen und Schädel auf den Freithöfen.
Sterben ist das natürliche Ende des Lebens und bedeutete zu Beginn des Mittelalters nichts anderes als den Übergang der mühebeladenen irdischen Existenz in die Freuden des Paradieses, das jeder, der ein gottesfürchtiges Leben verbracht hatte, auch erlangen konnte.
Im Spätmittelalter änderte sich die Situation und der Tod wurde zum Schrecken für den Menschen. Zwar hatte er noch immer die Hoffnung auf Erlösung, zuerst aber mußte er die Strafen für sein sündiges Erdenleben durchmachen und zur Sünde erklärte die Kirche fast alle Handlungen eines gewöhnlichen Bürgers im täglichen Leben. Die Kirche schüchterte die Menschen systematisch ein und machte ihnen Angst vor dem Jenseits, vor den Schrecken der Hölle und des Fegefeuers, hauptsächlich um die Gläubigen zu bewegen, Geld für Ablässe und fromme Stiftungen zugunsten der Kirche auszugeben und sich so das Seelenheil zu erkaufen. Der Gott der spätmittelalterlichen Kirche war kein gnädiger, sondern ein rächender und strafender Gott, der nur mittels Geld zugunsten seiner irdischen Stellvertreter beschwichtigt werden konnte.
Die Menschen des Mittelalters starben früh, die durchschnittliche Lebenserwartung betrug 35 Jahre. Hat man das 40. Lebensjahr erreicht, galt man bereits als alt und begann sich auf den Tod vorzubereiten. Und dieser Tod war zumeist grausam. Linderungsmöglichkeiten gegen Schmerzen und Betäubungsmittel fehlten und der Todeskampf konnte sich über Wochen hinziehen. Ärztlichen Beistand gab es im Tode keinen, nur der Priester und die Familie waren am Totenbett anwesend. Im 14. Jahrhundert gestaltete sich die Todesvorstellung noch schrecklicher, da die Massensterben der Pest sich tief in die Seelen der Menschen eingegraben hatten und auf den Sarkophagen wurde der Verstorbene nicht mehr in seinem weltlichen Glanz und Prunk dargestellt, sondern als verwesender Leichnam. In die Kunst der Zeit hielt der „Totentanz" seinen Einzug, welcher den Freuden des Lebens stets den Knochenmann als Mahner für die Vergänglichkeit alles Irdischen zur Seite stellte.
Es ist daher nicht verwunderlich, daß der mittelalterliche Mensch einen großen Teil seiner Aufmerksamkeit dem Tode und dem Seelenleben danach widmete. Wer sein Ende nahen fühlte, wer sich auf eine große Reise, eine Pilgerfahrt oder in den Krieg begab, setzte

Das Leben in der Stadt

Der Tod und die Bürgerin

sein Testament auf, in dem er nicht nur seinen Nachlaß aufzählte, sondern sich auch das Gedächtnis der Nachwelt in Form von Messen, weltlichen und frommen Stiftungen sicherte. In Wien haben sich drei Testamentsbücher aus der Zeit von 1395 bis 1430 erhalten, die eine reiche Quelle zur Sachkultur des Mittelalters darstellen.

Testamente
Der Wiener sorgte in seinem Testament zuerst für seine Familie, selbst für die Ungeborenen, da er ja zum Zeitpunkt seines Todes mitunter nicht wußte, ob ein Kind erwartet wurde. Seiner Witwe drohte er eine Schmälerung des Erbes an, sollte sie wieder heiraten. Befremdlich wirken oft die Bestimmungen, die es der Witwe nur noch eine bestimmte Zeit erlauben sollten, im Haus zu wohnen, welches an die Kinder oder an kirchliche Institutionen überging.
Das Erbe wurde im Testament möglichst zu gleichen Teilen unter den Kindern verteilt, und auch weitverzweigte Verwandtschaft wurde berücksichtigt. Das Erbe wurde detailliert aufgeführt, selbst Hausrat und einfache Kleidungsstücke fanden dabei Erwähnung. Erstaunlich ist, wie viele Schulden in den Testamenten einbekannt wurden. Man borgte, wo man konnte, sei es bei Juden und Christen oder beim Dienstpersonal. 10 bis 12 Gläubiger auf einen Schuldner waren keine Seltenheit, die Spitze hielt der Schulmeister Chunrat der Ganczlhaydner mit 15 Gläubigern.
Nach der Familie wurden soziale Stiftungen und die Kirche in reichem Maße bedacht, besonders das Bürgerspital und die Siechenhäuser Wiens bezogen einen Teil ihres Einkommens aus Stiftungen, die testamentarisch errichtet wurden. Mitleid war hier sicher nicht der Beweggrund, sondern eher die Hoffnung, im Jenseits möglichst viele Fürbitter für die eigene Seele zu finden.
Die Stadt Wien selbst wurde von den Bürgern nur selten in Testamenten bedacht. Zwar gab es eine Anzahl von Testoren, die für

Körperpflege, Krankheit und Tod

die damals in Bau befindliche Brücke über das Stubentor testierten, es sind dies aber fast ausnahmslos nur jene, die selbst Liegenschaften vor dem Tor besaßen.
Selbst arme Menschen vermachten einen Teil ihrer geringen Habe an kirchliche Institutionen. So hinterließ Heinrich, der lange Zeit Wagenknecht bei den Augustinern war, dem Kloster 1/8 Joch Weingarten und seine nicht genannte Habe, die sicher nicht sehr umfangreich war.
Otto der Weise hinterließ im Jahre 1427 vier Jahrtage für sich und seine Vorfahren, ferner je tausend Messen in vier verschiedenen Klöstern und Kirchen Wiens und eine ewige Messe. Auch Pilgerfahrten wurden vermacht, so stiftete 1410 Anna die Reschin eine Romfahrt, eine Fahrt nach Aachen, fünf Zellfahrten, zehn Fahrten nach Unserer lieben Frau in Hietzing und noch rund 30 kleinere Wallfahrten. Rührend ist das Vermächtnis von Adelheid, der Witwe Seyfrid des Vischers aus dem Jahre 1397, die einen Weingarten einer armen Jungfrau vermachte, um dieser eine Heirat zu ermöglichen.
Michel der Vinkch hinterließ 400 Pfund Pfennige zur Befreiung armer Gefangener aus venezianischen Gefängnissen.
Arme erbten Mahlzeiten an bestimmten Tagen, und auch Geld für Kreuzzüge gegen die Hussiten wurde testamentarisch vermacht.

Begräbnis
Bereits unmittelbar nach dem Tode wurden die Gebete durch die Angehörigen und Leidtragenden im Trauerhaus angestimmt. Die eigentlichen Trauerfeierlichkeiten begannen mit dem Totenoffizium, einem neunteiligen Gebet, dem unmittelbar darauf die gesungene Seelenmesse folgte, beide wurden angesichts der aufgebahrten Leiche in der Kirche gehalten. Während der Messe fand der Opfergang statt, bei dem Geld und Naturalien wie Wein, Brot und Kerzen von den Anwesenden geopfert wurden. Mit dem Requiem, das teilweise noch in der Kirche und teilweise am offenen Grabe gesungen wurde, endeten die Begräbnisfeierlichkeiten.
Wesentlich prunkvoller war natürlich das Begräbnis des Landesherren oder des Kaisers. Als am 5. Dezember 1493 das Leichenbegängnis Friedrichs III. in St. Stephan begangen wurde, war die Kirche mit schwarzen Tüchern verhängt und von 583 Kerzen erleuchtet. Eine eigene Kapelle wurde um die Bahre errichtet, wo nochmals 346 Kerzen brannten. Um die Kapelle standen 48 Mönche mit einer brennenden Kerze in der Hand. Vor der Bahre lagen auf weißem und schwarzem Samt die Reichsinsignien wie Schwert, Szepter, Reichsapfel und der Orden vom Goldenen Vlies. Neben der Bahre stand der kaiserliche Herold in einem goldenen Rock.
Nur Begüterte konnten sich ein Begräbnis in einer Kirche leisten, wobei besonders St. Stephan als die wichtigste Pfarrkirche in Wien besonders beliebt war, der Adel bevorzugte hingegen die Ludwigskapelle der Minoritenkirche und die Michaelerkirche als Begräbnisplatz.

Das Leben in der Stadt

Das gemeine Volk wurde in den Freithöfen, die um die Kirchen mitten im Stadtgebiet von Wien lagen, am dritten Tag nach dem Eintritt des Todes begraben.

Auch im Tode wollte der mittelalterliche Mensch noch die Standesunterschiede vor Augen haben, die ihn ein ganzes Leben lang begleitet hatten. Die Wohlhabenden ließen möglichst viele Kleriker im Kondukt mitgehen und das Begräbnis glanzvoll ausrichten, sich in viele Totenbücher eintragen und bis zu 1000 Messen lesen. Die Armen hingegen mußten sich mit dem Begehen bei einer Pfarrkirche, einigen Beimessen und der Eintragung in ein einziges Totenbuch begnügen.

Grabbeigaben gab es keine, um die Finger des Toten wurde höchstens ein Rosenkranz geschlungen und ein Kreuz auf seine Brust gelegt. Allerdings vermachten begüterte Verstorbene die Gegenstände, die bei ihrem Begräbnis verwendet wurden, einer Kirche oder einem Kloster. So bestimmte Wilhelm bei dem Prunnen, natürlich im vorhinein, die Pferde, die seinen Leichenwagen ziehen, einem Kloster, und Michel der Vinkch vermachte sein Bahrtuch, „ein guldein tuch mit dem golde, das sechs ellen sind", der Kirche von St. Stephan.

Feierlich wurden der dritte, siebente und der dreißigste Tag nach dem Tode mit einem Totenoffizium begangen, der dreißigste Tag schloß dann die offizielle Trauerzeit ab. Statt des Sarges wurde dabei ein Katafalk, bedeckt mit einem schwarzen Tuch, in der Kirche aufgestellt, wobei bei allen Trauerfeierlichkeiten das Geläute der Glocken nicht fehlen durfte. Man bestellte auch Arme zu den Trauerfeierlichkeiten, welche als Gegenleistung für Almosen die Aufgabe hatten, für den Verstorbenen zu beten.

Bereits vor seinem Tode und nochmals durch Stiftungen in seinem Testament hatte sich der Verstorbene in die Totenbücher verschiedener Pfarren eintragen lassen, damit in eigenen Messen sein Name genannt und für seine Seele gebetet wurde.

Für uns mag dieses Erkaufen des Seelenheiles heute grob-materialistisch erscheinen, für den mittelalterlichen Bürger war es eine Selbstverständlichkeit. Der Reiche mußte seinen Reichtum für den Weg ins Paradies einsetzen, dem Armen wurden die Leiden in der irdischen Welt im Himmel vergütet. Der Reiche hatte stets das Wort Christi im Sinn, daß eher ein Kamel durch ein Nadelöhr gehe als ein Reicher in den Himmel komme, und dem versuchte er zu begegnen, indem er in der Stunde des Todes seinen Reichtum teilte oder der Kirche vermachte, die ihm im Austausch dagegen Fürsprache im Jenseits versprach. Bereits im Mittelalter wurden warnende Stimmen gegen diesen „Ablaßhandel" laut, die sich aber erst im Zuge der Reformation wirkliches Gehör verschaffen konnten.

DIE VERWALTUNG DER STADT

Die Rechtsprechung

Das Wiener Stadtrecht von 1221

Heinrich II. Jasomirgott hatte 1156 seine Residenz von Klosterneuburg nach Wien verlegt, und dies brachte eine bedeutende Aufwertung der Stadt mit sich. Gegen Ende des 12. Jahrhunderts war Wien bereits unbestrittener Mittelpunkt des Landes Österreich und der Babenberger Hof unter Leopold V. zu einem kulturellen und wirtschaftlichen Mittelpunkt des Landes geworden. Unter seinem Nachfolger Leopold VI. wurde es daher notwendig, das bisher angewandte Gewohnheitsrecht auch schriftlich für die Stadt festzulegen. 1198 wurde das erste Stadtrecht für Wien erlassen, von dessen Bestimmungen uns leider nichts erhalten geblieben ist. In der Zeit danach gab es zwar einzelne Rechtsbriefe und Privilegien mit markt- und mautrechtlichem Inhalt, die aber nicht als eigentliches Stadtrecht bezeichnet werden können. Erst am 18. Oktober 1221 wurde ein neues Stadtrecht für Wien erlassen, welches uns heute zur Gänze in zwei Abschriften vorliegt und tiefen Einblick in das städtische Rechtsleben des Mittelalters gewährt.

Im ersten Artikel ist noch tief die frühmittelalterliche Rechtsvorstellung verankert, da er Bestimmungen zu Gottesurteilen enthält. Es heißt hier: „... und so bestimmen wir derart, daß die Verteidigung des eigenen Lebens (die Notwehr) bei einem Totschlage durch glühendes Eisen bewiesen werde." War der Gegner nur verwundet, so wurde das Urteil von 20 Genannten, die vom Richter ausgesucht wurden, gesprochen. Ertappte man einen Mörder auf frischer Tat, so verfiel er dem Todesurteil, konnte das Gericht seiner nicht habhaft werden, wurde er für geächtet erklärt und seine Güter zu zwei Dritteln seiner Familie und zu einem Drittel dem Richter zugesprochen.

Im Falle von schwerer Körperverletzung galt das Prinzip von Auge um Auge und Zahn um Zahn, außer man hatte das Geld, um sich freizukaufen, oder war von hohem Stande, denn für diesen gab es ebenso wie für die Kleriker und später auch für die Studenten eigene Bestimmungen.

Öfters scheint es auch kleinere Schlägereien unter der Bevölkerung

Rechtsprechung

gegeben zu haben, denn in Artikel vier sind Bestimmungen für Leute enthalten, die mit Knüppeln geschlagen wurden. Auch hier konnte man der Bestrafung an Leib und Leben entgehen, wenn man bestimmte Summen Schmerzensgeld an den Geprügelten und eine Strafe an den Richter zahlte. „Buben und geringere Gaukler, welche durch Worte oder irgendeine Ungezogenheit dieses verdient hatten", konnten straflos von den beleidigten Bürgern geprügelt werden.

Heilig war dem Stadtrecht auch das Haus des Bürgers, und so wurde bestimmt, „...daß einem jeden Bürger sein Haus eine Freistatt sei sowie seinen Hausgenossen und einem jeden Flüchtling, der das Haus betritt. Niemand soll mit Bogen und Wurfgeschoß das Haus anzugreifen versuchen oder sonst in der Stadt kämpfen".

Wichtig erscheint im Stadtrecht der Passus über die Möglichkeiten der Bürger, Personen zu schützen, die sich innerhalb der Mauern der Stadt vor ihren Feinden geflüchtet hatten. Hier wurden jene Bürger straffrei gestellt, die diese Personen verteidigten, selbst wenn sie dabei Schaden an der Stadt anrichteten.

Hart war die Strafe bei der Ablegung eines Meineides. Wurde der Übeltäter einwandfrei von sieben Zeugen überführt, so schnitt man ihm die Zunge heraus, sofern er die hohen Geldstrafen nicht bezahlen

Die Folter ist ein anerkanntes Mittel, um Geständnisse zu erreichen

Die Verwaltung der Stadt

und dem Geschädigten den Schaden nicht ersetzen konnte. Das Abschneiden der Zunge war auch die Strafe für Gotteslästerung, und hier gab es keine Möglichkeit, dieser Bestrafung durch die Bezahlung von Bußgeldern zu entrinnen.

Das Abschneiden von Gliedern war überhaupt eine beliebte Strafe für Leute, die sich die beträchtlichen Bußgelder, die bis zu 100 Pfund Pfennigen reichten, nicht leisten konnten. So verlor zum Beispiel jemand, der heimlich ein langes Messer mit sich trug und dabei ertappt wurde, ohne viel Federlesen seine rechte Hand, sofern er dem Richter nicht 10 Pfund Pfennige Bußgeld bezahlen konnte.

Artikel 17 des Stadtrechtes bestimmte die Bestellung von 100 „Genannten" aus den einzelnen Stadtvierteln, welche „treue und erfahrene Bürger" sein mußten. Sie hatten die Aufgabe, als Zeugen bei gerichtlichen und außergerichtlichen Streitfällen zu dienen. Auch bei Verkäufen von Immobilien und beim Abschluß von Geschäften und Verträgen über den Wert von drei Pfund Pfennigen hinaus mußten mindestens zwei dieser „Genannten" als Zeugen zugezogen werden. Die Institution der „Genannten" überstand lange Zeit und war noch 1408 in Gebrauch.

Artikel 23 ist für die Entwicklung und den Aufschwung Wiens zur mittelalterlichen Großstadt vielleicht der wichtigste Passus, bestimmte er doch, daß „keinem Bürger aus Schwaben, aus Regensburg oder aus Passau es erlaubt sein soll, mit seinen Waren Ungarn zu betreten". Kein fremder Kaufmann durfte länger als zwei Monate in der Stadt verweilen, und Verkäufe seiner Waren waren ihm nur an Wiener Bürger gestattet. Gold und Silber durften in Wien nicht gekauft werden, und verkaufen durfte man es nur an die fürstliche Kammer. De facto schaltete dieser Passus im Stadtrecht jede fremde Konkurrenz auf den Handelswegen entlang der Donau und östlich von Wien aus und gab den Wiener Kaufleuten ein Monopol in die Hand, welches sie so ausnutzten, daß ab 1221 eine deutliche Vermehrung des Wohlstandes der Stadt festzustellen ist.

Die Artikel 24 bis 26 enthalten sicherheits-, feuer- und marktpolizeiliche Vorschriften. So durfte bei Strafe niemand mit einem gespannten Bogen in der Stadt herumgehen, und der Bürger, in dessen Haus ein Brand entstand, mußte eine erhebliche Strafe bezahlen. Ausnahmen gab es davon nur, wenn das Haus abbrannte, dies schien dann Strafe genug.

In Artikel 27 wurden die Gerichtsgebühren festgelegt und bestimmt, daß der Stadtrichter für jeden Streitfall ein Pfund Pfennige erhalten sollte, während der Unterrichter und der Gerichtsbote je 30 Pfennige erhielten.

In Artikel 28 werden 24 einsichtsvolle Bürger bestellt, die „... über Handel und Wandel und über alles, was zur Ehre und zum Vorteil der Stadt dient, nach bestem Wissen Anordnungen treffen wollen". In der Bestellung dieser 24 Bürger ist die Keimzelle zum ersten Stadtrat Wiens zu sehen.

Rechtsprechung

Dieses erste Stadtrecht von Wien wurde immer wieder erweitert, so von Kaiser Friedrich II. im Jahre 1237. Noch in den ersten Habsburgerprivilegien von 1278 und von 1340 ist in Grundsätzen das babenbergische Stadtrecht erkennbar, welches zum Vorbild anderer Stadtrechte in Österreich wurde.

Das Gericht hatte im Hochmittelalter seinen Sitz in der Schranne am Hohen Markt. Dieses Wiener Stadt- und Landgericht hatte, wie schon aus seinem Namen hervorgeht, eine Doppelfunktion und schloß zweierlei Gerichtsbarkeit ein. Jene des Stadtgerichtes galt innerhalb des Wiener Burgfriedens, eines Gerichtsbezirkes, in dem die Wiener Bürgergemeinde kraft landesfürstlicher Privilegien Grundherrschaft und Obrigkeit besaß. Die Stadt übte hier sowohl die Zivilgerichtsbarkeit wie auch die Strafgerichtsbarkeit mit Ausnahme der Kapitalverbrechen und auch die Polizeigewalt aus. Der Wiener Burgfrieden umfaßte einen Bezirk, der heute ungefähr dem vom Gürtel umschlossenen Bereich entspricht. Hingegen hatte das Landgericht mehrere Sprengel zu betreuen, die im Norden bis zum Krottenbach, im Westen bis zur östlichsten Bergkette des Wienerwaldes, im Süden bis zum Petersbach und im Osten bis zum Laaerberg reichten. Zuständig war das Landgericht für Kapitalverbrechen, Mord, Brandstiftung, Raub und Hochverrat.

Ursprünglich wurde der Wiener Stadtrichter für jeweils zwei Jahre vom Landesfürsten ernannt und mit dem „Blutbann", der Befähigung, schwere Leibesstrafen und auch die Todesstrafe zu verhängen, ausgestattet. Die eingehobenen Bußgelder flossen, vermindert durch die Gehälter des Richters und des Gerichtspersonals, direkt an die landesfürstliche Kammer. Einzelne Rechte konnten auch anderwertig vergeben werden, so behielt das Schottenkloster bis in das 19. Jahrhundert hinein eine eigene grundherrliche Gerichtsbarkeit.

Spätestens mit dem Stadtrecht von 1221 wurde den Wiener Bürgern auch die Führung der Verwaltung im Wiener Burgfrieden übertragen, und zwar mittels der 24 Ratsmitglieder und der 100 „Genannten". Ab 1282 läßt sich nachweisen, daß einer der Räte als Bürgermeister amtierte. 1340 erhöhte sich die Zahl der „Genannten" auf 200 und schloß auch den Rat und den Bürgermeister mit ein, die jährlich von den „Genannten" gewählt werden mußten.

Der Stadtrichter, der nicht gewählt, sondern vom Landesfürsten ernannt wurde, stand zunächst außerhalb des Rates. 1237 wurde dem Rat ein Vorschlagsrecht auf den Posten des Stadtrichters zugebilligt, und ab 1278 konnte der Rat gegen Urteile des Stadtrichters Berufung einlegen, der wiederum 1296 einen der 20 Ratssitze eingeräumt bekam. Im 14. Jahrhundert verlor der Stadtrichter ein weiteres Amt zugunsten des Rates, da ab nun die Einziehung der landesfürstlichen Stadtsteuer an den Rat delegiert wurde. Die Institution der „Genannten" verlor nach 1408 an Bedeutung und wurde 1522 endgültig abgeschafft, an ihre Stelle traten zwölf ständige Gerichtsbeisitzer.

Die Verwaltung der Stadt

Auch örtlich war die Unterscheidung von Stadtrichter und Magistrat sichtbar. Ersterer residierte und urteilte seit 1325 in der Schranne auf dem Hohen Markt, der Rat hingegen hatte seinen Sitz seit 1316 im Alten Rathaus in der heutigen Wipplingerstraße.
Das Wiener Stadt- und Landgericht war aber auch ein finanziell einträgliches Amt, welches die Landesfürsten zeitweise verpachteten, um sich ihre Einkünfte an Buß- und Strafgeldern und Gerichtsgebühren zu sichern. Die Pächter waren stets reiche Wiener Bürger, denen es gelungen sein muß, trotz der hohen Pachtzinse von zunächst 200 Pfund Pfennigen und ab 1470 etwa 350 Pfund Pfennigen genug herauszuwirtschaften, um noch reicher zu werden. Erst Kaiser Maximilian I. hat mit diesem Ämterverkauf im Jahre 1519 Schluß gemacht.
Eine ganze Reihe von Personen war mit dem Vollzug des Rechtes beschäftigt. Da waren einmal der Richter und seine Beisitzer, dann der Urteilsschreiber, der auch das Gerichtsprotokoll zu führen hatte, der Schrannenschreiber war der Verwaltungsbeamte, welcher die Gerichtsgebühren verrechnete, und dann gab es noch den Nachrichter, der für die Gerichtsorganisation sorgte und auch die Richterknechte beaufsichtigte. Diese Richterknechte, heute würde man sie als „Gerichtsdiener" bezeichnen, hatten aber auch für Zustellungen, Verhaftungen und Pfändungen zu sorgen und trieben ab dem 14. Jahrhundert die Steuern ein.
An Personal gab es noch den Diebsschergen und seine Schergenknechte, welche die Verwahrung, Verpflegung und, wenn es notwendig schien, auch die Folter der Gefangenen übernahmen. Dem Diebsschergen unterstand auch der Henker, welcher die verhängten Leib- und Lebensstrafen öffentlich vollzog. Aus einer eigenen Stiftung wurde auch noch ein Beistand honoriert, welcher den zum Tode Verurteilten ein geistliches Geleit zur Hinrichtungsstätte gab.

Die anzuwendenden Gesetze in Zivil-, Straf- und Verwaltungssachen beruhten anfänglich nur auf mündlicher Überlieferung. Erst ab dem Ende des 12. Jahrhunderts wurden einzelne Bestimmungen schriftlich festgehalten, teilweise wurde aber weiter nach dem Gewohnheitsrecht gerichtet. Ab dem 13. Jahrhundert wurden die Wiener Rechts- und Prozeßnormen, die teilweise von österreichischem Landrecht abwichen, gesammelt und im Stadtrechts- und Weichbildbuch niedergelegt. Wichtige, die Stadtverwaltung betreffende Bestimmungen wurden im Wiener „Eisenbuch", so genannt nach seinem Umschlag mit schweren Eisenbeschlägen, festgehalten, welches vom 14. bis zum 19. Jahrhundert geführt wurde. Die gewerberechtlichen Vorschriften wurden in dem 1430 angelegten und bis ins 17. Jahrhundert geführten „Handwerksordnungsbuch" niedergeschrieben.
Die Durchführung der Strafverfahren unterschied sich nur wenig von modernen Prozeßordnungen. Der Kläger hatte im Zivilgerichtsverfahren seine Ansprüche durch Urkunden und Zeugen zu beweisen,

Rechtsprechung

das Gericht konnte danach weitere Beweismittel anfordern oder einen Sachverständigen zuziehen, es wurde über die Gerichtsverhandlung ein Protokoll geführt und das Urteil schriftlich ausgefertigt. Konnte eine verhängte Geldstrafe nicht eingebracht werden, so wurde der Schuldner gepfändet, und gab es nichts zum Pfänden, wanderte er in den Schuldturm, bis es ihm oder seinen Freunden gelang, das Geld aufzutreiben.

Bei Kapitalverbrechen wurde der Übeltäter von den Knechten des Richters oder des Rates, den Kriminalbeamten jener Zeit, verfolgt und festgenommen und zunächst im „Diebshaus" in der Rauhensteingasse oder im Keller des Kärntnerturms gefangengehalten. Der Richter vernahm danach die Zeugen und verhörte den Verdächtigen. War es ein Indizienprozeß, konnte er den Verdächtigen auch foltern lassen, um ein Geständnis zu erzwingen. Die Verhandlung fand vor dem Richter und den Beisitzern in der Schranne statt, die Urteile wurden vom Balkon der Schranne aus öffentlich verkündet und der Delinquent danach dem Henker übergeben, der die Bestrafung oder Hinrichtung öffentlich vollzog.

Hinrichtungen waren ein begehrtes Spektakel für die Wiener Bevölkerung und konnten an verschiedenen Plätzen der Stadt vollzogen werden. Köpfe schlug man gerne am Hohen Markt ab, Rad und Galgen standen bei der Spinnerin am Kreuz auf dem Wienerberg, und Verbrennungen fanden auf der Gänseweide, der heutigen Weißgerberlände, statt. Zeitweise dienten auch der Platz Am Hof und

Zeugen schwören vor dem Richter, nicht falsches Zeugnis zu geben „als lieb dir sey das ewig leben"

Die Verwaltung der Stadt

der Schweinemarkt, der heutige Lobkowitzplatz, als Hinrichtungsstätten.

Hinrichtungen müssen im Mittelalter relativ oft in Wien stattgefunden haben. So wurden zwischen 1470 und 1479 44 Personen gehängt, zehn geköpft, fünf gerädert, drei verbrannt und elf ertränkt, dazu kamen noch viermal Handabschneiden, eine Brandmarkung und 34 Pranger- und Prügelstrafen.

Über die Kriminalität im mittelalterlichen Wien sind wir nur schlecht informiert, sie dürfte aber im Bereich der kleineren Delikte wie Diebstahl und Betrug erheblich gewesen sein. Eine beliebte Strafe für betrügerische Bäcker, welche untergewichtiges oder qualitativ schlechtes Brot verkauften, war das Bäckerschupfen, welches seit dem 13. Jahrhundert als Strafe in Wien belegt ist. Der Delinquent wurde dabei in einen geschlossenen Korb gesetzt, der an einer langen Stange befestigt war, und mehrere Male in die Donau oder am Neuen Markt in einen Bottich voll Unrat eingetaucht.

Übeltäter konnten auch an den Pranger am Hohen Markt gebunden werden, wo Auspeitschungen und Prügelstrafen vollzogen wurden, oder man schloß sie in eine „Schandfiedel", einem Halseisen, ein.

Auch über Blutverbrechen sind wir informiert. Eine der aufsehenerregendsten Bluttaten ereignete sich am 23. November 1500, als der Bäckermeister Leonhart Reisner in seinem Haus samt Frau, Kind, Magd und Bäckerknecht von dem Bäckergesellen Bartholomäus ermordet wurde. Der Täter floh zunächst nach Regensburg, wurde dort aber festgenommen. Er wurde am 1. März 1501 hingerichtet, woraus hervorgeht, daß die Justiz schnell arbeitete, da zwischen Tat und Urteilsvollstreckung nur drei Monate lagen.

Verfolgt wurden von den Behörden auch Ketzerei und Hexerei. Besonders die Sekte der Waldenser mit ihren etwa 80.000 Anhängern in Österreich war im 15. Jahrhundert massiver Verfolgung ausgesetzt. 1467 wurde der Waldenserbischof Stefan in Wien verbrannt.

An Hexen haben die Wiener nie so recht geglaubt, und im Gegensatz zu Deutschland, wo Tausende Frauen als Hexen verbrannt wurden, gab es im Mittelalter keine einzige Hexenverbrennung in Wien, das erste und einzige Vorkommnis dieser Art datiert erst aus 1583.

Bekannt sind uns die Strafen, welche für Hochverrat ausgesprochen und vollzogen wurden. Üblich war die Enthauptung, nur Bürgermeister Holzer wurde 1463 als abschreckendes Beispiel öffentlich geviertelt und jeder der Teile an einem Stadttor aufgehängt.

Eine nur einmal erwähnte Strafe in Wien war das Lebendig-Einmauern. Als man 1385 nach einem Giftanschlag auf Albrecht II., bei dem dieser bleibende Lähmungen davontrug, einen Schuldigen suchte, wurde sein Koch Stibor Chrezzel des Anschlages bezichtigt. Als dessen Unschuld nach einem halben Jahr an den Tag kam, wurde sein Widersacher, der Urheber der falschen Anschuldigung, nach vierzehntägiger Zurschaustellung in einem Käfig auf dem Hohen Markt auf dem Stephansfreithof lebendig eingemauert.

Das Finanzwesen

Geprägte Münzen als Zahlungsmittel traten im mittelalterlichen Wien erst relativ spät auf. Mit dem Zusammenbruch des Römischen Reiches war auch die hochstehende Geldkultur der Römer, die Banken, Konten, Scheck und Wechsel kannte, zusammengebrochen, die wenigen noch in Umlauf befindlichen römischen Münzen wurden gehortet oder zu Schmuck umgeschmolzen. Einfache Geschäfte wurden im Tauschhandel erledigt, wo es um größere Summen ging, verwendete man Barren aus Edelmetall oder ungemünztes Gold in Form von Schmuck. Grabfunde zeigen, daß aus dem Mittelmeerraum und besonders aus Byzanz einzelne Münzen in unseren Raum gelangt sind und hier als Kostbarkeiten gehandelt wurden.
Besonders Münzen aus Italien und aus dem Frankenreich wurden bis gegen die Mitte des 12. Jahrhunderts auch in Wien als Zahlungsmittel verwendet. Bereits um 1000 wurden in Regensburg kleine Silberplättchen geprägt, diese „Pfennige" dürfen wir für das mittelalterliche Wien als die ersten Münzen annehmen.
Um 1120 wurde durch Markgraf Leopold III. die erste österreichische Münzstätte in Krems eingerichtet. Zu den Kremser Pfennigen kamen bald danach die Friesacher Pfennige und auch die Wiener Neustädter Pfennige in Umlauf. In der Reiserechnung des Bischofs Wolfger von Passau finden wir 1203 die erste Erwähnung des Wiener Pfennigs, der vermutlich ab 1190 in der Stadt geprägt wurde. Die wachsende Bedeutung Wiens als Handelsplatz hat sicher schon Heinrich II. Jasomirgott und besonders seinen Sohn Leopold V. bewogen, in Wien Münzen prägen zu lassen, nicht zuletzt wohl auch deshalb, da sich aus der Münzprägung zusätzliche Einnahmen für den Landesherren erzielen ließen.

Die Münzprägung

Ausführung und Finanzierung der Münzprägung lagen zunächst in Händen des Landesherren, der später das Münzregal privaten Unternehmern, meist Gruppen von kapitalkräftigen Familien, die sich zu einer recht exklusiven Münzer-Hausgenossenschaft zusammenschlossen, überließ.

Die Verwaltung der Stadt

Ursprünglich befand sich das Münzamt in Wien am heutigen Platz Am Hof und übersiedelte 1397 in die Schulerstraße 1–3. Die hier vorgenommene Münzherstellung war ein langwieriger und umständlicher Prozeß, der durch dauernde Kontrollen weiter verlangsamt wurde. Überwacht wurde die Münzprägung von den „Obristen", dem obersten Kämmerer des Herzogs, dem Münzmeister und dem Münzanwalt. Durchgeführt wurden die Arbeiten von Gießern, Zain- und Schrotmeister, Versucher und Eisengraber. Zu bestimmten Kontrollen bediente man sich einer unabhängigen Instanz, der des Münzjuden.

Alle diese Leute standen wegen ihrer bedeutsamen Tätigkeit unter dem persönlichen Schutz des Fürsten und genossen ebenso die fürstliche „Freyung" wie die Schlagstube im Münzgebäude. Gelang es einem Flüchtling oder Verbrecher auf der Flucht den Türstock der Münzstube anzufassen, war er der Stadtgerichtsbarkeit entzogen und unterstand dem „Münzgericht", welches durch neun Monate im Jahr jeden Montag tagte, seine eigene Folterkammer hatte und die Delinquenten nach geheimer Beratung über das Urteil dem Stadtrichter zum Vollzug der Strafe übergab.

Einzig die Mitglieder der Münzgesellschaft, Hausgenossen genannt, hatten das Recht, Silber für den Münzguß zu kaufen, das über die Wechsler besorgt wurde. Dieses Geschäft erforderte einen solch enormen Kapitaleinsatz, daß stets nur wenige Familien in Wien überhaupt Lust und Möglichkeit hatten, sich an den Münzgenossenschaften zu beteiligen, wenngleich auch die Profitmöglichkeiten dementsprechend hoch waren.

Jeder der sogenannten Hausgenossen durfte ursprünglich siebenmal im Jahr auf seine Rechnung Münzen gießen, später wurde die Zahl auf drei Güsse herabgesetzt. Zunächst berechnete der Münzmeister den Münzfuß, um sicherzustellen, daß durch die Neuprägung alle Kosten der Münzerzeugung gedeckt waren und auch der Anteil des Fürsten und der Profit der Hausgenossen gewahrt blieben. Der Profit entstand dadurch, daß das Silber in einem gewissen Prozentsatz zum Nennwert mit unedlem Metall, meist Kupfer, verschnitten wurde. Das Mischungsverhältnis wurde dem „geschworenen" Gießer mitgeteilt, der eine Probe herstellte, die im Beisein aller 48 Hausgenossen ausgewogen wurde. Stimmte das Verhältnis und wurde es vom „geschworenen" Versucher bestätigt, wurden nun dünne Metallstreifen hergestellt, die mit Platthämmern zur vorgesehenen Münzdicke ausgehämmert und vom Schrotmeister mit einer Schere zu den viereckigen Schrötlingen zerschnitten wurden, die dem Pfenniggewicht schon ungefähr entsprechen mußten. Die Ecken wurden nach Augenmaß abgestutzt, so daß ein annähernd rundes Blech entstand. Zwischen jedem dieser Vorgänge wurde die Gesamtmenge gewogen und untersucht, wobei man sich einer unabhängigen Person, der des „Münzjuden", als Prüfer bediente. Stimmte das Verhältnis von Silberwert zu Münzmenge bis auf einen Pfennig überein, wurden die

Das Finanzwesen

Schrötlinge den Setzmeistern übergeben, die auf einem Amboß mit dem Prägestempel die Münzen prägten. Die von den Eisenschmieden hergestellten und von den „Eisengrabern" gravierten Prägestempel standen unter Aufsicht des „Eisenhüters" und wurden gut verwahrt. Der hohe Verschleiß machte es notwendig, sie in regelmäßigen Abständen zu erneuern, wobei auch die Stempelmotive gewechselt wurden.
Waren die Pfennige fertig, wurden sie nochmals untersucht, gab es Probleme, wurden diese in einem Ausschuß von sieben Hausgenossen beraten und die Pfennige entweder freigegeben oder wieder eingeschmolzen.
Bei jedem Guß mußte der verantwortliche Hausgenosse bestimmte Gelder an die anderen Hausgenossen entrichten sowie sie mit Speisen und Wein bewirten und auch die Ehefrauen erhielten kleine Geschenke. Dennoch verblieb dem prägenden Hausgenossen bei jeder Prägung ein Reingewinn von etwa 12 bis 13 Pfund Pfennige, das ist, wenn man bedenkt, daß beispielsweise ein Haus in Wien damals zwischen 25 und 50 Pfund Pfennige kostete, ein gewaltiger Profit, der das aufgewendete Kapital und das Risiko sicher lohnte.
Trotz der vielen Ungenauigkeiten bei der Münzherstellung galt der Wiener Pfennig als so gut, daß er die anderen Prägungen mit der Zeit verdrängte. Trotz seines geringen Gewichtes von etwa 0,7 bis 1,2 Gramm Silber bestanden die Pfennige aus guten Legierungen mit 750 bis 900 Tausendteilen Silber und blieben lange Zeit das bestimmende Zahlungsmittel im mittelalterlichen Wien. Die gebräuchlichste Verrechnungseinheit war das Pfund mit 240 Stück Pfennigen, unterteilt in 8 Schillinge zu je 30 Pfennigen.
Etwa um 1300 kam auch eine größere Goldmünze in Umlauf, der Goldgulden oder Florentiner, der etwa einem Pfund Pfennigen entsprach und der nach 1500 als Taler bezeichnet wurde, der halbe Taler wurde um 1484 dem Silbergulden gleichgesetzt. Ab 1338 wurde in Ungarn der Goldgulden geprägt, der zunächst einen Wert von 100 Pfennigen erreichte und dann bis auf 300 Pfennige stieg. Dieser Goldgulden, ab 1308 in Böhmen in eine neue Verrechnungseinheit unterteilt, entsprach dann 20 Groschen (zu je 12 Pfennigen), die in 3 Kreuzer (zu je 4 Pfennigen) unterteilt wurden. Die kleinste Rechnungseinheit blieb aber der Pfennig, der nochmals geteilt werden konnte und als „Hälbling" in Umlauf kam.
Für einen Goldgulden bekam man 1477 etwa 28 Kilo Schweinefleisch oder 18 Kilo Kalbfleisch, 15 Hühner oder 850 Eier, 3 Kilo Mandeln oder 4 Kilo Rosinen. Wenn man bedenkt, daß in diesem Jahr das Einkommen des Wiener Arztes Johann Tichtl bei etwa 186 Gulden lag, so läßt sich ermessen, wie teuer damals das Leben war.
Vom Wiener Pfennig sind etwa 150 verschiedene Typen bekannt, wobei die Prägemotive stark unterschiedlich sind. Schrift wurde auf den Münzen kaum verwendet, sondern durch Symbole wie Tiere, Pflanzen, Wappen oder Bauwerke ersetzt.

Die Verwaltung der Stadt

Bereits im Mittelalter gab es erste Geldfälschungen und Versuche, aus den Münzen ungesetzliche Profite herauszuschlagen. Da die Münzen keinen scharf begrenzten Rand hatten, konnten die „Kipper" und „Zwicker" kleine Teile des Randes mit Scheren oder Zangen abschneiden und wenn sie dies bei einer genügend großen Anzahl von Münzen taten, konnten sie aus den gesammelten Resten neue Münzen mit Hilfe eines gefälschten Prägestempels herstellen. Geldfälschung und Münzverschlechterung standen natürlich unter schweren Strafen und mußten in der Regel mit dem Leben bezahlt werden.

Als sich um die Mitte des 15. Jahrhunderts die heimischen Silbergruben erschöpften, mußten die Hausgenossen verstärkt Silber importieren und konnten dadurch den hohen Silbergehalt, der den Wert des Wiener Pfenniges ausmachte, nicht halten. Der Pfennig wurde durch einen immer höheren Beigehalt an unedlen Metallen fortlaufend abgewertet und verkam zum „Schinderling", der nur ungern als Zahlungsmittel angenommen wurde und deshalb in der Folge vom seit 1363 in Tirol hergestellten Etschkreuzer abgelöst wurde, dessen höhere Nennwerte der Sechser (zu 6 Kreuzern) oder der Pfundtner (zu 12 Kreuzern) waren. 1484 kam dann noch der Halbguldiner im Wert eines Vierteltalers hinzu.

Das Durcheinander von verschiedensten Werten, Bezeichnungen und Wechselkursen, die nebeneinander existierten, führte mit der Zeit nicht nur zur Verwirrung der Bankiers und der einfachen Bevölkerung, sondern machte auch den internationalen Verrechnungsverkehr mit den ausländischen Handelshäusern schwierig, so daß man sich 1486 zu einer Münzreform entschloß, die 1524 in der Wiener Münzordnung Ferdinands I. urkundlich festgelegt wurde. Die Prägung von Silbermünzen wurde dabei mit Guldiner, halbem Guldiner, Pfundtner (5 auf einen Gulden), Sechser (10 auf einen Gulden) und Kreuzer (60 auf einen Gulden) festgelegt, wobei der Silberguldiner mit dem Goldgulden gleichgestellt wurde und als Goldmünzen der Dukaten (mit 32½ Karat) und der österreichische Goldgulden (mit 18½ Karat) vorgeschrieben wurde.

Die Wiener Pfennige blieben weiter im Umlauf, ihre Verbreitung aber auf Wien beschränkt, wo sie um 1556, als die neue Reichsmünzordnung festgelegt wurde, vom Geldmarkt verschwanden.

Das Bauwesen

Wie jede moderne Stadt wurde auch die Stadt des Mittelalters niemals fertig. Gebaut wurde an allen Ecken und Enden, besonders die zahlreichen Kirchenbauten präsentierten sich oft über Jahrzehnte hinaus als ausgedehnte Baustellen, wo die Gläubigen den Gottesdienst neben den halbfertigen Werkstücken der Steinmetzen feierten. Neben den Kirchen traten natürlich auch Stadt- und Landesherr als Bauherren auf, sowie die Bürger und Handwerker, deren Häuser die Stadt füllten. Während wir über das Bauwesen der Kirchen und der Behörden gut unterrichtet sind, wissen wir fast nichts über die private Bautätigkeit. Zwar kümmerte sich die Stadt um Bauordnungen, die sich auf die Höhe der Gebäude und besonders auf ihre Feuersicherheit bezogen, die Vorschriften waren aber recht weit gefaßt und wurden niemals so streng überwacht wie in modernen Zeiten.

Die Bauhütten

Im frühen Mittelalter lag der Bau der Kirchen und Klöster anfangs in den Händen erfahrener Mönche oder bei in der kirchlichen Gemeinschaft tätigen Laienbrüdern, die weltliche Werkleute anleiteten. Da aber die Kirchenbauten immer größer und aufwendiger wurden, bildete sich bald ein Spezialistentum heraus, welches sich in den Bauhütten organisierte, die in ihrer Organisationsform noch immer die klösterliche Abstammung erkennen lassen. Anfangs waren dies Steinmetzbruderschaften, die sich für ein bestimmtes Bauvorhaben bildeten, und erst später organisierten sich diese Bruderschaften in Bauhütten, für die am Hüttentag zu Regensburg im Jahre 1459 erstmals eine einheitliche Regelung geschaffen wurde. Man einigte sich auf vier Haupthütten: Straßburg hatte die Aufsicht über Süd- und Westdeutschland, Köln über Norddeutschland, Bern und später Zürich über die Schweiz und Wien über Südosteuropa, oder wie es in der Hüttenordnung heißt, „im land zu Lampach, Steyren, Burckhausen, Ungern aus und die Thunau hin". Aus der Haupthütte Wien entstanden mit der Zeit Vorhütten, so 1460 in Admont und Hall in Tirol, 1464 in Maria Saal und 1459 in Burghausen und Passau, wobei letztere 1469 zur fünften Haupthütte erhoben wurde.

Die Verwaltung der Stadt

Die Hütten waren streng organisiert. An der Spitze stand der Meister, der die Kunst der Visierung, des Zeichnens von Planrissen, beherrschen mußte. Außerdem suchte er die Baumaterialien aus, kümmerte sich um die Ablieferung und Abrechnung und überwachte das gesamte Baugeschehen.
Ihm zur Seite als Stellvertreter stand der „Parlier", auch Vormeister genannt, der zumeist selbst den Meistertitel besaß und zugleich als Sprecher der Gesellen diente. Starb der Meister oder wurde er zu einem anderen Bauvorhaben gerufen, folgte ihm der Parlier als Meister nach. Die Masse der Werkleute bildeten die Gesellen, die nach fünfjähriger Lehrzeit freigesprochen wurden. Bei dieser Gelegenheit erhielten sie vom Meister ihr Handmal, das Steinmetzzeichen, verliehen, welches im Hüttenbuch neben dem Namen des neuen Gesellen eingetragen wurde. Diese Steinmetzzeichen hatten eine doppelte Funktion. Einmal waren sie Urhebermarken und Arbeitsnachweis auf den Werkstücken und zum anderen gaben sie an, wo und wie das Werkstück am Bauwerk anzubringen war.
In Wien kennen wir besonders seit 1372 Baumeister für St. Stephan, als Konrad der Maurer die Arbeit aufnahm. Die Reihe der Baumeister, unter denen sich so berühmte wie Hans Puchspaum und Anton Pilgram befanden, endete erst 1524, als unter Michel Fröschl von Trier die Arbeiten am Dom endgültig eingestellt wurden und sich die Tätigkeit der Bauhütte auf das Land rings um Wien verlagerte.
Die Meister und Gesellen arbeiteten und versammelten sich in der Steinhütte, in der auch der Meister und der Parlier ihre Dienstwohnungen hatten. In Wien stand diese Steinhütte auf dem Areal des heutigen Churhauses neben der Bürgerschule. In der Steinhütte wurden auch die wertvollen Planrisse aufbewahrt, von denen ein Teil heute noch in der Akademie der bildenden Künste und im Historischen Museum der Stadt Wien aufbewahrt werden.
Die Meister verewigten sich aber nicht nur mit ihren Steinmetzzeichen, sondern oft auch mit Bildnissen, die sie mit Winkel und Zirkel, den Zeichen ihrer Würde, darstellten. Das älteste Bildnis dieser Art in Wien befindet sich am Riesentor zu St. Stephan halbverborgen hinter dem Portalbogen. Der Baumeister hält seinen Hammer in der Hand, während der Bauherr, der Kirchenmeister von St. Stephan, sein Gewand zusammenrafft. Man hat diese Geste als Symbol der Vorsicht gedeutet, jener Vorsicht, die dem Verwalter des Geldes und des Baubudgets zusteht. – Auch am Turm der Minoritenkirche, dort, wo hoch oben das Viereck des Grundrisses in ein Achteck übergeht, ist an der Ostseite ein Konsolstein angebracht, von dem aus die Statue des Baumeisters über die Kirche blickt. Peter Prachatitz, von 1404 bis 1429 Dombaumeister zu St. Stephan, ließ sich in dieser Art am Turm des Domes verewigen, der Rest seiner Statue, ein bärtiger Kopf, befindet sich heute im Historischen Museum.
Die berühmtesten Bildnisse hat sicher der von Brünn nach Wien berufene Anton Pilgram, der hier von 1511 bis 1515 wirkte,

Das Bauwesen

Mönche beim Klosterbau

Die Verwaltung der Stadt

hinterlassen. Zweimal hat er sich selbst dargestellt, einmal am Orgelfuß und dann im Winkel zwischen Treppe und Fuß der Kanzel, wobei er den Zirkel, das Zeichen seines Amtes, in den Händen hält. Die Oberleitung des städtischen Bauwesens lag seit Beginn des 15. Jahrhunderts in der Hand der Kämmerer. Zuvor hatte der Bürgermeister die Rechnungen zu prüfen und als Baubehörde zu fungieren, die vermehrte Bautätigkeit in Wien und der Stellenwert, der dem Bauen in der Wirtschaft Wiens zukam, ließ es aber nötig erscheinen, eine besondere Stelle zur Überwachung zu errichten. 1485 wurde das geteilt, wobei das letztere das Bauwesen übernahm. Aus dessen Rechnungen erfahren wir, wie viele Ausgaben die Stadt für Neubauten zu leisten hatte, da alle Zahlungen für Material und Arbeitslöhne über diese Behörde liefen. Erst im 16. Jahrhundert verlor das Unterkämmereramt in Wien an Bedeutung, da nunmehr der Staat die Verwaltung und das Bauwesen der Befestigungen übernahm und damit die Stadt einen wesentlichen Ausgabenposten abgeben konnte.

St. Stephan, Orgelfuß; Bildnis des Dombaumeisters Anton Pilgram, mit Zirkel und Winkelmaß

Das Bauwesen

Die Kämmerer hatten sich vor allem um die wirtschaftliche Seite des Bauens zu kümmern. Sie überwachten den Einkauf und die Verteilung des Baumaterials und der Werkzeuge, die Kontrolle der Arbeitsleistungen und auch die Auszahlung der Löhne. Ihnen unterstanden aber auch die städtischen Betriebe wie die Steinbrüche in Sievering, am Kahlenberg und in Höflein an der Donau sowie die Ziegelgruben auf der Laimgrube. Außerdem hatten sie für die Instandhaltung der Abwasserkanäle, der öffentlichen Brunnen am Graben und am Hohen Markt und für die Donaubrücke zu sorgen. Unterstützt wurden sie bei der Arbeit von den Stadtknechten, untergeordneten städtischen Angestellten, die auch als Aufsichtspersonen auf den städtischen Baustellen fungieren konnten.

Interessanterweise hatte die Stadt Wien im Mittelalter keinen technischen Experten in ihren Diensten, es gab also keinen technischen Leiter der Baustellen. Dies mag daran gelegen haben, daß es den Beruf des zivilen Baumeisters im Mittelalter noch nicht gab und diese Aufgaben von den Handwerkern erledigt wurden. Außerdem konnte sich die Stadt jederzeit die Baumeister der Wiener Dombauhütte ausleihen und hat dies auch getan, wie die Planzeichnung eines Rathausneubaues aus dem Jahre 1455 bezeugt. In anderen Fällen bestellte man Arbeiten direkt bei sachkundigen Personen, den „geschworenen Meistern", die auf freiberuflicher Basis für die Stadtverwaltung arbeiteten und auch als Gutachter bei Streitfällen tätig waren. Nur beim Bau der Befestigungswerke beschäftigte der Magistrat besondere Baumeister, dies deshalb, da man hierzu speziell geschulte Leute benötigte. So trat zwischen 1471 und 1472 „der Sweinczer" als Baumeister auf und von 1474 bis 1477 wurde ausdrücklich Achaz Vischer als „paumeister des zauns", also einer Vorstadtbefestigung, genannt.

Die Zahl der im mittelalterlichen Wien im Bauwesen beschäftigten Personen war recht ansehnlich. Es gab die Steinbrecher und Ziegelschläger, die das Rohmaterial bereitstellten, welches dann von den Steinmetzen, Maurern und Zimmerleuten verarbeitet wurde. Später kamen hier auch noch die Dachdecker hinzu. Auch im kommunalen Bereich beschäftigte die Stadt Werkleute, die bereits als „arbaiter" oder „tachwerker" genannt wurden, die Straßen pflasterten sowie Kanäle und Brunnen säuberten und, im Rang hinter den Gesellen genannt, vermutlich nur angelernte Arbeitskräfte waren.

Bautechnik

Die Werkzeuge der Steinmetzen, Maurer und Zimmerleute unterschieden sich im Mittelalter nur wenig von den heute noch in diesen Berufen gebräuchlichen Geräten. Es genügt hier zu sagen, daß all die Beile, Sägen, Hobel, Stemmeisen, Meißel, Setzwaagen, Hämmer und Schlegel auch schon im Mittelalter verwendet wurden. Die Herstellung der Werkstücke erfolgte zunächst in Handarbeit und nur

Die Verwaltung der Stadt

langsam konnten sich mechanische Vorrichtungen wie Sägen, mit denen man aus Stämmen Bretter schneiden konnte, durchsetzen. Schwerer vorstellbar für uns ist die Errichtung der Baugerüste, mit denen man solche Höhen wie 137 Meter (St. Stephan) erreichen konnte. Man verwendete hierzu keine Gerüste, die vom Boden aus mit den Bauwerken mitwuchsen, sondern „Auslegergerüste", auch „fliegende oder schwebende Gerüste" genannt. Diese Gerüste wurden auf Balken befestigt, die man beim Bauen gleich mit einmauerte und dann – sobald die Mauer wieder ein Stück gewachsen war – abtrug und etwas höher neu errichtete. Erst ab dem Ende des 14. Jahrhunderts scheint man auf dem Boden stehende Stangengerüste beim Hausbau verwendet zu haben. Besonders beim Bau von hohen Gewölben arbeitete man mit hängenden Gerüsten, wobei ein Brett in Seilschlaufen von der Decke herabhing.

Ein großes Problem war auch stets das Transportieren und Heben von Lasten. Für die schweren Steinblöcke, die bei Kirchen- und Befestigungsbauten Verwendung fanden, reichte die Stabilität der Wagen oft nicht aus und man mußte auf von Ochsengespannen gezogene Schlitten zurückgreifen. Für das Heben einzelner Ziegel und Balken genügte die menschliche Arbeitskraft, Mörtel wurde in großen Körben zur Baustelle transportiert, die auch gleich in die Höhe gezogen werden konnten. Für den Ziegel- und Mörteltransport verwendete man noch ein weiteres Gerät, welches aus zwei V-förmig zueinanderstehenden Brettern bestand und am Nacken getragen wurde. Die Schubkarre, unentbehrliches Hilfsmittel auf jeder modernen Baustelle, kam erst im 15. Jahrhundert in Gebrauch und entwickelte sich aus einer Art Tragbahre, auf der man Lasten beförderte.

Für den Lastentransport in größere Höhen wie beim Bau von Kirchtürmen benötigte man Baukräne. Die einfachste Art des Kranes war eine Rolle, über die ein Seil lief. Mit der Zeit kamen auch Kräne in Form von Galgen in Gebrauch, die ebenfalls mit Seil und Rolle bestückt waren. Die Abbildung von St. Stephan im 1502 entstandenen Heilthumsbuch des Wiener Ratsherren Matthias Heuperger zeigt einen solchen Galgenkran auf dem noch unfertigen Nordturm.

Wichtig war auch die sichere Befestigung der Werkstücke am Seil, besonders wenn es darum ging, große Quaderblöcke in oft schwindelnde Höhen aufzuziehen. Zu Beginn des Mittelalters verwendete man dazu noch Körbe, die aber keine Sicherheit gegen das Herauskippen gewährten. Ab dem 13. Jahrhundert wurde der „Wolf" verwendet. Dieser bestand aus drei Stahlplättchen am Ende des Zugseiles, die in ein schwalbenschwanzförmiges Loch an der Oberseite des Quaders eingeführt wurden und sich bei Zugbelastung verspreizten. Die Anbringung dieser Öffnung versuchte man sich später zu ersparen, indem man große Zangen verwendete, die sich auf Zug schlossen und den Quader fest umfaßten.

Die Brandbekämpfung

Naturkatastrophen und Elementarereignissen war der mittelalterliche Mensch in Wien fast wehrlos ausgeliefert. Waren es nun Hochwasser, Seuchen oder Stadtbrände, die Bewohner der Stadt hatten nur wenige Möglichkeiten, hier regulierend einzugreifen, und besonders bei den immer wieder vorkommenden Großfeuern hieß es damals schon im Schillerschen Sinne „alles rennet, rettet, flüchtet".
Die Bauweise der Stadt begünstigte das Ausbreiten von Bränden. Ein kleiner Funke, eine umgefallene Kerze mochten genügen, und schon schlugen die Flammen über den Schindeldächern zusammen. Die schmalen Häuser ohne Feuermauern, die engen Seitengassen, die verbauten Hofräume mit ihren hölzernen Stiegen und Laubengängen und die offenen Feuer der Herde und Werkstätten forderten solche Katastrophen geradezu heraus. Dazu kam noch, daß durch Wien kein ausreichend großes Gewässer floß, aus welchem man das Löschwasser hätte beziehen können und man sich deshalb auf Brunnen, Wasserfässer und Eimerketten beschränken mußte.
Der Magistrat der Stadt bemühte sich schon bald, durch Bestimmungen das Ausbrechen von Bränden zu verhüten bzw. die Probleme, die durch Brandschäden entstanden, durch Verordnungen zu regeln. Man stand dabei drei Problemen gegenüber: der Brandverhütung, der Organisation der Hilfeleistung im Falle eines Brandes und der Haftung für die entstandenen Schäden.
Bereits im Absatz 25 des Stadtrechts von 1221 wurde festgestellt, daß derjenige zu bestrafen sei, der einen Brand durch Unachtsamkeit verursacht habe, ausgenommen, bei der Feuersbrunst war sein eigenes Haus zugrunde gegangen, worauf ihm die Strafe erlassen wurde. Ausschlaggebend für diese Bestimmungen waren sicher die großen Brände von 1193 und 1194, die eine Aufnahme dieses Passus in das Stadtrecht notwendig erscheinen ließen.
Im 13. Jahrhundert wurde die Stadt wieder von einer Reihe großer Brände heimgesucht, so in den Jahren 1252, 1258, 1262, 1275, 1276, 1318, 1326, 1327 und 1330. Natürlich beeinträchtigten die Brände den wirtschaftlichen Aufschwung der Stadt zu dieser Zeit, große Werte wurden vernichtet und manche begüterte Familie verlor ihr Haus, Vermögen und ihre wirtschaftliche und soziale Stellung in der Stadt.

203

Die Verwaltung der Stadt

Sehen wir uns einige dieser Brandkatastrophen in ihren Ausmaßen an. Im Jahre 1275 brach in der Nähe des Schottentores ein Brand aus, der zwei Drittel der Stadt ergriff und auch die herzogliche Residenz beschädigte, so daß Ottokar II. Přemysl einen Umbau beginnen lassen mußte. Bereits ein Jahr später kam es in den Monaten März und April kurz hintereinander zu drei Bränden, die weite Teile der Stadt verwüsteten. Am 28. März brach ein Feuer in der Singerstraße aus, am 16. April wurden der Kienmarkt und der Hohe Markt während einer Sonnenfinsternis ein Raub der Flammen und am 30. April vernichtete ein vom Schottenviertel ausgehendes Großfeuer die Schottenkirche, St. Peter, St. Michael, St. Stephan und die Minoritenkirche sowie große Teile der Stadt. Unverschont blieben nur etwa 150 Häuser beim Neuen Markt und Stadtteile beim Kärntner- und Widmertor.

Die Stadt hatte 1276 durch diese Brandserie solch schwere Einbußen erlitten, daß Ottokar der Stadt, um die Schäden wiedergutzumachen, für die Dauer von fünf Jahren die Steuern und Maut erließ, den Bürgern einen Wald schenkte sowie die Errichtung eines Jahrmarktes gestattete und für die Dauer der Steuerbefreiung alle Einungen außer der der Münzer aufhob, um neue Handwerker in der Stadt anzusiedeln.

Ebenfalls zur fast völligen Vernichtung der Stadt führten zwei Feuer der Jahre 1326 und 1327. 1326 war am 5. Dezember in der Wallnerstraße im Haus eines Bäckers ein Brand ausgebrochen, der bald darauf rund zwei Drittel der Stadt ergriff. Kaum hatte man sich von diesem Schrecken erholt, brach am 23. März 1327 um die Mittagszeit im Haus des Pfarrers von St. Stephan, Heinrich von Luzern, ebenfalls in der Wallnerstraße ein Brand aus, der auf die Herrengasse übergriff, über den Kohlmarkt nach St. Michael gelangte, von dort über die Bräunerstraße zum Graben und Stock-im-Eisen-Platz gelangte, die Singerstraße bis zur Stadtmauer und das Viertel um die Goldschmiedgasse einäscherte, ehe es auch die Häuser der Kärntnerstraße und des Neuen Marktes niederlegte. Rettungsversuche waren durch den starken Wind nicht möglich, wer konnte, barg seine Habe aus den Häusern und brachte sich in Sicherheit.

Auch 1350 muß ein gewaltiger Brand in Wien gewütet haben, der mehrere Familien verarmen ließ. Aus den Dokumenten ersehen wir, daß viele Bürger 1327 Hypotheken auf ihre Häuser aufgenommen hatten, um den Wiederaufbau zu finanzieren, der neuerliche Brand ruinierte sie nun völlig. So verkauften am 24. Juli 1351 der Wiener Bürger Jans der Murr und seine Gattin Chunigunt ihre Badestube auf der Möhrung beim Rotenturmtor aus „ehafter not wegen des durch die Feuersbrunst des vergangenen Jahres erlittenen Schadens und aufgelaufener Schulden".

Daß der Wiederaufbau der verwüsteten Stadt oft nur langsam vonstatten ging, dürfte auch aus einer Bestimmung Rudolfs IV. aus dem Jahre 1360 hervorgehen. Zehn Jahre nach der Feuersbrunst von

Die Brandbekämpfung

1350 waren, wie es scheint, viele Häuser noch nicht aufgebaut und die Grundstücke noch voll von Brandruinen und deswegen gebot Rudolf den Wiederaufbau innerhalb von Jahresfrist, anderfalls die Grundstücke als verfallen zu gelten hatten.

Die nächsten Brände ließen aber nicht auf sich warten. In kurzen Abständen legten immer wieder Feuer Teile der Stadt in Schutt und Asche und die Jahreszahlen können nur einen begrenzten Eindruck vermitteln, wieviel Not und Verzweiflung diese Ereignisse hervorgerufen haben mögen. In den Jahren 1361, 1363/64, 1367/68, 1370, 1375, 1378/79, 1380/81, und 1384 und nach einer kurzen Unterbrechung in den Jahren 1391/92 und schließlich 1401–1403 brannte es in Wien, und noch immer gab es kein organisiertes Feuerlöschwesen. Wer immer konnte, rannte mit einem ledernen oder hölzernen Eimer zum Brandplatz, man bildete Eimerketten oder versuchte die Holzschindeln von den Dächern der angrenzenden Häuser herunterzureißen, um die Ausbreitung des Feuers zu verhindern. Besorgte Hausväter brachten ihre Wertsachen in Sicherheit und schickten Frauen und Kinder vor die Stadt. Das Vieh, welches in den Häusern gehalten wurde, trieb man durch die Straßen zu den Stadttoren, überall war Rauch, Feuer und Funkenflug, mit einem Wort, das völlige Chaos. Besonders schlimm muß es in der Nacht gewesen sein, wenn die brennenden Häuser und Straßenzüge die Stadt erleuchteten, der Wind immer wieder die Flammen anfachte und alle Rettungsversuche vergeblich blieben. Aus den Aufzeichnungen der Stadt hören wir, daß die Fuhrleute in ihrem Bemühen, möglichst schnell Wasser zum Brandherd zu schaffen, ihre Pferde totschlugen und daß es Verletzte gab, wenn die Häuser einstürzten, Leitern umfielen oder brennende Teile auf die Helfer stürzten. Wieviele Dramen müssen sich hier in den Straßen von Wien abgespielt haben, wenn die arbeitsamen Bürger und Handwerker ihre Häuser in Feuer und Rauch aufgehen sahen und von ihrem Wohlstand nichts zurückblieb als Schutt und Asche.

Es war dem Magistrat nun deutlich vor Augen geführt, daß sich die Feuerschutzbestimmungen und das Feuerlöschwesen verbessern mußten. So erließ der Rat der Stadt Wien am 10. Mai 1432 und dann wieder im Jahre 1444 Bestimmungen, um Brände zu verhüten oder bereits ausgebrochene Brände zu löschen. Es wurde damit eine Körperschaft, bestehend aus vier Männern, institutionalisiert, die es bereits längere Zeit gab und die man „die geschworenen Vierer" nannte, eine Art von Bau-, Weg-, Feld-, Grenz- und Feuerpolizei. Sie gingen gemeinsam mit dem Grundrichter von Haus zu Haus und kontrollierten die Feuerstätten, stellten etwaige Mißstände ab oder ordneten die Ausbesserung derselben an. Die Beschau erfolgte zweimal im Jahr, besonders im Herbst vor der Heizperiode bemühte man sich, die Feuerstätten in den Häusern sicherer zu machen.

Ab 1444 ist ein Türmer in St. Stephan nachweisbar, der im Falle eines Brandes die Sturmglocke zu läuten hatte, um die Bevölkerung

Die Verwaltung der Stadt

zu alarmieren. Aber erst seit 1522 gab es in der Stadt einen organisierten regelmäßigen Feuerwachdienst von vier Knechten als „Feuerrufer", die sogar einen fixen wöchentlichen Sold bezogen.
1454 und 1458 wurden weitere Maßnahmen zur Feuerbekämpfung gesetzt. Man verpflichtete die Hausbesitzer, die Feuerstellen im Haus zu kontrollieren und in Ordnung zu halten. Auf den Dachböden mußten Wasserbottiche aufgestellt werden und man mußte Feuerhaken bereithalten, um bereits brennende Dachsparren vom Dach wegstoßen zu können. Man verordnete die regelmäßigen Kehrungen der Rauchfänge durch den Rauchfangkehrer und die Fleischhauer mußten nachts, wenn sie viel Unschlitt in ihren Läden hatten, Wache halten.
Besonders bemerkenswert sind in diesen Verordnungen die Bestimmungen, daß die Handwerker sich als Feuerwehr an der Brandbekämpfung zu beteiligen hatten. Alle 32 Handwerkerinnungen mußten sich verpflichten, an der Feuerbekämpfung mitzuwirken. Besonders stützte man sich aber auf die Bader, Zimmerleute und Fuhrwerker.
Die Zimmerleute sollten sich mit ihren Gesellen und ausgerüstet mit „Haken und Zeug" am Brandplatz einfinden, die Bader „mit ihren schefflin zulaufen und da helfen treulich retten" und die Fuhrleute das Wasser zum Brandplatz führen. Die anderen Handwerkerinnungen hatten sich auf eigene Kosten mit je „zehen Haken mit langen Stilen" zu versehen, diese sollten sie den jüngsten Meistern anvertrauen, „das der denn damit kommen und laufen sol zu der Prunst und helfen ze retten".
Die Feuerlöscharbeiten wurden den Helfern bezahlt, und um die Leute anzuspornen, möglichst schnell am Brandplatz zu erscheinen, setzte man gesonderte Prämien aus. Dem Fuhrmann, der als erster mit seinem Wasserwagen eintraf, gab man 100 Pfennige, dem zweiten 60 und dem dritten 30 Pfennige. Säumigen Helfern hingegen drohten schwere Strafen – sie wurden in das Gefängnis im Kärntnerturm geworfen. Angst hatte man auch vor Brandstiftern und jeder, der einen Brandstifter, „der Feur legt oder prennt" den Behörden auslieferte, bekam 32 Gulden. Daß mancher bei Feuersbrünsten auch lange Finger bekam und versuchte, die verlassenen Häuser auszuplündern, zeigt eine weitere Verordnung, die jedem, der einem Dieb ergriff, „der bei der Prunst stul", 10 Gulden versprach. Brandstifter wurden durch das Feuer hingerichtet. 1456 findet sich in den Rechnungen des Unterkammeramtes die Eintragung von einer solchen Hinrichtung: „Als man den, der das feur auf der Newnburgerstraß gelegt hat, prennt hat, vmd Swebel, Pullver, Scheb, ain Rad Pürdholcz mitsamt der Fur XI gulden."
Die Brände im mittelalterlichen Wien ließen sich aber trotz aller Vorschriften niemals ganz verhüten und auch für das 15. Jahrhundert sind größere und kleinere Brände überliefert. 1459 kam es zu einem Brand in der Münzerstraße und 1468 wurde das Kloster St. Hieronymus in Schutt und Asche gelegt. Es gab auch kuriose

Die Brandbekämpfung

Gründe, weshalb ein Brand ausbrechen konnte: so verursachten im Jahre 1488 italienische Alchimisten bei ihren Versuchen einen Großbrand, dem 100 Häuser zum Opfer fielen. Im selben Jahr kam es zu einem gefährlichen Brand beim Pulverturm nächst dem Schottenkloster, bei dem anfangs kein Wasser vorhanden war und man dann die Löschbottiche zerhacken mußte, um an das Wasser zu gelangen. Bereits ein Jahr später gab es wieder einen Großbrand, der an die 200 Häuser erfaßte, während gerade bei St. Ulrich das Osterfest gefeiert wurde, ebenso brannte es 1469, 1472, 1474, 1480, 1481, 1487, 1489 und 1490. Mit der Zeit schaffte die Stadt auch die ersten primitiven Feuerlöschgeräte an, die aus Bottichen mit handgetriebenen Kolbenpumpen bestanden, man legte einen Vorrat an Ledereimern und Feuerleitern an, weder gab es aber Gerätedepots noch Einsatzübungen, um die Wirksamkeit dieser Maßnahmen zu verbessern. Die Feuerhaken und Eimer wurden – als Vorläufer der modernen Feuerwehr – mit stadteigenen Leiterwagen zum Brandplatz gebracht und nach dem Löschen oder Abklingen des Brandes ließ man eine Feuerwache der Stadtknechte am Brandplatz zurück, um ein Wiederaufflackern zu verhindern.

Trotz aller Bemühungen blieben all diese Maßnahmen nur Stückwerk. Die Gestalt der Stadt mit ihren engen Gassen, vielen Holzhäusern und Schindeldächern sowie mit den offenen Feuerstätten blieb ein feuergefährlicher Ort und es ist fast bezeichnend, daß auch das Mittelalter in Wien sich mit einer gewaltigen Feuersbrunst verabschiedet hat, die am 18. und 19. Juli 1525 rund 416 Häuser der Stadt und noch einen Teil der Vorstädte in Flammen aufgehen ließ.

Die Verwaltung der Stadt

ANSICHT VON
MARIA MAGDALENA
nach J. Hoefnagel 1609

SCHNITT DURCH
MARIA MAGDALENA UND ST. VIRGIL
Rekonstruktion nach W. Brauneis 1977

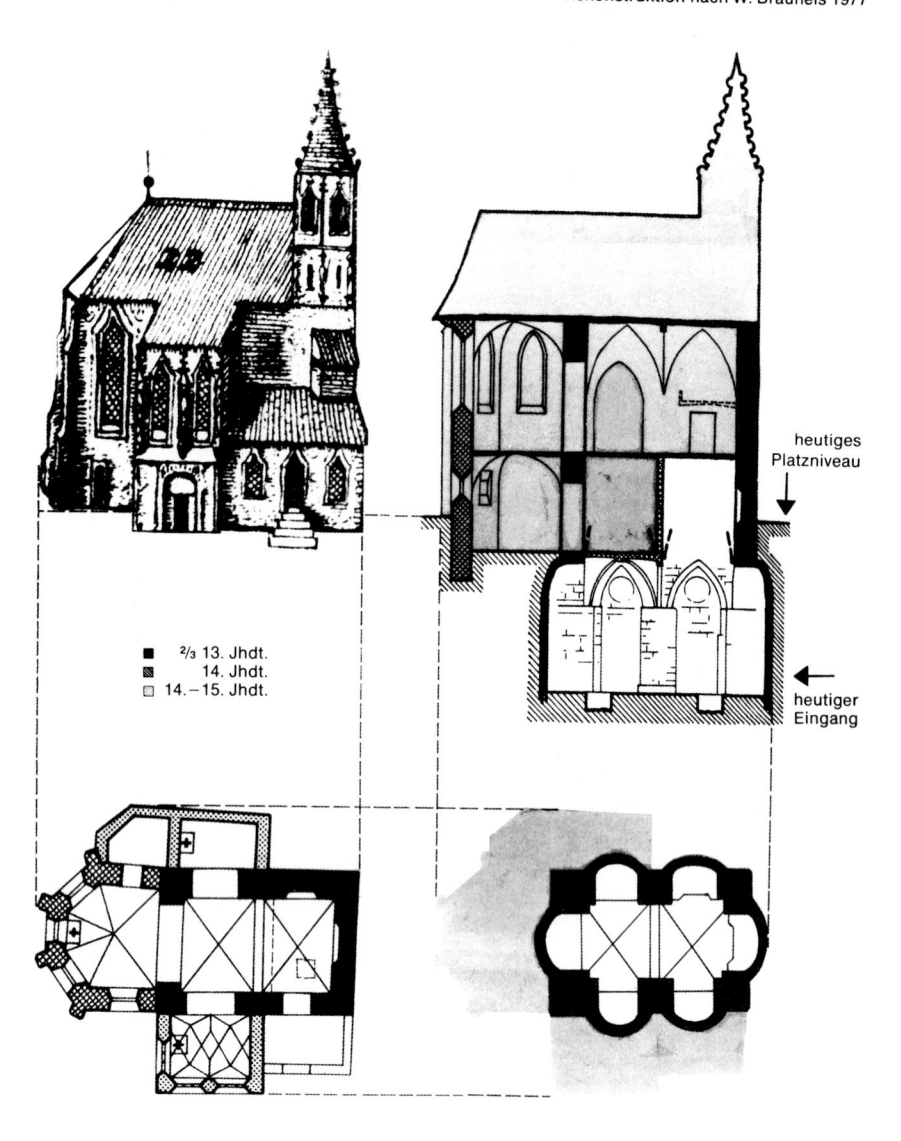

heutiges Platzniveau

■ ²/₃ 13. Jhdt.
▨ 14. Jhdt.
☐ 14.−15. Jhdt.

heutiger Eingang

GRUNDRISS VON
MARIA MAGDALENA
Grabung 1972

GRUNDRISS VON
ST. VIRGIL
Grabung 1972

Grundriß und Schnitt der Magdalenenkirche und Virgilkapelle am Stephansplatz

MIT DER U-BAHN INS MITTELALTER

Mit der U-Bahn ins Mittelalter

Das mittelalterliche Wien ist eine vergessene Stadt. Nehmen wir davon die Kirchen aus, können heute mehr Reste der Römerzeit in Wien besichtigt werden als mittelalterliche Monumente. Zwar hat in den letzten Jahren die Erforschung des Wiener Mittelalters neue Impulse erfahren, dennoch ist unser Wissen über die bauliche Gestalt Wiens im Mittelalter beschränkt und bezieht sich mehr auf schriftliche Hinterlassenschaften als auf archäologische Ausgrabungsergebnisse.

Nun hat aber in den letzten Jahren in Wien der Bau der U-Bahn dazu geführt, daß große Flächen in der Stadt aufgegraben wurden und es den Archäologen möglich wurde, einen Blick in die Vergangenheit zu werfen und unser Wissen über diese Zeit zu vermehren.

Die Kapelle in der Baugrube

Es war seit langer Zeit bekannt, daß sich am Minoritenplatz, wo sich das Denkmal Leopold Figls inmitten einiger verkümmerter Sträucher und einer dürren Rasenfläche erhob, einstmals eine an die Minoritenkirche angebaute Kapelle gestanden hat. Gestiftet wurde dieser Bau, der das schönste Beispiel der französischen Hochgotik in Wien war, von Blanche von Valois, der Gattin Rudolfs III., im Gedenken an ihren Vorfahren, den heiligen Ludwig, König von Frankreich. Nach ihrem Tode hinterließ sie bedeutende Geldmittel für diesen Bau, es dauerte aber lange Jahre, bis ihre Schwägerin, Isabella von Aragonien, die Errichtung in Angriff nahm, wobei sie zwar die Weihung an den heiligen Ludwig beibehielt, allerdings war es diesmal der Bischof von Tours.

Die Kapelle wurde zwischen 1316 und 1328 erbaut und diente als Grabkapelle der beiden Stifterinnen, außerdem wurde in ihr auch Margarete Maultasch, der die Habsburger den Erwerb von Tirol verdanken, bestattet.

Durch die verschiedenen Besitzwechsel der Minoritenkirche verfiel die Kapelle, und 1787 war sie bereits so stark zerstört, daß man beschloß, sie von der Kirche abzutrennen und in ein Wohnhaus umzubauen. 1903 wurde auch dieses Wohnhaus abgerissen und nichts kündet mehr von diesem Bau als drei Gewölbeschlußsteine im Historischen Museum der Stadt Wien.

Als die Archäologen nun 1984 mit ihren Ausgrabungen begannen, waren die Erwartungen nicht sonderlich hoch. Im besten Falle hoffte man, die Grundmauern der Kapelle zu entdecken und vielleicht einige Gräber des alten Minoritenfriedhofes freizulegen.

Bereits die ersten Spatenstiche führten aber zu einem großen Hohlraum, der sich als eine verschüttete Krypta entpuppte. Das ließ aufhorchen, denn Bettelordenskirchen haben meistens keine Krypta. Als man den Schutt aus der Krypta entfernte, kamen auch unterirdische Brunnen, Gänge, die nach allen Seiten führten, und eine dicke Erdschichte zu Tage, in der, oft zu mehreren übereinandergestapelt,

zahlreiche Särge lagen. Untersuchungen des Mauerwerkes machten bald klar, daß die Krypta erst später, vermutlich im 15. Jahrhundert, nachträglich eingebaut worden war und man dann darangegangen war, hier die Adeligen und Mächtigen des Reiches zu bestatten.
Sarg um Sarg brachte man nun ans Tageslicht und jeder barg die Reste eines Menschen, der sich wohl nie hätte vorstellen können, daß dereinst der Bau eines Verkehrsmittels seine Ruhe stören würde. Mönche lagen da, noch mit ihren Kutten angetan, Jungfrauen mit einem Blütenkranz am verdorrten Haar und Edelherren, von deren reicher Kleidung nicht mehr übriggeblieben ist als Knöpfe und Schnallen.
Allen gemeinsam war der um die Finger geschlungene Rosenkranz mit einem Medaillon aus Mariazell oder Sant Jago de Compostella sowie ein Kruzifix auf der Brust. Zwei Gräber aber ließen selbst die Archäologen, die den Umgang mit den Resten unserer Vorfahren gewohnt sind, erstaunen. In einem lag ein Mann auf dem Bauch, qualvoll verkrümmt mit den Händen am Rücken und überkreuzten Beinen. War es ein Verbrecher oder ein Büßer, der hier auf eine solch sonderbare Weise begraben worden war? Bald aber war die schauerliche Lösung gefunden: man hatte hier einen Mann lebendig begraben, dieser war im Sarg erwacht und hatte verzweifelt versucht, sich zu befreien, bevor er erstickt war. Gleich daneben ein Sarg, in dem nur noch die Stücke eines Menschen lagen, sonderbar zerbrochen und verdreht. Als man nun die Knochen ordnete, war die Ursache geklärt: eine Kanonenkugel muß praktisch quer durch den Mann hindurchgegangen sein und ihn zerrissen haben.
Aber noch etwas ließ sich aus den Grabungen ablesen: die ehemalige Gestalt der Stadt. Die Kapelle war an der Südseite wesentlich tiefer fundamentiert als an der Nordseite, und dies kann eigentlich nur bedeuten, daß es an der Südseite einen Abhang gegeben hat. Man grub nun weiter im Süden und fand unter den Erdschichten des alten Minoritenfriedhofes dicke Schotterlagen, die darauf hinwiesen, daß hier im Mittelalter ein Bach geflossen war, der in einer Schlinge um die Kirche herumführte. Vermutlich war es der Ottakringerbach, der von Hängen des Wienerwaldes kam und durch den Tiefen Graben in Richtung Donaukanal floß.

Die Stadtmauer in der Wollzeile

Als Leopold V. im Jahre 1193 das Lösegeld für die Gefangennahme des englischen Königs Richard Löwenherz erhielt, verwendete er einen Teil davon, um eine gewaltige Ringmauer rund um die unbefestigte Stadt zu bauen.
Man hatte bereits einige Male Teile dieser Mauer beim Bau von Kanälen oder Leitungen gefunden, sie aber nicht weiter beachtet. Um so glücklicher waren die Archäologen nun, als sie nach dem Studium der alten Pläne feststellten, daß ihre Ausgrabungen, wieder verursacht

Mit der U-Bahn ins Mittelalter

durch den U-Bahn-Bau, sie nicht nur mit einem Stück der mittelalterlichen Stadtmauern, sondern auch mit einem der ältesten Türme der Stadtbefestigung in Kontakt brachte.
Nur 80 Zentimeter unter der Fahrbahn der Wollzeile stieß man bereits auf die Oberkante der Mauer, ein gewaltiges, vier Meter dickes Bauwerk aus großen Bruchsteinen, mächtigen Donaukieseln und zähem Mörtel. Direkt an die Mauer war der Stubenturm angebaut, auf einem mächtigen Fundament aus mehreren Lagen Schotter und Bruchsteinen, die mit Mörtel vergossen waren. An der Innenseite des quadratischen Fundaments hatten die mittelalterlichen Handwerker und Bauleute eine durchaus moderne Baumethode angewandt und eine „verlorene Schalung" aufgebaut, die nicht entfernt, sondern mit eingemauert worden war. Und noch einmal begegnen uns die mittelalterlichen Handwerker. Irgendwann einmal müssen sie im halbfertigen Turm zu einer Jause zusammengesessen sein, sie aßen vermutlich Brot und Fleisch und als Abschluß Pflaumen, von denen sie die Kerne ausspuckten. Einem von ihnen fiel der Weinkrug herunter, und weil es ein billiges Erzeugnis war, ließ man die Scherben an Ort und Stelle inmitten der Pflaumenkerne liegen und schüttete alles mit Erde zu. Vielleicht nur ein Moment in der Geschichte der Stadt, aber auch ein Einblick in das Leben der einfachen Leute.
Nach den Archäologen kamen nun die Bauhistoriker und Statiker. Aus den Maßen des Fundaments des Stubenturmes konnten sie die Höhe mit rund 22 Metern und die Bauweise berechnen. Aber auch sie konnten manche Rätsel nicht lösen. So verzweifelten die Archäologen an einem nur einen Meter langen Mauerstück, das rund 20 Meter vor der Babenbergischen Mauer gefunden wurde, typisch spätmittelalterlich war und nichts mit der danebenstehenden Renaissancemauer aus den Jahren 1555 bis 1566 zu tun hatte. Und noch dazu führte durch diese Mauer in rund sechs Meter Tiefe eine Öffnung hindurch, für die es keine vernünftige Erklärung gab.
Nun endet aber für den Archäologen die Arbeit nicht, wenn der letzte Spatenstich getan ist. Es werden Pläne gezeichnet, die Keramikfragmente – am Stubentor waren es mehr als 12.000 – aufgearbeitet und man versucht sich ein Bild zu verschaffen, wie die Grabung in den allgemeinen Rahmen der Stadtgeschichte eingearbeitet werden kann. Dabei stießen sie auf ein eher unbekanntes Bild mit einer Wiener Stadtansicht, welches die Lösung des Rätsels der Mauer präsentierte (siehe Abb. S. 43). Auf diesem Gemälde, welches Friedrich III. im Jahre 1493 darstellt, ist eine Wiener Stadtansicht im Hintergrund zu sehen. Vergleicht man nun diese Ansicht mit einer nur wenige Jahre vorher gemalten, wie der des Schottenmeisters (Abb. S. 39), so fällt ein Vorbau zur Stadtmauer auf, eine Art Kastell, welches neben einem Tor errichtet wurde, um dieses zu schützen. Und betrachtet man nun dieses Kastell, vergleicht die Entstehungszeit um 1490 mit der beim Stubentor gefundenen Mauer, läßt sich daraus ableiten, daß

man in dieser Zeit die Stadtmauern verstärkt hatte und sogenannte „Zwinger" baute, die helfen sollten, den Feind bereits vor den Toren abzufangen. Aus einem kleinen Stück Mauer und zwei alten Bildern ergab sich nun ein völlig neues Bild der Wiener Stadtbefestigungen, ein Steinchen zu dem Mosaik der Erforschung der Stadt.

Die Brücke unter dem Stadtpark

Als die Wiener Bürger 1461 Friedrich III. die Treue hielten und ihre Stadt gegen die Truppen Albrechts VI. verteidigten und diesem ein mehrstündiges Gefecht an der Stubenbrücke lieferten, hätten sie wohl nicht gedacht, daß diese Brücke einmal mehrere Meter tief unter dem Stadtpark liegen würde. Zwar ist der Aufbau der Brücke, die Fahrbahn mit dem Geländer und dem gotischen Lichthäuschen spurlos verschwunden, erhalten haben sich aber die Pfeiler und die mächtige Bodenplatte, die man errichtet hatte, um ein Unterspülen der Pfeiler zu vermeiden. Glücklicherweise hatte man bei den Bauarbeiten die Brücke gerade an ihrem stadtseitigen Ufer angeschnitten und konnte die Uferlinie mehrere Meter weit verfolgen. Bereits kurz neben der Brücke tauchten die ersten Fundamente von Häusern auf, und die Funde, Tausende Lederfragmente, ließen bald klar werden, wer hier einst im Bereich dieser gotischen Vorstadtsiedlung beheimatet war: die Gerber. Einmal, weil sie zur Ausübung ihres Gewerbes große Mengen Wasser brauchten, die der Wienfluß lieferte, und zum anderen vielleicht, weil die Lederherstellung mit üblen Gerüchen verbunden war. Da in Wien an 300 Tagen im Jahr Westwind herrscht, hat man die Gerber vor den Ostteil der Stadt gesetzt, um die Geruchsbelästigung von der Stadt fernzuhalten. Ein gutes Beispiel für mittelalterlichen Umweltschutz.

Die Gruft unter dem Stephansplatz

Wer von den Millionen Menschen, die jahrhundertelang über den Stephansplatz gegangen oder im Schatten des Domes gestanden sind, hätte sich gedacht, daß tief unter seinen Füßen einer der schönsten mittelalterlichen Innenräume fast zur Gänze erhalten lag.
Begonnen hat alles damit, daß man sich der kleinen Maria-Magdalenen-Kapelle errinnerte, die einstmals am Stephansfreithof gestanden war und die man für Begräbniszeremonien verwendet hatte, um den Dom freizuhalten. Man begann während des Baues der U-Bahn-Station Stephansplatz mit einer kleinen Ausgrabung und stieß auch sehr bald auf die Kapellenfundamente, mit einem Mal stieß man aber unter der Kapelle auf einen fast 12 Meter tief in den Boden gebauten Raum mit einem zweijochigen Kreuzrippengewölbe und sechs tiefen, spitzbogig überwölbten Rechtecknischen an den Wänden. Nun wurden auch einige Dokumente klarer, die von einer Grabeskapelle

der Familie Chrannest am Stephansfreithof sprachen und die man bisher nicht hatte einordnen können. Ursprünglich standen sechs Altäre in diesem Raum, wobei an erster Stelle der Altar des hl. Virgil genannt wurde, nach dem man nun diese Kapelle benannte.
Leider weiß man bis heute nicht genau, wofür der Raum eigentlich diente, ja es ist sogar unbekannt, auf welche Weise man ihn betreten konnte, vermutlich über eine Leiter von oben her. Auch die Datierung gibt Probleme, das Profil der Rippen und die Form der auf die Stirnseiten gemalten Radkreuze lassen an eine gleichzeitige Entstehung mit dem Riesentor von St. Stephan im zweiten Viertel des 13. Jahrhunderts denken. Da die Familie Chrannest aber erst seit 1288 in Wien nachweisbar ist, klafft hier nun eine Lücke von rund 60 Jahren. Spekulationen gibt es viele. Vielleicht wollten die Babenberger hierher die Gebeine des hl. Koloman aus Melk überführen, um ihre Kirche leichter zu einem Bischofssitz machen zu können, oder deuten die aus dem Byzantinischen abgeleiteten Radkreuze auf eine Begräbniskapelle griechischer Kaufleute? Niemand weiß es, und auch der Brunnen in der Kapelle trägt eher zur Verwirrung dieser Frage als zu ihrer Klärung bei.

Der Heilthumsstuhl

Rudolf IV. war ein emsiger Sammler von Reliquien, vielleicht nicht zuletzt deshalb, da diese viele Pilger anzogen, die sich allein aus der Betrachtung dieser Objekte eine Vergebung ihrer Sünden erhofften. Um die Reliquien besser zeigen zu können und auch um sie sicher zu verwahren, baute man 1483 ein repräsentatives Gebäude am Eingang der Rotenturmstraße zum Stephansplatz, den Heilthumsstuhl. Es war dies ein Torbogen mit einem ausgedehnten Obergeschoß, von dem aus die Reliquien der versammelten Menge gezeigt werden konnten.
Bei der Ausgrabung erging es den Archäologen ähnlich wie bei der Virgilkapelle, sie fanden mehr, als sie erwartet hatten. Zuerst kamen klar die Fundamente des Heilthumsstuhles zum Vorschein, darunter aber zeichneten sich bald die Reste eines gotischen Polygonalchores ab, der zu einer Kapelle gehört haben muß, die einst weit in den Stephansplatz hineinragte. Wir wissen nicht, wann diese Kapelle gebaut wurde und wofür sie verwendet wurde, aber vielleicht war sie der Vorgängerbau des Heilthumsstuhles und diente ebenfalls der Aufbewahrung von Reliquien. Wahrscheinlich war gegen Ende des 15. Jahrhunderts diese gotische Kapelle nicht mehr ausreichend oder man empfand sie als altmodisch, so daß man sie durch den schon mehr der Renaissance zuneigenden Heilthumsstuhl ersetzte.
Das Schicksal des Heilthumsstuhles ist ein durchaus modernes, er behinderte mit der Zeit den Verkehr und wurde 1609 wieder abgetragen.

Neidhartfresken

Die Grabenbefestigungen

Der Name Graben deutet ja schon an, was sich lange Zeit an Stelle dieses heutigen Prunkplatzes befunden hat, nämlich der aus dem römischen Graben hervorgegangene Graben des ersten, noch innerhalb der alten römischen Mauern befindlichen mittelalterlichen Wien. Auch die Funde bestätigen diese Annahme, man fand den mittleren römischen Graben fast intakt vor, bis zum Grund war er aber mit frühmittelalterlichen Funden ausgefüllt, so daß klar hervorgeht, daß man den römischen Graben unverändert noch für lange Zeit genutzt hatte. Nach oben hin war der Graben mit einer Lehmschicht abgeschlossen, die Funde aus einem eng begrenzten Zeitraum, der Wende vom 12. zum 13. Jahrhundert, enthielt, man muß also zu dieser Zeit den Graben zugeschüttet haben. Dazu paßt auch gut die Schichte rötlichen Plattelschotters, der noch auf diese Lehmschichte aufgeschüttet wurde und der nur aus den Fundamentgruben des babenbergischen Stadtmauerbaues stammen kann.

Die Neidhartfresken

Manchmal kommen die Archäologen und Historiker zu Funden, ohne daß dies geplant ist. Als ein Mieter des Hauses Tuchlauben 19 einen Teil seiner Wohnung umbauen wollte, stieß er unter vielen Putzschichten auf Spuren einer Wandbemalung, die die herbeigerufenen Wissenschafter in Aufregung versetzten. Hier waren nicht nur die ältesten Wiener Wandmalereien entdeckt worden, sondern sie wiesen auch einen höchst interessanten Inhalt auf.
Diese ältesten erhaltenen profanen Wandfresken Wiens stellen Szenen aus der Neidhartdichtung dar und geben uns einen kleinen Einblick in die Welt des mittelalterlichen Menschen. Raufende Bauern, Ballspieler, Liebespaare tummeln sich hier im Schatten von Burgen, Schneeballschlachten finden statt, und ein kühner Liebhaber raubt seiner Angebeteten den Spiegel, ein erotisches Symbol des Mittelalters. Neidhart Fuchs findet auf einem Fresko statt eines Veilchens den Kothaufen eines Bauern unter seinem Hut, den Abschluß bilden ein froher Reigen und ein Festmahl.
Durch einen glücklichen Umstand konnte das Historische Museum der Stadt Wien die Räumlichkeiten aufkaufen und die Fresken restaurieren, die unter einer dicken Putzschicht verdeckt waren, wobei man zur besseren Haftung des Putzes eine Menge kleiner Löcher in die Fresken geschlagen hatte. Die Farbigkeit der Fresken überrascht noch heute, leider sind aber über weite Strecken die Detailzeichnungen verlorengegangen, dennoch geben die Fresken einen guten Eindruck von Spiel und Fröhlichkeit im Wiener Mittelalter.

Bildquellennachweis

Bundesdenkmalamt: S. 37, 40, 64, 66, 85, 103, 139
Historisches Museum der Stadt Wien: S. 33, 38/39, 51, 73, 78, 97, 208
Institut für mittelalterliche Realienkunde, Krems: S. 80, 81, 83, 87, 118, 129, 165, 167, 175
Kulturhaus Ried im Innkreis: Umschlagphoto
Österreichische Nationalbibliothek, Bildarchiv: S. 9, 25, 29, 41, 43, 58, 61, 69, 74, 93, 110, 155, 160, 177, 200
Privatarchiv Dr. Reinhard Pohanka: S. 18, 55, 57, 70, 75, 79, 91, 101, 107, 108, 115, 116, 121, 123, 126, 133, 134, 141, 143, 150, 162, 169, 172, 180, 182, 187, 191, 199
Stadtmuseum Wiener Neustadt: S. 99
Stiftmuseum Klosterneuburg: S. 46, 68

FÜHRER ZU DEN MITTELALTERLICHEN KUNSTSTÄTTEN

Führer zu den Kunststätten

MUSEEN

Es werden hier nur Museen angeführt, welche mittelalterliche Objekte beherbergen, die aus Wien stammen oder durch Erwerb und Tausch nach Wien gelangt sind.

①
AKADEMIE DER BILDENDEN KÜNSTE,
GEMÄLDEGALERIE
1010 Wien, Schillerplatz 3
Di, Do, Fr 10–14 Uhr, Mi 10–13, 15–18 Uhr, Sa, So 10–13 Uhr.
Führungen: So 10.30 Uhr

②
AKADEMIE DER BILDENDEN KÜNSTE,
KUPFERSTICHKABINETT
1010 Wien, Schillerplatz 3
Mo, Mi 10–12 Uhr, Di, Do 14–18 Uhr

277 gotische Bauhüttenzeichnungen aus dem Besitz des Architekten und Dombaumeisters Franz Jäger (die größte Sammlung mittelalterlicher Baurisse der Welt).
Zeichnungen von Albrecht Dürer und Paul Altdorfer

③
BEZIRKSMUSEUM INNERE STADT
1010 Wien, Wipplingerstraße 8
Fr 15–17 Uhr

Dokumente zur mittelalterlichen Geschichte Wiens und des alten Rathauses, in dessen Räumen das Museum untergebracht ist.

④
ERZBISCHÖFLICHES DOM- UND DIÖZESANMUSEUM
1010 Wien, Stephansplatz 6
Mi–Sa 10–16 Uhr, So und Fei 10–13 Uhr

Eine der größten Sammlungen mittelalterlicher religiöser Kunst in Wien. Mittelalterliche Bestände aus dem Domschatz, syrische Glasflaschen aus dem 13.–14. Jahrhundert, Grabtuch Rudolfs IV. (14. Jh.), Porträt Herzog Rudolfs IV. (um 1365), eines der ersten deutschen Porträts; Andreaskreuzreliquiar (um 1440); gotische Tafelbilder (um 1410); Andreas-Altar (um 1440); Ecce Homo von Lucas Cranach (um 1537); Ober St.-Veiter-Altar von Hans Schäufelein (um 1507); Portallöwe des Stephansdoms (13. Jh.); Erlacher Madonna (1325–1330); Thernberger Madonna (1330); Kreuzabnahme (1340); Baumkreuz (14. Jh.); Maria und Johannes Evanglist (1430); Wischataler

Museen

Madonna (1420); Schutzmantelmadonna (1430); Hl. Sebald (1476–1486); Siegel des Wiener Domkapitels von 1365; Karolingisches Evangeliar (spätes 9. Jh.); Emailletafeln (1170–1180); Tuer-Missale (1430)

(5)
HISTORISCHES MUSEUM DER STADT WIEN
1040 Wien, Karlsplatz
tägl. außer Mo 9–16.30 Uhr,
Führungen: Sa 15 Uhr, So und Fei 10 und 15 Uhr

Zahlreiche mittelalterliche Objekte, besonders hervorzuheben sind die Stücke mittelalterlicher Bauplastik vom Stephansdom.
Bauplastik vom Stephansdom: Kapitelle, Fialen und Fresken-Fragmente, Statuen: Christus als Schmerzensmann, Hl. Anna Selbdritt vom Hohen Turm (1320); Fürstenfiguren (Rudolf IV., Katharina von Böhmen, Karl IV., Blanche von Valois, Albrecht II., Johanna von Pfirt) vom Hohen Turm, Glasfenster vom Stephansdom, Grabmal des Neidhart Fuchs aus dem Stephansdom, Statue des Heiligen Johannes aus dem ehemaligen Dorotheerkloster (um 1430), Schöne Madonna vom Hohen Turm des Stephansdomes, Fresko der Thronenden Madonna mit Kind, Hl. Abt und Stifter Galeazzo di Santa Sofia vom Singertor (um 1390); vier Statuen der Epiphanie vom Nordturm (um 1410); Bürgerfahne des Jakob Kaschauer aus 1465; Funeralwaffen von den Begräbnisfeierlichkeiten für Herzog Albrecht VI. (1463) und Kaiser Friedrich III. (1493); Albertinischer Plan (15. Jh. nach einem Original von 1421/1422, ältester Stadtplan Wiens); Tafelbilder vom Meister des Friedrichsaltars (1447); verschiedene Waffen: Roßharnisch, Küriß, Epitaph des Jesse Sax aus Ebenfurt (nach 1473); Epitaph des Mathias Hauer (1515); gotischer Planriß des Hans Puchspaum vom Nordturm (um 1445); Sammlung Wiener Pfennige

(6)
KUNSTHISTORISCHES MUSEUM – HAUPTGEBÄUDE
1010 Wien, Burgring 5
Di–Fr 10–18 Uhr, Sa So 10–18 Uhr, Di Fr 18–21 Uhr

Sammlung für Plastik und Kunstgewerbe
Elfenbeinreliefs (Himmelfahrt, St. Gregor mit Schreibern) ottonisch, Ende 10. Jh.; vergoldetes Bronzerelief mit Kreuzigung aus dem Salzburger Domschatz; Bertoluskelch aus Stift Wilten bei Innsbruck (1160/1170); Kelch aus Stift St. Peter in Salzburg (1200); Madonnen und Heilige aus der venezianischen Schule; Alabasterreliefs aus England; sog. Krumauer Madonna (um 1400); Muttergottes des Tilman Riemenschneider (um 1500); elfenbeingeschnitztes Schmuckkästchen, Spiegelkapseln, Krüge und Schalen aus Bergkristall; emaillierter Pokal Friedrichs III.; Buchsholzfigur eines schreitenden Falkners von Anton Pilgram (um 1500)

Gemäldegalerie
Gotischer Altar des Meisters von Heiligenkreuz,
Jan van Eyck (1390–1464), Porträt des Kardinals Albergati, Porträt des Goldschmiedes Jan de Leeuw
Rogier van der Weyden (1399–1464), Kreuzigungsaltar, Tafelbilder Maria mit dem Kinde, Hl. Katharina

Führer zu den Kunststätten

Hugo van der Goes (um 1440–1482), Diptychon vom Sündenfall und Erlösung, Beweinung Christi
Hans Memling (um 1433–1494), Altar
Weiters Bilder von Gerard David (1460–1523), Jan Gossaert, genannt Mabuse (1478–1542), Bernaert van Orly (um 1492–1542) und Geertgen tot Sint Jans (um 1460 bis nach 1490) sowie eine Kreuztragung Christi von Hieronymus Bosch (1450–1516). Albrecht Dürer (1471–1528) ist mit dem „Allerheiligenbild aus der Landauerkapelle in Nürnberg (1511) und dem Porträt Maximilians I. (1519), der „Marter der 10.000 Christen" (1512), „Maria mit dem Kinde" (1503) und dem Brustbild der „Venezianerin" vertreten. Weiters Bilder von Martin Schongauer (um 1450 bis 1491), Albrecht Altdorfer (1480–1538) und Lucas Cranach d.Ä. (1472–1553).
Ebenfalls sind eine große Anzahl an italienischen Malern des Mittelalters und der Frührenaissance vorhanden.

Münzkabinett
Überblick über das Österreichische und Wiener Münzwesen des Mittelalters.

Waffensammlung in der Neuen Burg
Geschnitzte Beinsättel König Albrechts II. und Ladislaus Posthumus; Bronzeszepter Friedrichs III. und Maximilians I.; Sporen und Steigbügel König Kasimirs II. von Polen; 250 Harnische; Kronhelm und Schwertklinge des Skandar Beg von Albanien; Roßharnisch Friedrichs III.; Kürisse Herzog Siegmunds von Tirol; Turnierharnischfragmente Maximilians I. mit Hirschfänger, das goldene Mailänder Prunkschwert und Setztartschen (Prunkschilde); Knabenharnisch Philipps des Schönen (1488); Stechzeuge und Rennzeuge (Turniergeräte) Maximilians I.

Weltliche und geistliche Schatzkammer
Reichsevangeliar (karolingische Purpurhandschrift um 800 in einem Einband von Hans von Reutlingen (um 1500); Stephansbursa (Reimser Reliquiar des 9. Jahrhunderts); sog. Säbel Karls des Großen; Reichskrone aus der 2. Hälfte des 10. Jahrhunderts; Reichsschwert (11. Jahrhundert); Reichsapfel (Kölner Arbeit des 13. Jahrhunderts); Reichskreuz (1. Drittel 11. Jahrhundert); Krönungsmantel (in Palermo 1133–1134 für Roger II. geschaffen); Adlerdalmatica (14. Jahrhundert); Reliquienbeutel König Stephans von Ungarn; Reliquienanhänger Karls des Großen; Vortragekreuz Ludwigs des Großen, König von Ungarn und Polen.

(7)

NEIDHARTFRESKEN
1010 Wien, Tuchlauben 19
tägl. außer Mo 10–12.15 und 13–16.30 Uhr

Älteste profane Wandmalereien in Wien, um 1400, Darstellungen von Szenen aus der Neidhart-Literatur: Dörperkampf, Ballspiel und Liebespaar, Spiegelraub, Schneeballschlacht und Rauferei, Schlittenfahrt, Veilchenschwank, Reigen, Festmahl und Herbstlandschaft.

(8)

NIEDERÖSTERREICHISCHES LANDESMUSEUM
1010 Wien, Herrengasse 9
Di–Fr 9–17 Uhr, Sa 9–14 Uhr, So und Fei 9–12 Uhr

Museen

⑨ ÖSTERREICHISCHE GALERIE – MUSEUM MITTELALTERLICHER ÖSTERREICHISCHER KUNST
1030 Wien, Orangerie des Unteren Belvederes
tägl. außer Mo 10–16 Uhr

⑩ ÖSTERREICHISCHE NATIONALBIBLIOTHEK

Handschriften und Inkunabelsammlung
1010 Wien, Josefsplatz 1
Mitte Mai – Ende Oktober Mo–Sa 10–16 Uhr, November – Mitte Mai Mo–Sa 11–12 Uhr

Die Sammlung enthält 38.000 Handschriften und 212.000 Autographen sowie rund 8000 Inkunabeln (bis zum Jahr 1500 gedruckte Bücher). Darunter sind so berühmte Werke wie die „Wiener Genesis", der „Wiener Dioskurides" und ein Exemplar der 42zeiligen Gutenbergbibel. Bedeutend auch die „tabula Peutingeriana", eine Kopie einer römischen Weltkarte aus dem 16. Jahrhundert, und Kaiser Maximilians I. „Theuerdank". Die Objekte werden bei Sonderausstellungen im Prunksaal der Nationalbibliothek präsentiert.

⑪ ÖSTERREICHISCHES MUSEUM FÜR ANGEWANDTE KUNST
1010 Wien, Stubenring 5
Di, Mi, Fr 10–16 Uhr, Do 10–18 Uhr, So 10–13 Uhr,
Führung: So 10.30 Uhr (außer Juli, August, September)
Kunstgewerbliche Gegenstände ab der Romanik. In der Bibliothek und Kunstblättersammlung Bucheinbände ab dem späten 15. Jahrhundert, in der Sammlung für Glas und Keramik mittelalterliche Gläser und Keramiken, teilweise auch Möbel, Uhren und Holzarbeiten aus dem Mittelalter, ebenso Textilien und Teppiche ab dem späten 15. Jahrhundert.

⑫ SCHATZKAMMER DES DEUTSCHEN ORDENS
1010 Wien, Singerstraße 7
täglich von 10–12 Uhr, Di, Mi, Fr und Sa von 15–17 Uhr

Die Schatzkammer des Deutschen Ordens ist nach der Kaiserlichen Schatzkammer die bedeutendste in Österreich.
An mittelalterlichen Objekten sind Münzen und Medaillen zu erwähnen sowie Tafelgeräte, darunter die kostbare Natternzungenkredenz (eines von drei erhaltenen Geräten zur Giftanzeige in Speisen); Schwerterkette (15. Jahrhundert), Inthronisationsring (13. Jahrhundert), mittelalterliche Bleikristallgefäße, Prunkpokale, Kokosnußbecher, Straußeneipokal; mehrere Tafelbilder, Reste von Flügelaltären, Skulpturen (hl. Georg) und Prunkausfertigungen päpstlicher Ablässe aus dem 15. Jahrhundert.

⑬ UHRENMUSEUM
1010 Wien, Schulhof 2
täglich außer Mo 9–12.15 Uhr und 13–16.30 Uhr
Führungen: jeden 1. und 3. So im Monat um 10 und 11 Uhr

221

Führer zu den Kunststätten

(14)

UNIVERSITÄTSMUSEUM DER UNIVERSITÄT WIEN
1010 Wien, Postgasse 9
Besuch nach Voranmeldung

Das in seinen Anfängen auf das 14. Jahrhundert zurückgehende Archiv verwahrt Urkunden und Akten, Testamente und Verlassenschaften, Nachlässe, Porträts, Siegel und Medaillen zur Geschichte der Universität seit 1365 sowie der angeschlossenen Fakultäten, Ämter und Institutionen.

(15)

VIRGILKAPELLE UND SAMMLUNG KERAMISCHER BODENFUNDE
1010 Wien, Stephansplatz, in der U-Bahn-Station Stephansplatz, 1. Geschoß
täglich außer Mo 10–12.15 Uhr und 13–16.30 Uhr

Unterirdischer Nischenraum aus dem 13. Jahrhundert, vermutlich von Friedrich dem Streitbaren als Gruft für den hl. Koloman geplant, später Gruft der Wiener Familie Chrannest. Im Vorraum ein Museum mit keramischen Bodenfunden, deren Großteil aus dem Mittelalter stammt. An der Oberfläche des Stephansplatzes sind die Umrisse der Virgilkapelle und der ursprünglich darüberliegenden Kapelle der hl. Maria Magdalena (14. Jahrhundert) im Pflaster des Platzes eingelassen.

KIRCHEN

(16)

ANNAKIRCHE
1010 Wien, Annagasse 3 b

Die Annakirche verdankt ihre Entstehung der Wiener Bürgerin Elisabeth Wartenauer, die 1415 von den benachbarten Johannitern ein Grundstück erwarb und 1418 hier ein Pilgrimhaus stiftete, welches Pilgern auf ihrem Weg ins Heilige Land Unterkunft geben sollte. Mit der Zeit entwickelte es sich zum städtischen Armenhaus, welches im Mittelalter ständig überfüllt war und laufend erweitert und ausgebaut werden mußte.
Vermutlich stand auf dem Grundstück bereits vor der Errichtung des Pilgrimhauses eine der hl. Anna geweihte Kapelle, die Kirche selbst wurde im 16. Jahrhundert erstmals urkundlich erwähnt und hat sich durch ihre barockisierende Umgestaltung nur wenig gotische Elemente erhalten. Der Chorraum ist schmäler als das Langhaus, der schöne gotische Chorabschluß verschwunden. Die einschiffige Saalkirche hat ein Gurttonnengewölbe mit Stichkappen, einen eingezogenen Chor und beiderseits drei Kapellen.
Das bemerkenswerteste mittelalterliche Monument ist eine Anna-Selbdritt-Gruppe, die heute den Altar der Franz-Xaver-Kapelle ziert. Sie entstand um 1510 in spätgotischer Manier und zierte einst den gotischen Hochaltar der Annakirche. Der Künstler ist unbekannt, doch wird sie manchmal dem Nürnberger Veit Stoß zugeschrieben.

Kirchen

⑰ AUGUSTINERKIRCHE
1010 Wien, Augustinerstraße

Als Friedrich der Schöne von Ludwig dem Bayern gefangengehalten wurde, gelobte er, nach seiner glücklichen Freilassung, die 1327 erfolgte, eine Kirche in Wien zu bauen. Die Kirche, für die er die Beschuhten Augustiner berief, wurde unweit der Burg zwischen 1330 und 1339 gebaut, allerdings erst 1349 geweiht.
Die dreischiffige Halle ähnelt fast einer Basilika, der schmale und lange Chor endet in einem für Österreich ungewöhnlichen 7/10-Schluß. Die Halle des Langhauses weist ein Netzrippengewölbe auf achteckigen Pfeilern auf, der Chor zeigt ebenfalls ein Netzrippengewölbe, welches aus der Umgestaltung eines Kreuzrippengewölbes entstanden ist. Die für Wien ungewöhnliche Form dürfte einerseits auf den Bau der Kirche durch einen jeglicher Repräsentation ablehnenden Bettelorden sowie auf süddeutsche Einflüsse zurückgehen. Als Baumeister wird Dietrich Ladtner aus Pirn in Bayern genannt. Außerdem brachte Friedrich aus seiner Gefangenschaft den Prior Conrad Tattendorfer als geistlichen Bauberater aus Bayern mit.
Durch die 1784 erbaute Lorettokapelle betritt man die gotische Georgskapelle, die 1337 als Versammlungsraum der Rittergesellschaft der „Templaisen" von Otto dem Fröhlichen erbaut worden war und die im Mittelalter als „ecclesia minor" oder „Ritterkapelle" bekannt war. Die schlichte zweischiffige Halle mit ihren beiden Apsiden ist eine Kapellenform des Mittelalters, wie sie sich in Wien kein zweites Mal erhalten hat.
Von der gotischen Inneneinrichtung ist nichts mehr sichtbar, der gotische Eindruck, den die Kirche heute vermittelt, entstand durch eine Regotisierung unter Josef II. in den Jahren 1784–85.

⑱ BURGKAPELLE
1010 Wien, Hofburg
Besichtigungen Di und Do 14.30–15.30, Sonn- und Feiertagsgottesdienste, Messen mit den Wiener Sängerknaben

Während von der Hofburg, die vermutlich ab 1278 errichtet wurde, nichts Mittelalterliches sichtbar ist, hat sich die Burgkapelle Maria Himmelfahrt noch in ihrem mittelalterlichen Bauzustand erhalten. Erstmals 1296 urkundlich erwähnt, dürfte sie bereits mit der Burg entstanden sein, die heutige Form entstand unter Friedrich III. in den Jahren 1447–49. Vom gotischen 5/8-Chor sind drei Seiten noch vom Kapellenhof aus sichtbar, das schlichte Kirchenschiff ist innen mit seinem Netzrippengewölbe als hochgotische Schöpfung erkennbar. Die Inneneinrichtung wurde 1802 neugotisch verändert, original sind nur mehr 13 gotische Holzfiguren aus den Jahren 1470–80 in den Pfeilerbaldachinen.

⑲ DEUTSCHORDENSKIRCHE
1010 Wien, Singerstraße 7

Erste Kapelle um 1222, 1258 abgebrannt, als Kirche seit 1326 erwähnt, als Erbauer wird Jörg Schiffering genannt, geweiht 1395, 1410 teilweise erneuert,

223

Führer zu den Kunststätten

1720–1722 gotisierend verändert, 1864 bis 1868 neugotische Umgestaltung. Der ursprüngliche gotische Grundriß ist ein reines Rechteck von 21 m Länge, 7 m Breite und 14 m Höhe, an der Südseite vier große Fenster. Die Außenmauer ist 2,5 m stark und ganz in Pfeilern aufgelöst, die außen nur wenig, im Inneren aber 1,5 m weit vorragen, die Nordwand weist nur eine Stärke von 70 cm auf, da sie nicht von Fenstern durchbrochen ist. Überwölbt war der Raum mit einem Sternengewölbe preussischer Art.
Der auf einer Mensa aus rotem Salzburger Marmor aufsitzende gotische Flügelaltar wurde 1520 in Mecheln für die Trägerzunft an der Marienkirche in Danzig angefertigt, Signatur: IV Wawere Mechilen, seit 1864 in der Deutschordenskirche.
Bei geschlossenen Flügeln sieht man auf der linken Seite Petrus mit den Schlüsseln – Andreas mit dem Kreuz, auf der rechten Seite Johannes mit Kelch und Schlange – Jakobus mit der Pilgermuschel. Die kleinen Flügelaufsätze zeigen bei geschlossenen Flügeln rechts die Immakulata und links die Wirkung der heiligen Messe, bei geöffneten Flügeln vorne rechts Christus in der Vorhölle; vorne links Christus, das Kreuz tragend. Im Mittelschrein Kreuzigungsszene, darunter klein die Dornenkrönung, im linken Teil Szene mit Geißelung und rechts die Verurteilung Christi.
Linker Flügel links oben: Jesu Todesangst auf dem Ölberg, darunter die Gefangennahme; rechts oben: Christus vor Kaiphas, darunter Christus vor Pilatus.
Rechter Flügel links oben: Kreuzigung, darunter Grablegung; rechts oben: Jesus erscheint vor Magdalena, darunter Auferstehung.
Rechts vom Eingang der Cuspinianaltar des Wiener Universitätsprofessors Johannes Cuspinian, ein Werk des Michael Tichter aus dem Jahre 1515, Darstellung: Johannes der Täufer, flankiert von hl. Agnes und hl. Anna. Im Mittelteil der Kirche sechs Grabsteine, darunter der Grabstein des Priesters Nikolaus von Senftenberg aus dem Jahre 1454.

⑳

ERZBISCHÖFLICHES PALAIS
1010 Wien, Stephansplatz – Rotenturmstraße

An dieser Stelle stand einst der erste Pfarrhof von St. Stephan, der sich allmählich zum Wohnsitz der Wiener Bischöfe entwickelte. Von diesem Bau ist nicht mehr erhalten als der in den Stephansplatz hineinragende Chor der 1271 erstmals urkundlich erwähnten gotischen „Achatiuskapelle", die 1683 im Inneren barockisiert und dem hl. Andreas geweiht wurde.

㉑

FRANZISKANERKIRCHE
1010 Wien, Franziskanerplatz

Holzskulptur einer Madonna mit Kind aus der Zeit um 1500, die Hacke in der Schulter erinnert an den Versuch der Vernichtung der Statue in der Reformationszeit.

㉒

MALTESERKIRCHE
1010 Wien, Kärntner Straße 37

Der einschiffige Raum mit 5/8-Chorschluß und Kreuzrippengewölben entstand in der 1. Hälfte des 14. Jahrhunderts an Stelle einer 1265 dem hl.

Kirchen

Johannes geweihten Kapelle, welche die um 1200 nach Wien gerufenen Johanniter errichtet hatten. Im Inneren hat das Bauwerk seinen gotischen Charakter bewahrt, von der ursprünglichen Ausstattung ist nur noch der Schlußstein unter der Orgelempore (ein Löwe, der seine Jungen weckt), erhalten geblieben (um 1340).

㉓ MARIA AM GESTADE („MARIA STIEGEN")
1010 Wien, Salvatorgasse 12

Ursprünglich stand am Abhang zur Donau eine kleine romanische Kapelle, die, 1158 erstmals urkundlich erwähnt, bis 1302 dem Schottenkloster angehörte. 1262 fiel der Bau einem Brand zum Opfer und wurde durch eine einschiffige Großkapelle der Familie Greif ersetzt, die 1357 fertiggestellt war. Es ist dies der Chor der heutigen Kirche. Ende des 14. Jahrhunderts kam die Kapelle in den Besitz des Herzogs, der sie zu einem Dom, d. h. zu einer Kollegiatskirche erweitern wollte. 1398–1414 entstand anschließend an die Kapelle das Langhaus, das wegen der schwierigen Lage des Baugrundes am Donauabhang schmäler und mit einem Knick an der Nahtstelle zur Kapelle erbaut werden mußte, wobei unterirdische Gewölbe, die später als Gruft dienten, die Substruktion bildeten. 1430 entstand der schmale siebenstöckige Turm als Bindeglied zwischen Langhaus und Chor mit seinem zierlichen und in Filigran gearbeiteten Turmhelm (Höhe 56 m).

Das an der schmalen und relativ hohen Westfassade gelegene Hauptportal stammt aus der Zeit um 1410 und weist einen bemerkenswerten Steinbaldachin und Reliefarbeiten, die beiden Johannes darstellend, auf. Den Türsturz der Seitenportale zieren Engelsfiguren (um 1500), und das ältere Chorportal zeigt bemerkenswerte Madonnenreliefs (Schutzmantelmadonna und Krönung Mariä) aus der Zeit um 1350.

Der Raumeindruck im Inneren wird durch den Kontrast des schmalen, fast schluchtartigen Langhauses und dem weiträumigen hellen Chor bestimmt, zwischen denen eine fensterlose Dämmerzone liegt. Das einschiffige Langhaus besitzt ein auf plastisch profilierten Pfeilern aufliegendes Netzrippengewölbe. Die Schwere der Orgelempore (1515) ist durch die Auflösung der Brüstungsmauer durch zartes Maßwerk gemildert, am Triumphbogen findet sich die Bauinschrift „1414".

An Ausstattungsstücken sind sechs gotische Statuen unter Baldachinen zu nennen (hl. König, Maria, Petrus, Johannes der Täufer, Verkündigungsengel und ein weiterer König). Bemerkenswert auch die vier Glasfenster im Chor, die aus alten Fenstern des 14. und 15. Jahrhunderts zusammengesetzt sind. In der rechten Langhauskapelle Reste eines gotischen Altars aus der Zeit um 1466 mit zwei erhaltenen Flügeln (Krönung Mariens – Kreuzigung, Verkündigung – Christus am Ölberg) und eines gotischen Opferstockes.

㉔ MINORITENKIRCHE
1010 Wien, Minoritenplatz

Gegründet laut der Chronik der Minoriten im Jahre 1221 als kleine Kapelle, erweitert 1251; 1262 und 1275 bei Bränden zerstört. Erneute Grundsteinlegung unter Ottokar II. Přzemysl, vollendet 1350 inklusive dem heute nicht mehr existierenden Ludwigschor, der zwischen 1316 und 1328 von Herzogin Blanche von Valois gestiftet und von Isabella von Aragonien erbaut wurde.

Führer zu den Kunststätten

1513 erste Umbauten, der Ludwigschor wurde 1787 profaniert und 1903 abgerissen.
Der Innenraum weist drei Schiffe auf, die 40 m lang, 32 m breit und 28 m hoch sind und deren profilierte Bündelpfeiler mit hohen Sockeln ohne Kapitelle in Kreuzrippengewölbe übergehen. Der ehemalige Chor des nördlichen Seitenschiffes wurde in der Barockzeit durch eine eingezogene Wand vom Kirchenschiff getrennt und bildet seither die Antoniuskapelle, in der neben dem Eingang ein gotischer Taufstein steht. Gegenüber der Kanzel steht die „Madonna della famiglia", eine Steinfigur aus der Zeit um 1350. Im Halsausschnitt ist ein „A" für den Stifter Herzog Albrecht II. eingemeißelt.
Über der eigentlichen Kirche befindet sich im darüberliegenden Dachraum eine zweite Kirche mit der gleichen Höhe, die allerdings zum Teil zerstört und daher nicht zugänglich ist.
Über dem Westeingang der Kirche befindet sich das Tympanon des ehemaligen Ludwigschores mit einer thronenden Madonna, ihr zu Füßen König Ottokar und Isabella von Aragonien. Zu beiden Seiten davon und über dem Thron Engelsfiguren.
Die Außenseiten sind bis zu 55 m hoch und werden nur mehr vom 65m hohen Glockenturm überragt. Auffallend der kleine Glockenturm an der Südwestecke, neben dem zwei türkische Kanonenkugeln eingemauert sind. Beachtenswert auch die Fenster der Südostseite über dem Arkadengang mit ihrem feinen Maßwerk. Im mittleren Glasfenster ist eine Gruppe von Personen dargestellt, in der Mitte die hl. Caecilie, die auf der Orgel den Gesang dreier Engel begleitet, an den Seiten hl. Johannes der Täufer und die hl. Katharina. Oben Engel mit Musikinstrumenten, unten die Stifter der Fenster in Medaillons.
Im darunterliegenden Arkadengang Fragmente von Grabsteinen, darunter angeblich auch ein Fragment der im ehemaligen Ludwigschor begrabenen Tiroler Herzogin Margarete Maultasch mit dem Tiroler Adler.
An der Westseite geht der Turm etwa in der Hälfte seiner Höhe vom Viereck in ein Achteck über, hier befindet sich auch die Statute des Baumeisters in etwa 25 m Höhe.
Die bedeutendsten Kunstwerke der Minoritenkirche sind die Portale der Westseite, vermutlich 1340 von Jacobus von Paris erbaut. Das Hauptportal ist 11 m hoch und 8,5 m breit, die von einem gotischen Spitzbogen eingefaßte Fläche ist dreigeteilt. Im Mittelfeld ein Kruzifix in Form eines Lebensbaumes, rechts Johannes der Evangelist, der römische Zenturio Longinus mit einem Bannerträger an seiner Seite, und abschließend Albrecht II., der Stifter des Portales. Links Maria, Maria Magdalena und Maria Kleophe. Rechts von dieser Gruppe eine Matrone und links wahrscheinlich die Gemahlin Herzog Albrechts II.
An der Mittelsäule eine Madonna mit Kind, rechts und links davon am Portal der Statuen der Heiligen Phillipus, Johannes der Täufer, Johannes der Evangelist, Ursula, Margarete und Helene.
Im rechten Seitenportal wieder eine Dreiteilung, in der Mitte ein Kruzifix mit Flügeln, links davon der hl. Franziskus am Vernaberg, als er die Stigmen empfängt (die Häupter Christus und des hl. Franziskus wurden von den Protestanten zwischen 1559 und 1620 zerstört). Im rechten Feld die Figuren des hl. Antonius von Padua, der hl. Klara von Assisi und der hl. Elisabeth, Königin von Ungarn, Symbole für die drei Zweige des Franziskanerordens.
Im rechten Seitenportal Figur eines Engels und eines Teufels, Symbole für Tugend und Laster. Die beiden Seitenportale wurde 1530 zugemauert.

Kirchen

(25)
PETERSKIRCHE
1010 Wien, Petersplatz

Von der mittelalterlichen Kirche ist außer einem romanischen Wasserspeier in der Unterkirche (Eingang rechts außen am Chor) aus dem 13. Jahrhundert nichts erhalten geblieben.

(26)
RUPRECHTSKIRCHE
1010 Wien, Ruprechtsplatz

Vermutlich ist die Ruprechtskirche, der Sage nach um 740 gegründet, das älteste erhaltene Gebäude Wiens. Sie lag im Mittelpunkt der Reststadt, die nach dem Niedergang des römischen Legionslagers Vindobona stehengeblieben war. Das tatsächliche Gründungsdatum dürfte aber rund 100 Jahre später anzusetzen sein. Urkundlich erstmals 1200 erwähnt, dürfte die Kirche eine Gründung Salzburger Missionare gewesen sein, die nach der Awarenherrschaft das „Ostland" missionierten.
Die ältesten Teile der Kirche sind das Langhaus und das unterste Geschoß des Turmes, die zum Teil noch mit römischem Steinmaterial des ehemaligen Legionslagers errichtet wurden. Vom Typ her ist die Kirche eine Westturmkirche, die ursprünglich am Steilhang zur darunter fließenden Donau stand. Um 1130 und ein zweites Mal um 1160 scheint man den Turm aufgestockt zu haben, nach dem verheerenden Stadtbrand von 1276 wurde ein schlichter frühgotischer Chor als Apsisabschluß angebaut und dabei der rechteckige romanische Chor beseitigt. Um 1360 wurde das südliche Seitenschiff angebaut und 1411 die Orgelempore errichtet.
Die romanische Saalkirche mit ihrem seit 1936 flachgedeckten Langhaus ist doppelt so lang wie breit. Der gotische Chor weist einen 5/8-Schluß auf und zeigt ein Rippengewölbe, aber keine Strebepfeiler. Im Süden schließt ein Seitenschiff mit vier Jochen und einer Apsis sowie einem Kreuzrippengewölbe an.
Bedeutsam sind die um 1300 enstandenen ältesten Glasmalereien Wiens, dargestellt ist eine Kreuzigung über einer thronenden Madonna. Bemerkenswert ist ebenfalls das von einem nicht mehr existierenden Altar stammende Holzrelief des hl. Ruprecht aus dem Hochmittelalter, das Weihwasserbecken mit eingravierter Jahreszahl 1500 (MD), die Altarfigur der „Madonna auf der Mondsichel" aus dem 16. Jahrhundert und die Orgelempore mit feiner Maßwerksbrüstung und dem Wahlspruch Friedrichs III. A*E*I*O*U (1439).

(27)
SALVATORKIRCHE
1010 Wien, Salvatorgasse 5

Nur bei Gottesdiensten zugänglich

Gegen Ende des 13. Jahrhunderts richtete sich der Wiener Erbbürger Otto Haymo im Obergeschoß seines Hauses eine Kapelle ein, die er mit einer Marienstiftung ausstattete. Nach der mißlungenen Verschwörung von 1309 wurde das Haus als landesfürstlich eingezogen, 1316 fiel der Besitz der Haimonen an die Stadt Wien, die mit diesem Haus ihr Rathaus vergrößerte. 1360/61 wurde der Fußboden der Kapelle auf das Straßenniveau abgesenkt,

Führer zu den Kunststätten

und 1515 wurde die „Liebfrauenkapelle" von Papst Leo X. zur „Salvatorkirche" erklärt.
Nach außen tritt die in den nordöstlichen Teil des alten Rathauses integrierte Kapelle kaum in Erscheinung. In der Salvatorgasse sind drei Rundbogenfenster mit Maßwerk und hofseitig Spitzbogenfenster zu sehen. Das Eingangsportal in der Salvatorgasse (um 1520) entstammt bereits der oberitalienischen Renaissance. Der Innenraum hat trotz mehrfacher Umbauten seinen gotischen Charakter bewahrt. Mittelalterlich ist nur die ältere Südkapelle mit zweijochigem Kreuzrippengewölbe und 5/8-Chorabschluß, die um 1520 einbezogene Nordkapelle weist ein dreijochiges Netzrippengewölbe mit geradem Chorabschluß auf.
Die ältesten der an den Wänden befindlichen Grabsteine stammen aus dem 14. Jahrhundert, die Wandmalerei „Christus am Ölberg" auf der Empore wird um 1370 datiert.

(28)
ST. JAKOB
1190 Wien, Pfarrplatz

St. Jakob ist die älteste Wiener Kirche außerhalb des ersten Bezirks. Die Legende verknüpft den Bau mit dem ersten Grab des „Apostels der Donauländer", dem hl. Severin, dessen Grab manche Wissenschafter in der Kirche lokalisieren. Grabungen der letzten Jahre haben zwar ein leeres Grab unter dem Langhaus erkennen lassen, für den Wahrheitsgehalt der Legende fehlen aber historische Beweise.
Die oftmals zerstörte und umgebaute Kirche läßt in ihren Grundmauern noch immer den romanischen Bau erkennen und wurde im 13. Jahrhundert erstmals urkundlich erwähnt. Das schlichte Langhaus zeigt noch einige mittelalterliche Spuren wie den Triumphbogen zum Chor, ein Rundbogen- und zwei Spitzbogenfenster.

(29)
ST. MICHAEL
1010 Wien, Michaelerplatz

Unter teilweiser Mitverwendung der Fundamente einer um 1100 erbauten Spitalskirche wurde 1220–1250 ein dreischiffiges Langhaus mit vorgebautem Querhaus und einem Chorquadrat errichtet. 1267 wurde die Kirche bei einem Brand teilweise zerstört, bei der Wiederherstellung erfolgte der Einbau frühgotischer Elemente und der Bau des Südwestturmes (zwischen 1288 und 1300). Nach einem Turmbrand im Jahre 1327 wurde um 1340 auf den Resten des viereckigen Turmes ein achteckiger Turm mit drei Geschoßen aufgebaut, zwischen 1340 und 1350 der Hauptchor, der nördliche Nebenchor und 1350 der südliche Nebenchor gotisch erweitert. 1399 wurde an der Südwand die dreijochige Dreifaltigkeitskapelle und 1430 an der Nordwand die Lukaskapelle angebaut. Mehrere barocke und klassizistische Umgestaltungen.
Die Michaelerkirche ist eine dreischiffige Pfeilerbasilika mit Vierung, Querhaus, einem Hauptchor und zwei Nebenchören, alle mit 5/8-Schluß und einem Südwestturm. An das südliche Seitenschiff sind vier Kapellen (Anna-, Vesperbild-, Blasius-, Taufkapelle) und die Vorhalle, an das nördliche drei Kapellen (Theresien-, Paulus-, Antoniuskapelle) angebaut.
Aus dem 13. Jahrhundert stammen das fünfjochige basilikale Langhaus mit Kreuzrippengewölbe, das aus drei quadratischen Jochen zusammengesetzte

Kirchen

Querhaus, das erste Chorquadrat des Hauptchores und der Rest des viereckigen Südturmes. Der Grundriß ist nicht regelmäßig, sondern leicht nach Westen verzogen, dies dürfte auf den Miteinbezug des Mauerwerkes des Vorgängerbaues aus dem 12. Jahrhundert zurückzuführen sein.

Mittelalterliche Monumente:

Der Ölberg: Im Durchhaus vom Michaelerplatz zur Habsburgergasse, errichtet 1480 von Johann dem Maler und seiner Ehefrau Ursula.
Kapitelle: Pfeilerkapitelle im Mittelschiff mit großem Formenreichtum, um 1225 spätromanische Kapitelle mit schlinggewächsartigen Ranken; um 1230 spätromanische Kelchknospenkapitelle, um 1240 Blätterkapitelle.
Triumphbogen: Wandmalerei gegen 1350, zeigend das Jüngste Gericht, Christus sitzt vor dem Kreuz mit ausgebreiteten Armen, Maria und Johannes knien, die Apostel sitzen. Links die Seligen, rechts die Verdammten.
Oberhalb der klassizistischen Empore der Nordwand befanden sich zwei nun abgenommene Wandmalereien: Marientod (1330) und ein Apostelkopf (Thomas), um 1310.
Kreuzkapelle: Im Bogenfeld das Haupt Christi mit Stifterfiguren und einem Ornament aus Herzpalmetten, Wandmalerei um 1350. Unter Baldachinen zwei Sandsteinfiguren (St. Nikolaus, St. Katharina), um 1360/1370. An der Chorwand großes spätgotisches Kruzifix, um 1510/1515, dem Wiener Bildhauer Hans Schlais zugeschrieben. Rechts vom Altar gotische Priesterbank, im Maßwerk des nördlichen Fensters Reste mittelalterlicher Glasmalereien.
Vesperbildkapelle: Über dem Altar gotische Pieta um 1430.
Vorhalle des südlichen Seitentores: Schmerzensmann aus Leithakalk, um 1430.
Turmkapelle: Rechts vom Eingang Wandmalerei; St. Michael als Seelenwäger zwischen Maria mit dem Kinde und dem Satan, das Gesicht des Teufels ist zerkratzt. An der Südwand Wandmalereien um 1300: Apostel Thomas, begleitet von den Heiligen Cosmas und Damian, rechts davon: Mysterium der Hl. Messe.
Theresienkapelle: Marientod, um 1330.
Pauluskapelle: Gotische Grabsteine, einer davon mit der Inschrift: Gotfrid † 1341.
Krippenkapelle: im Rundbogen Wandmalereien um 1350, Engel tragen Medaillon mit Christusbüste, an der Südwand Kopf eines Mannes in Fensteröffnung, darüber eine Frau mit Kopftuch.

(30)
ST. STEPHAN
1010 Wien, Stephansplatz

Besichtigungen: Turmbesteigung Südturm täglich 8.30–12.30 Uhr und 14–17 Uhr; Turmbesteigung Nordturm täglich 8–17 Uhr.
Domführungen: 10.30 und 15 Uhr, So und Fei nur 15 Uhr; Abendführungen Mai bis Oktober Sa 19 Uhr, Juli bis August zusätzlich So 19 Uhr.
Gruftanlagen: Nur Führungen (keine individuelle Besichtigung möglich) Mo bis Sa 10–12 Uhr und 14–16.30 Uhr, So und Fei 11–12 Uhr und 14–16.30 Uhr.

Der Stephansdom ist das bedeutendste Bauwerk der Hoch- und Spätgotik in Österreich.

Führer zu den Kunststätten

Geschichte:
Erster Bau (1137–1160): 1137 nach dem Tauschvertrag von Mautern als romanische Pfarrkirche begonnen, 1147 vom Passauer Bischof Reginbert dem hl. Stephan geweiht. Die zu diesem Zeitpunkt noch außerhalb der Stadtmauern stehende Kirche wurde um 1160 als dreischiffige Basilika mit zwei Westtürmen vollendet.
Zweiter Bau (1230/40–1263): Spätromanischer Neubau mit demselben Grundriß. Die Fertigstellung wurde durch den Stadtbrand von 1258 verzögert, die Kirche 1263 geweiht. Von dieser Kirche sind die Westfassade mit dem Riesentor (um 1230/40), die „Heidentürme" und die Westempore im Inneren erhalten.
Dritter Bau (1304–1523): Der Neubau begann 1304 mit dem hochgotischen Chor („Albertinischer Chor", um 1340 fertiggestellt), 1359 bis 1440 Bau des spätgotischen Langhauses, Errichtung des Dachstuhles um 1440. 1359 bis 1433 Arbeiten am hochgotischen Südturm, 1467 Beginn des Baus des spätgotischen Nordturmes („Adlerturm"), der jedoch 1511 eingestellt wurde. Das Bischofstor im Norden wurde 1380/90 und das Singertor im Süden 1440/50 errichtet.

Beschreibung:

1. Romanisches Westwerk mit „Heidentürmen":
Die spätromanischen Bauteile, welche die ursprüngliche Breite des Langhauses angeben, stammen aus dem zweiten Drittel des 13. Jahrhunderts. Begrenzt werden sie durch die romanischen Heidentürme, die mit ihrer Höhe von rund 66 m das romanische Langhaus merklich überragen. Die dreigeschossigen Seitenteile sind mit Giebeln abgeschlossen, auf denen sich die romanischen Doppeltürme mit ihren achteckigen Aufbauten erheben. Im Zentrum liegt das rundbogige spätromanische Trichterportal („Riesentor"). Das Riesentor ist ein Stufenportal mit reicher Ornamentik. Im Tympanon die Darstellung des richtenden Heilandes mit zwei Engeln. Die reich ornamentierten Säulen auf den einzelnen Stufen des Portales tragen Knollenkapitelle, über denen eine Frieszone mit figuralem Schmuck liegt. Dargestellt sind Fabelwesen, verschlungene Drachen, Vögel, Löwen, dämonische Wesen, eine Tänzerin und Mönche. Dem Portal ist ein nach dem Brand von 1276 entstandener Vorbau vorgelagert, wobei die Zahl der Apostel um vier weitere Gestalten, darunter die Steinmetzen, vermehrt wurden.

In der Außenseite des romanischen Vorbaues sind romanische Plastiken eingefügt wie die Figur des sitzenden Richters, zwei Löwen, ein Greif, Samson und der Löwe sowie eine Figur St. Stephans aus der Zeit um 1500.
An das romanische Westwerk sind zu beiden Seiten kreuzrippengewölbte gotische Doppelkapellen angebaut, unten links die Kreuzkapelle und darüber die Valentinskapelle, unten rechts die Herzogkapelle und darüber die Bartholomäuskapelle (die oberen Kapellen sind nicht zugänglich).

Langhaus:
Das Langhaus mit 28 m Höhe im Mittelschiff und 24 m Höhe im Seitenschiff und einer Breite von 35,9 m zeigt eine dreischiffige, vierjochig gestaffelte Hallenkirche mit Netzrippengewölben; an den fast 3 m starken Bündelpfeilern befinden sich je sechs Figurennischen mit Baldachinen und turmartiger Bekrönung, in denen insgesamt etwa 77 Steinfiguren stehen, die in der Zeit von 1450 bis 1500 von Bürgern gestiftet wurden.

Kirchen

Albertinischer Chor:
Dreischiffiger Hallenchor mit 5/8-Schlüssen, Kreuzrippengewölben, figuralen Schlußsteinen, profilierten Wandpfeilern und gegliederten Freipfeilern, Bündelpfeiler mit je sechs Figurennischen, teilweise aus der Zeit um 1330/40.

Südturm:
Der Südturm ist mit einer Höhe von 136,7 m nach Ulm und Köln der dritthöchste Kirchturm der Welt. Begonnen im Auftrag Rudolfs IV. 1359, wurde er 1422 durch Hans Prachatitz vollendet. Der Turm ist von quadratischem Grundriß und verjüngt sich vom Boden bis zur Spitze, im zweiten Drittel Übergang zum Achteck, bekrönende Kreuzblume.
Das Primglöckleintor im Südturm weist eine halbe achteckige Vorhalle auf und ist durch Stifterfiguren geschmückt (Originale im Historischen Museum der Stadt Wien), die Sitzfiguren der Evangelisten stammen vom Ende des 14. Jahrhunderts, die Madonnenstatue mit Kind am Mittelpfosten aus der Zeit um 1400.

Nordturm:
Entsprechend dem Südturm geplant, weist er eine reichere spätgotische Verzierung auf, 1450 erfolgte unter Hans Puchsbaum das Legen der Fundamente (Baubeginn 1467), Einstellung des Baues 1511. Das Adlertor ist analog dem Primglöckleintor im Südturm gestaltet, die Nischenfiguren sind Kopien aus dem 20. Jahrhundert. In der Vorhalle steht das Original des Zahnwehherrgottes, ein Schmerzensmann aus der Zeit um 1400.

Mittelalterliche Monumente an der Außenseite des Domes (im Uhrzeigersinn ausgehend vom Riesentor):

Nordseite: Ölbergrelief um 1400, daneben Schmerzensmann. Das darauf folgende Bischofstor (Brauttor) besitzt eine sechseckige spätgotische Vorhalle (um 1380/90) mit flamboyanten Fischblasenmaßwerk. Nischenfiguren am Vorbau um 1515 (Paulus, Stephanus), groteske Wasserspeier und Statuen Herzog Albrechts III. und seiner Gattin Elisabeth in der Portallaibung, darüber zehn weibliche Heilige, seitlich Maria mit dem Verkündigungsengel, im Tympanon Reliefs aus dem Leben Mariens. In der Laibung der sog. Kolomansstein, über den das Blut des Märtyrers geflossen sein soll.
An der Außenseite des Albertinischen Chores liegt die Capistrankanzel, mittelalterlich ist nur die Kanzel selbst, darüber barocker Aufsatz. Von dieser Kanzel soll der Franziskanerpater und Ordensreformator Johann v. Capistran (1386–1456) den Kreuzzugsgedanken gepredigt haben.
An der Nordseite des Chores Kopie des Zahnwehherrgottes, daneben drei Passionsreliefs (Anfang 15. Jahrhundert) und sechs spätgotische Passionsfresken (um 1500). Folgend der Lacknersche Epitaph mit Ölbergmotiv und spätgotischer Umrahmung, daneben Lichtsäule (1502).
Südseite: gegenüber dem Bischofstor liegt das Singertor, ein Werk des Hans Puchsbaum (1440/50). Grundriß analog dem Bischofstor mit Nischenfiguren (Paulus, Steinigung des hl. Stephanus), Wasserspeiern und Stifterfiguren (Rudolf IV. und seine Gattin Katharina in der Portallaibung, darüber neun Apostel und Johannes der Täufer, seitlich der Erlöser und Moses, im Tympanon zwei Szenen aus dem Leben des hl. Paulus.
Rechts vom Singertor Statue eines Schmerzensmannes (ca. 1435), links davon Grabtumba des Neidhart Fuchs.

Führer zu den Kunststätten

Mittelalterliche Monumente im Inneren des Domes:
Im linken Seitenschiff des Chores (sog. Frauenchor) befindet sich ein gotischer Flügelaltar (sog. Wiener Neustädter Altar), angeblich von Friedrich III. 1447 für die Kärntner Stiftskirche Viktring bestimmt, dann im Wiener Neustädter Zisterzienserkloster aufgestellt, seit 1884 im Dom. Innen- und Außenflügel des Altares mit 72 auf Goldgrund gemalten Heiligengestalten, die Flügel der Predella zeigen innen Marienszenen, außen Passionsdarstellungen. Über ihm steht als Aufsatz der kleine Andreasaltar aus 1420.
Links vom Altar das leere Hochgrab für Herzog Rudolf IV. und seine Gattin Katharina (um 1378) mit Liegefiguren.
Im rechten Seitenschiff des Chores (sog. Apostelchor) Hochgrab Friedrichs III., errichtet nach einem Gesamtentwurf von Niclas Gerhaert van Leyden und erbaut in rotem Marmor zwischen 1467 und 1513 von Max Valmet und Michael Tichter. Reiches spätgotisches Hochgrab, die Grabplatte zeigt eine Liegefigur des Kaisers sowie figuralen Schmuck von Statuetten, Reliefs und einem Wappenfries.
Vom Primglöckleintor im Südturm aus ist die 1396 geweihte Katharinenkapelle zu betreten, ein aus einem Achteck entwickelter Zentralraum mit Apsis, Sterngewölbe (der Schlußstein zeigt die hl. Katharina mit Schwert und Rad). Auf dem neugotischen Hochaltar die hochgotische Statue der hl. Katharina (um 1420), davor der Marmoraufstein (1481) mit Reliefs am Becken, Evangelistenstatuen am Sockel und reichgeschnitztem, 4 m hohem Holzdeckel.
Analog dazu im Nordturm liegt die Barbarakapelle, die 1467 vollendet und 1492 geweiht wurde (nicht zugänglich).
Kanzel: Das bedeutendste Kunstwerk des Langhauses, spätgotisches Werk von Anton Pilgram (um 1500). Aus sieben Sandsteinstücken gearbeitet, am Kanzelfuß Selbstporträt des Künstlers (sog. Fenstergucker); durchbrochener Steinaufbau aus Statuetten (Augustinus, Gregor der Große, Hieronymus und Ambrosius); Stiegenaufgang mit kriechenden Kröten und Eidechsen (Symbol des Bösen), die von einem Hund am Vordringen gehindert werden (Symbol des Guten). Vor dem Pfeiler der Kanzel steht die sog. Dienstbotenmadonna (1340).
Kreuzeskapelle: Kruzifix mit Bart aus echtem Haar aus dem zweiten Drittel des 15. Jahrhunderts.
Links vom Bischofstor: Durchbrochener Altarbaldachin, 1434 vermutlich von Hans von Prachatitz gestiftet.
Links vom Adlertor: Orgelfuß mit Selbstbildnis Anton Pilgrams, darunter gemalte Inschrift mit Pilgrams Monogramm und der Jahreszahl 1513.
Gegenüber rechts vom Primglöckleintor Altarbaldachin des Hans Puchsbaum aus 1448, der den Leopoldsaltar umschließt.
Rechts vom Singertor Altarbaldachin, vermutlich von Jörg Oexl, rechts davon eine romanische Halbsäule vom alten Dom.
Herzogskapelle: spätgotischer geschnitzter Flügelaltar aus dem Jahre 1507, im Mittelschrein Holzstatuen des hl. Valentin, der hl. Ursula und der hl. Ottilie, auf den Flügeln Tafelbilder. Daneben die Statuen der hl. Ludmilla und weitere weibliche Heilige (zweite Hälfte 14. Jahrhundert) und die sog. Hausmuttergottes aus dem ehemaligen Himmelpfortkloster (14. Jahrhundert).
Glasmalereien: sind bis auf wenige Reste verlorengegangen, die einzigen erhaltenen befinden sich rechts und links hinter dem Hochaltar sowie an der Südseite des Presbyteriums (die Glasgemälde der Herzogskapelle befinden

Häuser und Denkmäler

sich im Historischen Museum der Stadt Wien und im Museum für angewandte Kunst).
Herzogsgruft: Unter dem Hochaltar, für Herzog Rudolf IV. und seine Gemahlin errichtet, später erweitert.

㉛

SCHOTTENKIRCHE
1010 Wien, Freyung
Führungen durch die Kunstsammlung der Schottenkirche: Sa 14 Uhr
Der Kirchenbau wurde von Heinrich II. Jasomirgott um 1155 begonnen, Weihe des Ostteils um 1177, Schlußweihe 1200. Ursprünglich eine dreischiffige romanische Pfeilerbasilika mit wenig hervortretendem Querschiff und Vierungsturm. Nach dem Stadtbrand von 1276 Bau einer frühgotischen Westfassade (vollendet 1317). Das Erdbeben von 1443 machte den Neubau des Chores notwendig (1146–1149), anschließend wurden die Gewölbe des Mittel- und des Querschiffes erneuert (1449–1454). Neubau der Kirche zwischen 1638 und 1641.
Von der ursprünglichen Kirche sind nur mehr Reste in den beiden Kapellen (westlich: finstere Sakristei, östlich: romanische Kapelle) zu beiden Seiten des Altarraumes sichtbar, hier befinden sich bemalte Pfeiler mit Würfelkapitellen und die Kopie eines Löwen, der bei Restaurierungsarbeiten gefunden wurde.
Links über dem Tabernakel die älteste Marienstatue Wiens (um 1250), die lange Zeit Ziel einer der berühmtesten Wallfahrten Wiens war.
Im „Mausoleum" mittelalterliche Grabsteine und das Kreuzigungsrelief Johann Falks (um 1470), in der Krypta Reste der mittelalterlichen Architektur und das Grab Heinrichs II. Jasomirgott.
Im Prälatensaal des Klosters befindet sich der Altar des sogenannten Schottenmeisters, ein gotischer Flügelaltar mit Szenen aus dem Marienleben und der Passion Christi aus der Zeit um 1469, der durch seine Detailtreue und die Landschaftsdarstellungen auf seinen 17 original erhaltenen Tafeln besticht (Abbildungen der Kärntner Straße, Panoramen von Wien und Krems. Zwei weitere Tafeln des Altares in der Österreichischen Galerie).

㉜

VOTIVKIRCHE – Antwerpener Altar
1090 Wien, Rooseveltplatz
In der rechten Kapelle nach dem Querschiff steht der Antwerpener Altar, ein bedeutendes Werk flämischer Schnitzkunst des 15. Jahrhunderts. Ursprünglich war der Altar Teil der „Ambraser Kunstkammer" und im Besitz des Kaiserhauses, die den Altar zur Ausstattung der als Gedächtniskirche geplanten Votivkirche (1855–1879) stiftete.

HÄUSER UND DENKMÄLER

㉝

HAUS MIT MARIENSTATUE
1010 Wien, Schulhof 6

Das im zweiten Viertel des 18. Jahrhunderts erbaute Haus besitzt in einer Fassadennische eine hölzerne Muttergottesstatue aus der Mitte des 15. Jahrhunderts.

Führer zu den Kunststätten

(34)
HAUS „ZUM BASILISKEN"
1010 Wien, Schönlaterngasse 7

Legendäres Wiener Haus, dessen Kern und Keller aus dem 13. Jahrhundert stammen. In diesem Haus soll am 26. Juni 1212 der Bäckermeister Martin Garhiebl im Brunnen einen giftige Dämpfe speienden Basilisken, eine Kreuzung aus Hahn und Kröte, entdeckt haben, der mit einem vorgehaltenen Spiegel zum Zerplatzen gebracht wurde.
In einer Hausnische ist eine kleine Figur des Basilisken als Hauszeichen angebracht (darunter Wandmalerei und Inschrifttafel).

(35)
HAUS ZUM GROSSEN JORDAN
1010 Wien, Judenplatz 2

Gotisches Relief aus dem 15. Jahrhundert im zweiten Stock an der Fassade, die Taufe Christi (mit Engeln und hl. Georg) darstellend. Die Inschrift darunter bezieht sich auf die „Wiener Geserah" von 1421.

(36)
HEILIGENKREUZERHOF
1010 Wien, Schönlaterngasse

Vom 1201 erstmals genannten Hof des Stiftes Heiligenkreuz ist wenig Mittelalterliches sichtbar, obwohl ein Teil der Mauern noch aus dem Mittelalter stammt. Erhalten hat sich die „romanische Halle", heute ein 9 m tiefer Keller unter dem sog. Binderhof. Die Steinhalle weist 25 m Länge und 8 m Breite auf und besteht aus drei quadratischen Jochen mit Gurtbogen und Kreuzrippen. Auf den Steinquadern Steinmetzzeichen in Form eines Kreuzes.

(37)
HOFKAMMERARCHIV
(ehemaliger Mariazellerhof)
1010 Wien, Johannesgasse 6a

Im Hof befindet sich ein Relief „Die Muttergottes mit dem Kinde" unter altdeutschem Thronhimmel aus dem Jahre 1482, jenem Jahr, als der Besitz als Geschenk der Familie Hohenberg dem Kloster Kleinmariazell zufiel.

SPINNERIN AM KREUZ
1100 Wien, Triester Straße

Gotische Bildsäule mit Baldachinen und Plastiken, welche die Passion Christi darstellen, vermutlich um 1451/52 vom Wiener Dombaumeister Hans Puchsbaum erbaut, um die Grenze des Wiener Burgfriedens zu symbolisieren. Der Name entstammt einer alten Sage, nach der die Frau eines Kreuzfahrers an dieser Stelle sieben Jahre auf ihren Gemahl gewartet und dabei Garn gesponnen habe. Nach der glücklichen Rückkehr ihres Mannes habe der Erlös aus dem gesponnenen Garn ausgereicht, um die 12 m hohe Bildsäule zu finanzieren.

GEDENKTAFELN

(38)

FRESKO
1010 Wien, Postgasse – Ecke Wollzeile

Das moderne Fresko erinnert mit seiner Darstellung an die einstmals hier verlaufende Viltzerstraße, die heutige Riemergasse, und die hier ansässigen Riemer und Tuchmacher.

(39)

GEDENKTAFEL
1010 Wien, Salzgries 3

Relief mit einer alten Ansicht der Gegend mit Donauschiffen und einem Salzbergmann. Dies soll an die jahrhundertealte Funktion des Salzgries als Entladeort für die Salzschiffe aus Salzburg und Hallein erinnern.

(40)

GEDENKTAFEL
1010 Wien, Lobkowitzplatz 3

Diese Tafel ist dem Gedenken an den Wiener Bürgermeister Konrad Vorlauf und den Ratsherren Hanns Rockh und Konrad Rampersdorffer gewidmet, die am 11. Juli 1408 auf diesem Platz auf Befehl Herzogs Leopold IV. enthauptet wurden. Sie hatten sich im Zwist zwischen Leopold IV. und dessen Bruder Ernst im entscheidenden Augenblick auf die falsche Seite gestellt und sich gegen die Handwerker, welche Leopold unterstützten, gewandt.

(41)

GEDENKTAFEL
1010 Wien, Stephansplatz, Churhaus

Die Gedenktafel erinnert an die Stelle der ersten Bürgerschule Wiens, die bis zur Gründung der Universität durch Rudolf IV. im Jahre 1365 die bedeutendste Bildungsstätte Wiens war.

(42)

GEDENKTAFEL
1010 Wien, Museum für angewandte Kunst – Weiskirchnerstraße

Denkmal für die Wiener Bürger, die am 12. August 1461 an der Stubenbrücke einen Angriff Herzog Albrechts VI. abwehrten und zum Dank dafür von Kaiser Friedrich III. das Recht erhielten, im Stadtwappen den Doppeladler zu führen.

(43)

GEDENKTAFEL
Im ostseitig gelegenen Durchgang vom Heldenplatz zum Inneren Burghof

Die Gedenktafel und die freigelegten Mauerquadern erinnern an den ursprünglich an dieser Stelle gestandenen Widmerturm, welcher als Verstärkungsturm an der Stadtmauer direkt neben der Burg gedient hatte.

(44)
GEDENKTAFEL
am Beginn der Seitenstettengasse an der Einmündung in den Rabensteig

Erinnert an das Katzensteigtor, welches an dieser Stelle aus der Stadt zum Salzgries führte.

(45)
GEDENKTAFEL
1010 Wien, Rotgasse 3

Diese Gedenktafel nimmt Bezug auf das „Ungartor", welches zur Zeit der Babenberger durch die Stadtmauer in die seit 1100 bestehende Handelsvorstadt führte.

(46)
GEDENKTAFEL
1010 Wien, Rotenturmstraße 23

Großflächiges Mosaik an der Hauswand, den ab 1288 nachweisbaren und 1776 abgebrochenen Roten Turm darstellend.

(47)
GEDENKTAFEL
1010 Wien, Hoher Markt – Ecke Judengasse

Erinnerung an den einst hier stehenden Berghof, das älteste nachweisbare Gebäude des mittelalterlichen Wien, welches hier vom 6./7. Jhdt. bis 1830 stand.

(48)
GEDENKTAFEL
1010 Wien, Petersplatz, an der Ostseite der Kirche

Großes Relief, welches die angebliche Gründung von St. Peter durch Karl den Großen darstellt.

(49)
MOSAIK
1010 Wien, Landhausgasse

Erinnerung an Markgraf Leopold III. den Heiligen.

(50)
RELIEFS UND INSCHRIFTTAFEL
1010 Wien, Rotenturmstraße 12

Am Eingang zu dem 1435 gegründeten Restaurant zwei Bronzereliefs (14. Jahrhundert). Im Abgang zum Restaurant ist eine beim Abbruch des vorangegangenen Hauses (1876) aufgefundene Inschrifttafel eingemauert, die auf die vom Hausbesitzer Hans Sarger offenbar im Jahr 1435 fertiggestellte Hauskapelle Bezug nimmt (das Tympanonrelief des Kapelleneinganges befindet sich im Historischen Museum der Stadt Wien).

MITTELALTERLICHE MONUMENTE IN DER UMGEBUNG WIENS

BURG KREUZENSTEIN

Zu erreichen über die A 22 bis zur Abfahrt Korneuburg, dann folgt man der B 3 Richtung Stockerau bis zur Abzweigung Leobendorf, kurz vor dem Ort Abzweigung nach links.

Die Burg wird ab 1115 als „Grizanestein" erstmals genannt und befand sich im Besitz der Familie der Formbacher, seit 1260 war sie in landesfürstlichem Besitz. 1645 wurde sie von den Schweden zerstört.

Der heutige Bau ist eine historisierende Wiederherstellung des späten 19. Jahrhunderts durch Hans Graf Wilczek unter Verwendung romanischer und gotischer Bauteile aus zahlreichen europäischen Ländern. Die Bauzeit der Idealburg, deren Grundriß die Mauern der alten Burg darstellen, betrug 33 Jahre.

Über eine Steinbrücke gelangt man über eine Zugbrücke mit Nebentor zum äußeren Burgtor mit Pechnase, von hier in den Zwinger mit Wehrgängen und einem östlich gelegenen halbkreisförmigen Turm. Im ersten Hof befindet sich die Gesindestube, im zweiten Hof der Gaden, das älteste Bauwerk mit Küche und Arbeitsraum. Die Nordseite wird vom Palas eingenommen, in dessen Erdgeschoß die große Rüstkammer liegt. Die im Südwesten liegende Burgkapelle weist neben einer reichen Innenausstattung einen 5/8-Chor auf. Die Inneneinrichtung setzt sich aus wertvollen Stücken des Mittelalters und der frühen Neuzeit, welche Graf Wilczek in ganz Europa gesammelt hat, zusammen.

BURG LIECHTENSTEIN

Zu erreichen über die A 2 bis zum Knoten Vösendorf, dann folgt man der A 21 Richtung Linz bis zur Abfahrt Gießhübl und fährt Richtung Mödling. Die in einer imposanten Hochlage auf einem schmalen Felsgrat liegende Burg wurde im 12. Jahrhundert erstmals urkundlich erwähnt, 1683 wurde sie von den Türken zerstört. Bis 1808 eine Ruine, wurde die Burg bis 1873 romantisch wiederhergestellt.

Die Burg besteht aus Kapelle, Palas und Wohnturm, die zusammengebaut sind. Der ursprüngliche romanische Quaderbau aus der zweiten Hälfte des 12. Jahrhunderts ist noch zum Großteil erhalten, nur das zweite Obergeschoß und der Hauptturm sind neu erbaut. Durch den im Osten befindlichen Eingang gelangt man in ein Vorwerk des 16. Jahrhunderts, von hier dann in den oberen Hof. Der eigentliche Burgeingang liegt neben dem östlichen Wachtturm, im Untergeschoß sind die Wirtschaftsräume und das Verlies untergebracht. Darüber liegt das Hauptgeschoß, in welchem die Räume durch einen nordseitigen Gang und Treppen verbunden sind. Bemerkenswert ist die Kapelle aus der Zeit um 1165 mit halbkreisförmiger Apsis, Kreuzrippengewölbe, rechteckigen Gurten, Dreiviertelsäulen mit Würfelkapitellen und attischen Basen. Schön auch das zweifach abgetreppte Rundbogenportal mit Säulen und Würfelkapitellen. Die Außenseite ist durch Halbsäulen auf Lisenen gegliedert und weist einen Rundbogen- und Schachbrettfries auf. Unter den romanischen Fenstern sind sieben romanische Reliefs des 12. Jahrhunderts zu sehen.

Neben der Kapelle liegt der neuergänzte Knappensaal, dann der alte Rittersaal mit romanischen Rundbogenfenstern und im angrenzenden Pfaffenstübchen eine interessante Abortanlage.

HEILIGENKREUZ

Heiligenkreuz wird über die A 2 (Südautobahn) bis zum Knoten Vösendorf, dann über die A 21 bis Abfahrt Heiligenkreuz erreicht.
Kirche, Kreuzgang, gotische Arbeitsräume und Bibliothek können nur im Rahmen von Führungen besichtigt werden, der Innenhof ist allgemein zugänglich.
Markgraf Leopold III. wies den Zisterziensern 1135 eine unerschlossene Waldlandschaft südlich von Wien zum Bau eines Klosters zu. Die zwölf Mönche und der Abt wurden aus dem französischen Kloster von Morimond geholt, da Otto von Freising, der Sohn Leopolds, in dieses Kloster eingetreten war.
Die erste Kirchenweihe erfolgte 1187. Die Kirche ist eine dreischiffige Basilika mit romanischem Langhaus, zu dem ein frühgotisches Querschiff aus dem 13. Jahrhundert zum hochgotischen Hallenchor überleitet.
An der Südwand des Langhauses liegt der zwischen 1220 und 1250 entstandene Kreuzgang, an dem, bedingt durch die lange Bauzeit, an den Säulen und Kapitellen die Veränderungen der Kunstströmungen jener Zeit abzulesen sind. Am Südrand des Kreuzgangs liegt das beachtenswerte neuneckige Brunnenhaus.
Der im Osttrakt liegende Kapitelsaal beherbergt die Gräber Leopolds IV., Leopolds V., Friedrichs I. und Friedrichs II., wobei auf letzteren der Bau des Kapitelsaals zurückgeht.

KLOSTERNEUBURG

Klosterneuburg erreicht man von Wien aus entweder über die Heiligenstädter Straße und über Nußdorf und Kahlenbergerdorf oder über die Höhenstraße von Grinzing aus, die Abzweigung nach Klosterneuburg befindet sich zwischen Kahlen- und Leopoldsberg.
Das Stift mit Museum, Kirche und Schatzkammer kann nur im Rahmen von Führungen besichtigt werden.
Klosterneuburg wurde bereits unter den Römern als Kohortenlager mit dem Namen „Asturis" gegründet. Im Frühmittelalter entstand westlich davon, im Bereich der heutigen Unterstadt, die Kirchensiedlung „Ormuntesdorf", deren Pfarre St. Martin nach der Legende von Karl dem Großen gestiftet wurde.
Markgraf Leopold III. der Heilige gründete 1106 in den Mauern des römischen Lagers eine Pfalz und eine Kirche an der Stelle, an welcher der Schleier seiner Gattin Agnes, den ihr der Wind auf einem Söller der Burg auf dem Leopoldsberg entrissen hatte, aufgefunden wurde.
Reste dieser romanischen Pfalz sind heute noch im Hof des Hauses Albrechtsberggasse 4 (südlich vom Stiftsplatz) zu sehen.
Um 1220 ließ Herzog Leopold VI., als er selbst zeitweilig in Klosterneuburg residierte, eine neue Pfalzkirche erbauen. Teile dieser sogenannten „Capella speciosa" – ein kostbarer spätromanischer Bau aus rotem und weißem Marmor – wurden unter Kaiser Josef II. abgerissen und gelangten später unter Kaiser Franz II. nach Laxenburg, wo sie in der Franzensburg neue Verwendung fanden. Der Bau der Stiftskirche begann 1114 und dauerte bis 1136, bei ihrer Fertigstellung war sie der größte Kirchenbau des Landes

Mittelalterliche Monumente in der Umgebung Wiens

Österreich. Trotz barocker Veränderungen ist der romanische Bau noch gut erkennbar, er besteht aus der dreischiffigen Basilika des Langhauses, einem ausladenden Querschiff mit Chorquadrat und abschließenden Rundabsiden. Der Vierungsturm wurde 1636 abgebrochen, der rechte Westturm erst 1394 begonnen und 1592 fertiggestellt (mit barocker Zwiebelhaube), der gotisierende Nordturm zwischen 1638/44 gebaut. Die neugotischen Helme der Türme entstanden 1879 nach Plänen von Friedrich Schmidt. Der Innenraum wurde zwischen 1634 und 1730 in prächtiges Hochbarock umgestaltet.

Nördlich der Stiftskirche wurde bereits im 12. Jahrhundert ein romanischer Kreuzgang angelegt, der im 13./14. Jahrhundert nach Vorbild des Stiftes Heiligenkreuz gotisch umgestaltet und erweitert wurde.

Leopold III. wurde 1136 im am Ostende des Kreuzganges liegenden Kapitelsaal in einer Gruft beigesetzt. 1485 legte man anläßlich seiner Heiligsprechung seine Gebeine in einen silbernen Schrein, den man im Kapitelsaal als Reliquie verehrte. Der heutige Schrein stammt aus dem Jahre 1936.

Im 1677/80 zur Leopoldskapelle erweiterten Kapitelsaal steht heute als Grabaltar Leopolds III. der sogenannte „Verduner Altar", eines der kostbarsten Meisterwerke romanischer Zeit in Österreich.

Geschaffen von Niclas von Verdun, diente der Altar seit seiner Entstehung 1184 als Verkleidung der Kanzelbrüstung in der Stiftskirche. Nach einem Brand in der Stiftskirche wurden 1330 die Blättchen von einem unbekannten Meister zu einem dreireihigen Flügelaltar zusammengefaßt. Auf seinen 45 Email- und Goldtäfelchen, die 1331 um sechs Stück erweitert wurden, sind in drei Reihen Szenen aus dem Alten und Neuen Testament dargestellt.

Die obere Reihe stellt Begebenheiten vor der Gesetzgebung am Berge Sinai dar, in der unteren Reihe sind die entsprechenden Begebenheiten nach der Gesetzgebung abgebildet, die mittlere Reihe zeigt die aus den beiden Verheißungen resultierenden Szenen aus dem Leben Jesu. In der Leopoldskapelle steht auch der in Verona für Leopold III. angefertigte siebenarmige Bronzeleuchter, dessen baumartige Formen an den Holunderstrauch, an dem der Schleier der Agnes gefunden wurde, erinnern sollen.

Nordwestlich der Stiftskirche umschließen spätmittelalterliche Stiftsbauten den Leopoldshof, südwestlich der Kirche liegt die aus dem 15. Jahrhundert stammende Sebastianskapelle.

Das Museum und die Schatzkammer des Stiftes sind in der barocken Anlage untergebracht und zeigen einen guten Querschnitt durch die mittelalterliche und barocke Kunst Österreichs.

Eines der bedeutendsten Objekte ist der „Babenberger Stammbaum", ein 1485 anläßlich der Heiligsprechung von Leopold III. geschaffenes Tryptichon, in dem Szenen aus dem Leben der Babenberger dargestellt sind. Bedeutend sind dabei die Motive der Hintergründe, welche verschiedene Stadtansichten, darunter auch die von Wien, darstellen.